何以
中国

从玄武门之变到贞观之治

孟宪实讲唐史

孟宪实 著

浙江人民出版社

图书在版编目（CIP）数据

从玄武门之变到贞观之治 / 孟宪实著. — 杭州 ：浙江人民出版社，2021.10（2025.2重印）
ISBN 978-7-213-10196-0

Ⅰ. ①从… Ⅱ. ①孟… Ⅲ. ①中国历史-研究-唐代 Ⅳ. ①K242.07

中国版本图书馆CIP数据核字(2021)第125211号

从玄武门之变到贞观之治

孟宪实　著

出版发行	浙江人民出版社（杭州市体育场路347号　邮编　310006） 市场部电话:(0571)85061682　85176516
责任编辑	诸舒鹏
责任校对	何培玉
责任印务	程　琳
封面设计	尚燕平
电脑制版	杭州天一图文制作有限公司
印　　刷	浙江海虹彩色印务有限公司
开　　本	680毫米×980毫米　1/16
印　　张	20.25
字　　数	214千字
插　　页	9
版　　次	2021年10月第1版
印　　次	2025年2月第5次印刷
书　　号	ISBN 978-7-213-10196-0
定　　价	69.00元

新版序　贞观之治的历史启示

唐太宗治理天下成绩优异。因为当时使用“贞观”为年号，史称“贞观之治”。记载贞观事迹的史书有两《唐书》、《资治通鉴》等，但就丰富性而言，都不如吴兢编撰的《贞观政要》。作为“当代”历史学家，吴兢编撰此书，是为了给唐玄宗提供学习的榜样。在序言中，吴兢高度评价贞观政治，写道：“太宗时政化，良足可观，振古以来，未之有也。”岂止有唐一代，中国古代后半期和东亚地区，凡努力治国的政治家，无不以《贞观政要》作为教科书。明宪宗为《贞观政要》作序，写道：“三代而后，治功莫盛于唐，而唐三百年间，尤莫若贞观之盛。诚以太宗克己励精图治于其上，而群臣如魏徵辈，感其知遇之隆，相与献可替否以辅治于下，君明臣良，其独盛也宜矣。”清朝乾隆皇帝也说“唐贞观，太宗以英武之资，能用贤良之士，时若房玄龄、杜如晦、魏徵、王珪诸人，布列左右，相得益彰。盖自三代以下，能用贤纳谏而治天下者，未有如此之盛焉。”

贞观之治长期获得极高评价，是因为其历史功绩确实令人钦佩。虽然整个贞观时期，不过二十三年而已，然而千年之后，依然有话可说。大体说来，贞观时期取得的历史成绩有如下若干方面。

其一，政治文明达到了新高度。前文所引吴兢等古人的评论，转化成今天的语言概念就是政治文明超越前代。所谓政治文明，主要内容就是政治制度。秦汉时期确立了中国特色的政治制度，皇帝、朝廷和地方体制成为中国政治制度的框架，而官员选拔和以儒家理论为核心的意识形态共同构成了体制运作的软件。在克服了魏晋南北朝时期的士族门阀政治冲击之后，隋唐时代再次回归中国政治制度的正轨——“皇权政治”。隋朝废除了“九品中正制”和“乡官”制度，士族门阀的制度基础彻底丧失，中书、门下、尚书三省制度确立，为新时期皇权制度的良好运行提供了制度保证。贞观之治，从制度史角度看，正是三省制度运行的模范时期。

凡是接触贞观之治的读者，无不知晓唐太宗克己纳谏的故事。唐太宗表现出的强大政治理性，虚心接受大臣的批评，给历史留下深刻记忆。以魏徵为代表的大臣，忠心爱国，一切以国家为中心，不怕触怒龙颜，令人十分钦佩。其实，除却唐太宗、魏徵等个人良好的政治素养之外，更重要的是当时的制度设计，他们都在履行制度规定的角色。三省制下，皇帝的最新命令必须通过门下省的审核才能交给尚书省执行，而魏徵长期在门下省工作直到贞观十七年（643）去世。中书省、门下省两省的长官签署之后，皇帝的命令才算形成。日本有学者认为，门下省代表了贵族对皇权的限制，这完全是没有根据的，但三省制有利于形成朝廷的集体意志，这是没有问题的。皇帝的命令在当时被称作“王言”，“王言”代表的是皇权，但皇权不等于皇帝的个人意志。贞观时有位大臣叫张蕴古，他写了一篇《大宝箴》，强调“以一人治天下，不以天下奉一人”，受到太宗的嘉奖，他也因此文进入

《旧唐书·文苑传》。过去，我们理解中国朝廷的历史，习惯从君相斗争的角度去观察，于是一部中国政治史，处处充满火药味。从制度角度看，君、相本质上是一种政治分工，他们之间的分工与协作才是根本，意见分歧是正常的，用矛盾与斗争的眼光去观察，其实不得要领。试问，魏徵的意见对于唐太宗的天下治理而言，究竟是有利还是无利？答案十分简单，无人不知。这就是为什么魏徵去世，唐太宗称以人为镜的道理。

三省制下，围绕“王言”，有一个比较完备的“王言之制”，从程序上保证了“王言”成为朝廷集体意志的表达。三省制下，皇帝有想法，通常先跟中书省官员通气，而中书省负责起草皇帝的最新命令。贞观之后，即使在权臣当道如李林甫、杨国忠时代，也有一个“过门下”的问题，因为这是制度规定。没有门下省的签署，中书省所起草的命令就会始终处于起草状态。门下省在唐初的地位十分重要，除了签署“王言”之外，还有“政事堂会议”，也是由门下省负责人主持的。这就牵涉到另外一个决策权力的分层问题。

贞观时期，中央决策是分层次进行的。一般政务，尚书省负责解决。尚书省的长官有两位，称作“左、右仆射”。尚书省有六个部门，即吏、户、礼、兵、刑、工，这就是“六部”。每个部的领导称作尚书，六位尚书加上两位仆射正好八人，他们的办公会议叫作“八座议事”。全国的政务，在分工上，都分别隶属于六部，所以八座议事能够处理全国范围内的重大事宜。疑难重大问题，要上报宰相会议，即“政事堂会议”。唐朝是群体宰相制度，一般而言，中书、门下和尚书省的长官都是宰相，还有重要的部门如“吏部”“兵部”的尚书，也可能被任命为宰相。政事堂设在门下省，所以门下省的领导通常主持政事堂会议。政事堂会议，依然有解决不了的问题，或者宰相们意见有分歧，就要报告给皇帝，这就需要召开御前会议。贞观时期，御前会议在两仪殿召开，皇帝在那里跟自己的宰相们议事，不管多么困难都要在这个会议上解决，哪怕召开连续会议。通常会有这样的误解，皇帝制度下，无论大事小事都由皇帝说了算，其实更多的事情皇帝是无暇顾及的，毕竟人的精力有限。这种分层决策机制，保证了朝廷能集中精力处理重大国事问题。

为了保证三省制良好运行，决策过程不出纰漏，唐太宗鼓励大家对皇帝的决定提意见。《贞观政要》记载，贞观三年（629），有一次唐太宗对大臣们说了这样一段话：中书、门下两省是重要机构，官员都是朝廷选拔任用的。诏敕（“王言”的具体概念）如果有问题，都需要提出来。最近感觉都是顺从皇帝，没有谏诤，不合道理。如果仅仅是签署名字，谁不胜任，何必挑选人才？今后如果诏敕有问题，必须发言。我们看到，皇帝关心的是决策是否存在问题，没有一丝一毫担心皇帝的面子，至少皇帝的权力意识很淡薄。该提的意见不提，才是不尽职。正是因为政治文明的基础制度健全，贞观之治的昌盛才得以实现。

其二，社会和谐的楷模。作为政治指导思想，“以人为本”可以说是儒家的基本政治思想，其实这也是政治文明的有机组成部分。唐太宗强调民众的重要性，深明“水则载舟，水则覆舟”的政治辩证法，所以出台轻徭薄赋、藏富于民的政策，让贞观时期出现了路不拾遗、夜不闭户的太平景象。唐朝以后的人们，通常把贞观之治看作中国历史上治理卓越的代表，而在唐朝以前，通常都把尧、舜、禹"三代"作为代表。社会和谐与否，事关重大，所谓社会和谐，就是社会基本矛盾缓和，政治体系与社会体系之间相安无事。

研究者普遍认为，贞观时期的"以人为本"政策，得益于隋朝灭亡的政治教训。贞观时期的君臣，都参与了隋朝灭亡的过程，亲眼目睹了隋朝的败亡。隋朝是一个富强的朝代，统一南北朝，完成了一个重大的历史使命。隋朝政府极为富有，以至于隋朝灭亡多年以后，唐太宗和他的大臣还在讨论隋朝留在关中的粮食还能吃多少年的问题。隋朝败亡的症结就在于政府与百姓关系不和谐，错误的政策终于促使人民走上反抗暴政的道路，所以不过两任皇帝就土崩瓦解，仅仅存在三十八年。读《贞观政要》会有一个突出的印象，唐太宗君臣讨论隋朝问题遍布全书，隋朝的覆辙让贞观君臣重走民本路线，于是赢得了民心，成就了贞观之治。

"以人为本"是中国的传统政治思想，从《尚书》开始强调"民为邦本"之后，历代思想家都强调民本主义。孔子认为，人民的信任是国家赖以存在的基础，"民不信则国不立"。孟子认为："民为贵，社稷次之，君为轻。"早期儒家到西汉时期，经过董仲舒的改造，吸纳其他思想派别的有益成分，具有了综合性的特征，最终被政府确立为中国的意识形态。意识形态作为统治思想体系，对于一个国家而言是一个重要的里程碑。意识形态说到底就是国家的政治伦理，不仅是政府引导社会的工具，也是社会监督政府的工具。因为国家、社会共同价值体系的存在，所以国家的是非曲直就有了判断标准，而没有政治伦理的政府可以直言为野蛮政府。儒家思想，在西汉时也曾被批判为“博而寡要，劳而少功”，但本文以为，贞观之治的成功，可以看作是儒家传统政治思想的成功实践。

其三，崇高的国际地位。众多国家的同时存在，构成国际社会。国际社会的联系日益紧密，是“大航海”之后。传统的国际社会以国际区域的方式存在着。日本学者认为，古代东亚存在一个汉字文化圈，那其实就是以中国为核心的国际社会。到隋唐时期，由于唐朝在贞观四年（630）平定了东突厥，赢得了国际社会的广泛认可，唐太宗被国际社会尊奉为“天可汗”，成为国际社会的领袖。此后，凡是承认唐朝皇帝为天可汗的国度，都会听从天可汗的号令。在中国的史籍中，也把这些国家称作“外臣”。日本学者认为，围绕天可汗，存在着一个准国际组织，中国的皇帝作为这个组织的顶端，维系着当时的国际秩序。唐太宗是第一位天可汗，唐朝后来的皇帝，都继承了这个称号。

天可汗的影响所及，当然不是整个地球，但就当时的人类文明而言，将近半壁江山。古代世界的中心舞台是欧亚大陆，美洲、大洋洲以及非洲南部，都不在人类的视野之内。中国是东方的中心国家，因为东方古老文明区较少，中国成为十分孤独的文明。亚历山大东征的时代，西方还不知道中国的存在。但阿拉伯帝国兴起吞并萨珊波斯（伊朗）的时候，萨珊的太子曾经奔赴唐朝求兵。联系加强了，但空间距离还是限制了这种联系。唐朝最终拒绝出兵，但唐朝的国际影响自然已经越过中亚。唐朝往来波斯、阿拉伯地区的使者不断，政治联系已经确实建立起来。国际地位的提高，只能是水到渠成，刻意追求国际荣誉，往往得不偿失。唐朝的长安是世界大都市，西域各国的客商、东亚各国留学生往来频繁。周边各民族首领，很多都接受唐朝的官职，长安也是常来常往。胡人艺术、服饰在长安十分流行，处处都显现出异域风情。吸引力是软实力的综合代表，说唐代长安是当时世界的文化中心，并不过分。

贞观之治发生的时候，是秦汉以来中国政治文明日益成熟的时期。尤其是摆脱了魏晋南北朝以来的士族门阀政治，确立了三省制、科举制等新制度因素，给整个社会带来了积极进取的精神风貌。中国迎来了天时地利人和的大好时期，继承历史与文化的积极成果，唐朝迈开了历史性的脚步。用吴兢的语言表述，即“庶乎有国有家者，克遵前轨，择善而从，则可久之业益彰矣，可大之功尤著矣”。贞观之治，是传统中国文化治国理政的榜样。即使今天看来，也不无自豪！

孟宪实

序

贞观是中国历史上拥有独特魅力的时期，也是一个充满浪漫、充满激情的时期。这个时期正处在南北朝到唐宋社会变迁的历史转折点，旧的社会阶层和集团衰落了，新的社会阶层正在兴起，社会结构、政治体制、思想文化都发生了巨大的变化。因此，经历了隋末长期动乱的贞观君臣，具有不同于其他时代的理想追求和思想风貌。

孟子说："民为贵，社稷次之，君为轻。"在历史上，真正从理论到实践上做到这一点的，恐怕只有唐太宗贞观时期了。唐太宗说："凡事皆须务本。国以人为本，人以衣食为本。""君人者以天下为公。"并且他明确提出："天子者，有道则人推而为主，无道则弃而不用。"魏徵和王珪也强调国家与皇帝要"以百姓之心为心"，这些都突出了"民为贵"这个主题。以民为本，关心民生，在本书中我们可以看到许多生动的事实，而这在其他时代是不可想象的。

唐太宗贞观时期与唐玄宗开元天宝时期有着完全不同的魅力。这个时期尽管经济还不发达，但是，由于处在王朝初期，人们的精神状态是奋发向上的，心情是乐观开朗的，如同少年儿童，具有一种美好的天真和单纯。

贞观时期，即使在开元天宝盛世，也被看成是超越尧、舜、禹、汤、文、武，自古以来从来没有过的。但是，对这样一个时代，特别是对于唐太宗和魏徵、王珪、房玄龄、杜如晦和长孙无忌等人在贞观时期的地位与作用，不同时期、不同的人都有着不同的理解，因而也出现了各种不同的说法。但这丝毫没有影响大家对这个时代的关注甚至向往。这也是人们怀着极大的期望去观看相关题材的电视剧和历史小说的一个重要原因。

电视剧和历史小说可以形象地反映一个时代，但由于体裁的限制，不可能充分展示。因此，人们还是希望通过历史著作更深入地了解贞观之治。

说到历史著作，人们往往将其与教科书、史学专著联系起来。其实这些只是历史著作的两种体裁和形式而已。历史著作的体裁和形式是多种多样的，把深入的研究和生动的表现方式结合起来，这是中国古代史学的一个传统，所谓的文史不分家就有这个意思。司马迁的《史记》、司马光的《资治通鉴》，都是在广泛搜集资料的基础上，经过细致的分析研究，通过具体生动的叙述来展现历史，同时紧扣“究天人之际，通古今之变”和“资治”的写作目的，让读者通过历史受到启迪。因此，千百年来受到人们的喜爱，成为千古传颂的史学经典、雅俗共赏的历史著作。用生动的故事说明深刻的道理在先秦诸子的著作中，也是屡见不鲜的。只是真正要做到这些并不容易。往往是有了比较深刻的内容和学术性，就不能通俗易懂；通俗了，又变成了单纯地讲历史故事。因为二者不可兼得，为了争取观众和读者，很多作品只好舍学术而取通俗。20世纪八九十年代的一些通俗性的历史著作就走了这样一条道路，但其中除了少数适合少年儿童阅读的，如今已经难寻踪迹了。这主要是低估了广大读者对历史著作的要求。仅仅讲历史故事，那只是孩子们的要求。对于成年人来说，他们除了想从历史故事中了解历史事实，还希望能够了解一些更深层次的问题，并从中得到启发。这是摆在通俗性的历史著作面前的一个严峻的问题。电视节目，特别是一些知识型的栏目，也面临着这样的抉择。

孟宪实长期以来埋头隋唐史研究，有许多优秀的成果问世，受到学界的好评。前不久，他在中央电视台《百家讲坛》栏目先后开讲《玄武门之变》和《贞观之治》，把隋唐史学界和他本人的研究成果用生动具体的形式展现出来，不仅有人所共知的历史故事，而且有他个人的学术思考。读者从中可以了解历史的来龙去脉，一些见解也足以引起学术界的重视。这是一种重要的尝试，也是一次可贵的探索。用通俗的文字传达学术的研究，他的这种努力一定会受到肯定和欢迎的。

本书是孟宪实《百家讲坛》讲稿的结集，相信可以满足更多的读者了解中国这一段光辉历史的需要。这不仅是对传统史学的继承和发扬，也圆了长期以来我们的一个梦：把历史的智慧送到大家手中，让大家也能享受历史。

吴宗国 北京大学历史学系教授

目录

引子　贞观之治的前夜

公元626年，是唐朝第一位皇帝唐高祖李渊统治的第九年。这一年的六月初四，朝廷爆发了军事政变。秦王李世民设伏于玄武门，杀死了亲哥哥太子李建成和弟弟齐王李元吉，随后控制首都长安，控制了李渊和他的朝廷。两个月以后，李世民代替李渊成为唐朝的皇帝。他就是历史上的明君唐太宗。从此，一个围绕唐太宗的中央政府带领唐朝走向繁荣。因为李世民的年号叫作“贞观”，所以史称“贞观之治”。

唐太宗君臣创造了一个历史的政治奇迹，以后中国历朝历代，常把贞观之治作为帝王学习的典范。在帝国体制下，唐太宗创造了一个历史的高度，在人们的思想深处始终难以逾越。但是，贞观之治的前夜，竟然就是血腥的玄武门之变。贞观之治绚丽的朝霞，是穿过玄武门之变的淋淋鲜血才普照大地的。

资源的有限性，是人类内部争夺的根源。所有资源集中的领域，无不引发斗争的旋涡。二桃杀三士，特别凸显人类在利益面前的矮小。帝制时代，人类斗争最集中的领域当然就是政治，因为政治的核心是权力，权力是一切利益的集中体现。

在最高的权力面前，一切道德的底线都会面临挑战。兄弟手足，父子情深，一切道德的森严壁垒都会显得脆弱而低下。

权力形同祸水。

但是，权力和权力斗争并不能因此被打入丑恶的深渊。这如同战争，任何战争都携带毁灭，但并不是所有的战争都是丑恶的。烈火可以毁灭一切，但是凤凰却可以在烈火中诞生。政治斗争受人关注，并不仅仅因为它的戏剧性，是非善恶亦在其中。

这是历史的缺憾还是历史的辩证法?

贞观年号一共使用了二十三年。即公元627年到649年。贞观之治是一种历史评价，用来肯定贞观时期取得的历史成就。这类肯定已有先例，比如汉代的文景之治。但是，如果在中国古代挑选最典型的统治良好的时期，则只有贞观时期。虽然贞观时期的中国，也并非尽善尽美，但是在中国古代存有记录的漫漫两千多年的历史中，贞观时代是唯一的。

贞观时代，创造了君主时代最文明的政治环境、最融洽的君臣关系。唐太宗是历代皇帝中最圣明的君主，心胸开阔，大度能容，理性知性，聪明智慧。魏徵成为中国历史上最著名的贤臣，有胆有识，尽忠尽职，耻君不如尧、舜，强调以民为本。

贞观时代，创造了君主时代最和谐的社会，路不拾遗、夜不闭户从此成为理想社会的写照。

贞观时代，中国具有崇高的国际地位，从唐太宗开始，唐代皇帝被周边民族推为“天可汗”。

贞观时代，制度建设卓有成效，法制观念突出，不仅奠定了唐朝三百年的制度基业，也为此后一千多年的中国政治树立了楷模。

为什么在这个时代，中国忽然取得了如此重大的成就?唐朝以后，这成了历代政治家和历史学家十分关注的问题。

天时?地利?人和?我们还是愿意从人的角度切入，展开我们的观察。很多朝代，最高当局的内部杀戮，往往引发更大、更残酷的政治斗争，兵连祸结，此伏彼起。但是，玄武门之变的明天，却是贞观之治的辉煌灿烂。

让我们从核心人物李世民开始，了解玄武门之变的深远背景。

让我们从这场血腥的政治斗争中把握贞观之治的历史缘由，看贞观之治这只美丽的凤凰，是怎样从烈火中涅槃的。

第一讲　政治世家

贞观之治是中国历史上最辉煌灿烂的篇章之一，不仅创造了君主时代最文明的政治环境和最和谐的君臣关系，还奠定了唐朝三百年的制度基业，成为后世的典范。作为贞观之治的主角，唐太宗李世民无疑站在时代风云的中心。那么，他究竟出生在一个什么样的家庭？他的父亲和母亲又是什么样的人？他们为什么会培养出李世民这样一个卓越的政治天才？

一　皇亲国戚　家族显赫

是什么成就了一代帝王的伟业？古人常用天命来解释，现代常用时势来说明。我们认为，人格适应了时势的要求才会走向成功之路。了解一代领袖李世民，必须从他的早年生活开始，必须从他的家庭开始。这是现代心理学教给我们考虑人格问题的一个基本方法。

唐朝人为了证明自己的血统高贵，喜欢夸张地描述自己的家族血统，高远其来者。皇家也不例外。李唐皇室，就把自己的祖先追溯到春秋时期的李耳（老子），其实是无稽之谈。至于追溯到十六国时期的西凉皇帝李暠，同样也经不起推敲。李唐的真正起家，要从北周李虎谈起。李虎追随宇文泰，在北魏末年建立西魏，官为左仆射，封陇西郡公。后来在建立北周的过程中功劳显赫，有佐命之功，所以李氏家族成为当时的一个核心家族。北周正式建立时，李虎已经去世，他被追封为唐国公。李氏是北朝后期最有威望、最具实力的集团成员，这个集团，国学大师陈寅恪先生称之为“关陇集团”。建立北周、吞并北齐、统一中国的英雄人物，都源自这个集团。

与李虎同时代的大人物，有独孤信、杨忠（隋国公）。我们可以从独孤信的亲家看到这些家族之间的关系。北周是宇文泰创立的，他的长子周明帝的皇后是独孤信的女儿。杨忠的儿子杨坚，也就是后来的隋文帝，娶的也是独孤信的女儿。李虎的儿子李昞，也就是李渊的父亲，娶的也是独孤信的女儿。独孤信的三个女儿都嫁入了皇家。

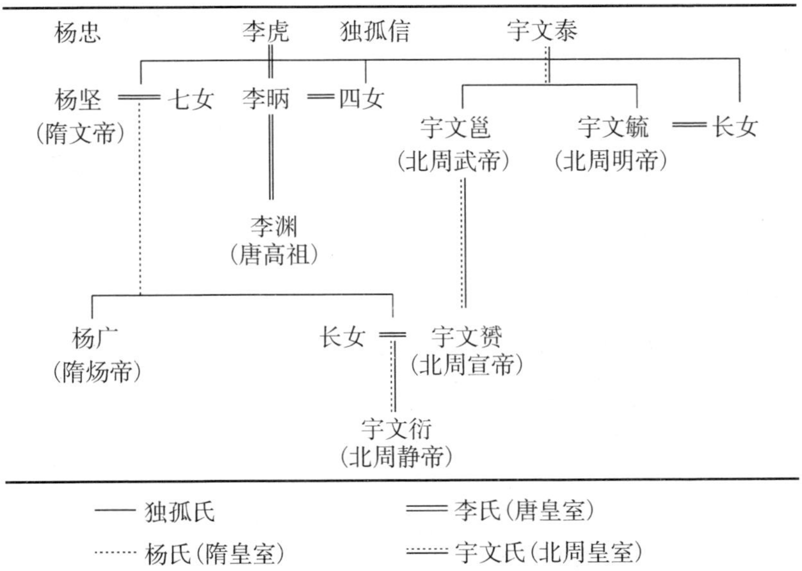

皇室的联姻关系

政治家族的基本心理状况是向来看重自我。

与李虎同时代，还有一位大人物叫李弼，他是李密的曾祖。李密是隋末的英雄人物，虽然后来失败，但是向来自命不凡。

李渊称帝后的武德三年（620）二月，李渊的工部尚书独孤怀恩谋反，事发被捕，连同党羽都被斩首。独孤怀恩是李渊的表兄弟。他的谋反说来奇怪，居然是因为李渊的一次玩笑。独孤怀恩统兵打仗总是失利，李渊斥责，甚至讽刺他说：你姑姑的儿子隋炀帝和我都当了天子，下面是不是该轮到我舅舅的儿子你了？这个说法刺激了独孤怀恩，也挑起了独孤怀恩的野心。他私下扼腕说：我家难道只有女子富贵吗？于是暗中准备谋反。这件事被大臣唐俭所知，可唐俭当时正被尉迟敬德俘获。当时李渊已经登船，正准备到独孤怀恩的军营中去。在千钧一发之际，唐俭的报告才送达。独孤怀恩的阴谋于是败露。

李世民家世，如果从独孤氏这里论，李昞与杨坚是连襟，李渊和隋炀帝是表兄弟，李世民应该称隋炀帝为表叔。这样的家世与这样的家庭，对于孩子会有什么影响？除了政治还是政治。他们很小就有机会接触核心政治问题，如同从小学习某种技术一样，对于政治有着很专业的考虑。种瓜得瓜，这样的家庭环境，最容易孕育政治人才。

这些，从李世民的父亲、母亲身上都可以得到印证。

二　政治家庭　耳濡目染

李渊的爷爷李虎在北周时代被封为唐国公。爵位父死子袭，经父亲李昞，李渊七岁的时候就袭爵唐国公。国公虽然爵位崇高，地位显赫，但这对于七岁的孩子来说可不是什么好事，因为那意味着父亲过早去世，孩子从小就丧失了靠山，是很可怜的。少年失怙，这对于李渊来说，是一个重要事件。李渊后来的个性与他的少年经历相关。李渊母亲留下的记录很少，估计也是去世较早。

李渊从小受到他的姨妈——隋文帝皇后独孤氏的照顾。皇后再爱护，毕竟不如亲妈。李渊没有养成贵族青年常有的自以为是、偏激孤傲的性格，反而是性格豁达，所以能够广交朋友。这是作为政治领袖的重要品质。

史书记载李渊："倜傥豁达，任性真率，宽仁容众，无贵贱咸得其欢心。"人缘好，性格好，既潇洒又大度，朋友众多。另一方面，他又积极活动，有意识地结交各色人等。各朝开国之君一般都有类似的特征，即亲和力特别强，不仅广结善缘，而且能够结交各路英雄。这些，都会成为他们未来征服天下的重要资源。所谓得人心者得天下，人才就是人心的一个重要方面。

李渊从什么时候开始积极结交豪杰？他为什么要结交豪杰？这就要说到李渊性格的另一面：敏锐。虽然隋朝看起来依然强大，但危机此起彼伏，刚刚建立三十年，其末日即将到来。所以，李渊早就有所准备。他虽然有所准备，但并不贸然行动。就在杨玄感[①]大业九年（613）造反的同时，李渊统兵陇右（镇弘化郡，兼知关右诸军事），他大舅哥窦抗[②]鼓动他乘机行动，结果遭

① 杨玄感（？—613）：隋末起兵反对隋炀帝杨广的贵族首领。父亲杨素，为拥戴隋炀帝的第一功臣。大业九年（613）六月反叛，八月兵败。

② 窦抗（生卒年不详）：李渊妻窦氏之兄，与李渊关系密切，曾任宰相。

到他的呵斥，但李渊也没有告官。这说明李渊对隋朝状况的总体把握要比杨玄感高明许多，他对政治的观察很敏锐，火候把握很有分寸。他并不是隋朝的真正忠臣，他没有检举窦抗就是证明。但是，他也不同意窦抗的观点，因为他认为还没有到起兵反隋的时候。

杨玄感起事虽然以失败告终，但却真实地反映了隋朝高层内部的矛盾尖锐。窦抗的建议、李渊的态度，都很能说明问题。与此同时，隋炀帝也疑心颇重。有一次，隋炀帝召见李渊，李渊因病不能来，隋炀帝就问李渊的外甥，外甥说他病了。隋炀帝说：病了，能不能死啊。一副盼望李渊死的口气。这个话传到李渊耳朵里，他也很烦闷，知道皇帝对自己有看法了。从此以后，李渊就采取一个办法来保护自己。什么办法呢？就是每天喝酒，喝得醉醺醺的。还干了很多违法的事情，比如说纳贿。这是中国古代一个传统做法，一个人要想让君主放心，就得自诬，让皇帝觉得你这个人胸无大志，不会有什么政治威胁。这都是李渊政治敏感的一个标志。伴君如伴虎，在皇帝身边，特别是在隋炀帝这样喜怒无常、充满猜忌的皇帝身边，随时都可能发生危险，所以小心谨慎总不会错。只有先保全自己，才能谋后事，这一点李渊做得很到位。

李渊敏感谨慎，而且高瞻远瞩。从事政治，当然要敏锐，善于观察，这样就可以把握先机。同时，官场如战场，特别是高层，行动必须谨慎，否则你的把柄不知道在什么时候会被人利用。成就大事业，当然要站得高、看得远，没有长远目光，当然就没有远大前途。

李世民在这样的家庭环境下长大，父亲的潜移默化，对他的成长有很大的影响。但对一个孩子来说，除了父亲的影响之外，还有母亲，母亲才是孩子的第一个老师。那么，李世民的母亲窦氏又是一个什么样的人呢？如果从小时候的故事说起，窦氏比李渊似乎更富传奇色彩。

窦氏父亲窦毅[①]，为定州总管，封爵神武公，娶的是周武帝姐姐襄阳长公主。窦氏出生以后，因为周武帝很喜欢，就养在宫中。周武帝时的北周，已经有了统一北齐的实力，但是侍奉突厥却十分谨慎。周武帝就迎娶了突厥公主为皇后。这种政治婚姻当然没有感情基础，所以周武帝并不喜欢这个突厥皇后，日常生活中的夫妻关系大约也很冷淡。这一点被小小年纪的窦氏看在眼里，她对舅舅周武帝说：现在中国还没有统一，突厥还很强大，舅舅应该抑制自己的情感，好好对待突厥皇后，只要突厥配合，江南和北齐就容易对付了，统一大业也容易实现。她的童言无忌，显示出超常的政治智慧。

如果是大人，看到这一点并不困难，难的是无法跟皇帝说。而窦氏一个小女孩，竟然说出这番深明大义的话，证明她是一位很早熟的政治女性。周武帝一代枭雄，听了这话，如雷贯耳，乖乖地听从了小外甥女的指点。

这件事证明李世民的母亲窦氏是一位善于政治思考的女性。无论什么时代，只有大人物才会运用这样的大思维。这么小的孩子，就有这么高的见解，表明她的政治智慧很早熟。一定是后宫的特殊环境培养了窦氏的政治智慧。为什么说李世民的家族是一个政治世家呢？请看他的父亲，他的爷爷，他的曾祖父，现在还

---

① 窦毅（生卒年不详）：北周大将。其妻是北周武帝的姐姐襄阳长公主，宇文泰的长女。

有他的母亲，全是政治人物。这是李世民成长的最重要的家庭背景。

杨坚是篡夺北周政权而建立隋朝的，窦氏听说杨坚称帝的消息，眼泪喷涌而出，一头扑到床上。发狠说：只恨我不是男儿，不能拯救舅舅家。他父亲窦毅赶快来捂她的嘴，低声说：不要乱说，这是会被灭族的啊。这件事证明了窦氏的胆识。有见识，还要有胆识，才是政治人才的标志。

窦氏见识、胆识如此卓尔不群，父亲窦毅很欣赏，与夫人商量："此女才貌如此，不可妄以许人，当为求贤夫。"到了婚约季节，窦父在门屏上画两只孔雀，暗中约定，能射中孔雀眼睛者当选。应试者众，无人命中。李渊后到，两发两中，可见李渊箭法之高超，于是双方订立婚约。反观窦毅要为女儿挑选"贤夫"的标准，显然最重视的是武功。这也是这个核心政治集团内部的价值取向：重视武功可能带来远大前途。

窦氏与李渊结婚以后，帮助李渊渡过很多波谲云诡的政治难关。

李昞与杨坚关系很好，隋炀帝杨广与李渊兄弟经常在一起。可能是隋炀帝更有才华，加之是皇上，有时会仗势欺人。有一次，隋炀帝当众说李渊是"阿婆面"。因为李渊长相是"高颜面皱"，所以说他长得像老太太。李渊十分气恼，回家见到夫人默默无言，心中感到屈辱，流泪不止。李渊因为受到隋炀帝的当众嘲笑，认定皇上轻视自己，由此感到前景暗淡，甚至担心儿孙日后都难以自保。这些核心政治家族，因为距离皇帝太近，比别人更了解政治运作的规则，更明白受到皇帝轻视的可怕后果，所以不免暗自神伤。我们在李渊的伤感中再次感到李渊的政治敏感力。

李渊在夫人面前流泪，可以证明夫妻感情很好，也可以证明李渊对夫人有一种依赖。当然，这位夫人很不简单，确实也值得李渊依赖。知道情况后，窦氏用什么办法让情绪低落的丈夫高兴起来呢？

试想，窦氏使李渊情绪继续低落的办法很多，她可以说：本来就是一副阿婆面嘛，说就说了吧，有什么大惊小怪的。或者说：你过去不注意跟皇上搞好关系，以后怎么办啊，等等。如果是这样的反应，那么窦氏也就不是窦氏了。窦氏的反应是：啊，这样啊，这事值得庆贺庆贺。李渊说：你就不要安慰我了。窦氏说：公封于唐。阿婆乃是堂主。“堂”者“唐”也。她的意思是说，阿婆就是堂主，堂是厅堂，即一家之主，“堂主”谐音“唐主”，就是说你是唐朝之主啊。李渊立刻高兴起来，全家搞了一次宴会以示庆贺。阿婆意为母亲，北朝民歌说：“阿婆不嫁女，哪得孙儿抱？”窦氏的解释，是典型的偷换概念。隋炀帝说李渊长得阿婆面，缺乏阳刚形象，重点是相貌。而窦氏重点强调的是读音，阿婆—堂主—唐主的逻辑推衍，这个解释其实是牵强附会，但却是一个政治预言。

请注意，李渊夫妇的高兴，是因为他们揣测自己拥有天命，暗示唐朝即将兴起。所以他们不敢公开庆贺，只能“私相贺焉”。他们内心最隐秘的心思是什么？是主宰政治。想一想这个神秘兮兮的家庭宴会，看看父母眉宇之间尽量抑制的兴奋，这对李世民会产生怎样的影响？

窦氏的智慧由此可见一斑。她对政治的那种观察力，有的时候甚至超过李渊。我们知道，爱好武艺的人有一个共同特点，就是喜欢舞枪弄棒，也喜欢骏马。李渊当太守的时候，就有好几匹骏马。他夫人就说，皇帝也喜欢骏马，你手中有如此好马，应该想法送给皇帝，否则很麻烦的。李渊舍不得啊，好不容易得了这么几匹马，送给皇帝？不愿意。果不其然，过不久，皇帝就找他麻烦了，他才后悔，不该不按夫人的说法去做。后来李渊学乖了，主动四处搜罗好马、猎鹰，献给皇帝，隋炀帝龙颜大悦，结果李渊很快被封为大将军。李渊便跟儿子们说，如果我早就按你们母亲的说法去做，这个将军的位置早就是我的了。说这话时，窦氏已经过世，而李渊眼含热泪。可见，在李渊的婚姻生活中，窦氏是典型的政治顾问。

讲到这里，我们可以大致勾勒出隋朝时期一个显赫政治世家的面貌，家中的男、女主人都跟皇室有着千丝万缕的联系，都有着精明的政治头脑，都有着不安分的野心。李世民出生在这样一个政治世家，有这样城府很深、政治热情高昂的父亲和母亲，这对他的成长方向，怎么会没有影响呢？

这样的家庭，不仅影响李世民的社会价值观，具体到他的婚姻，其影响也是决定性的。李世民的夫人长孙氏，她的父亲叫长孙晟，是隋朝的大官，长孙家族也是名声赫赫。长孙家族，其实就是北魏的拓跋氏，拓跋氏是北魏的皇族。长孙晟在隋朝，最大的功绩就是成功地运用远交近攻战略，分裂了北方的突厥。长孙晟的哥哥长孙炽，是隋朝的尚书，三品大官，对李世民的母亲印象特别深刻。窦氏幼年劝说周武帝的故事，长孙炽早有耳闻。他跟他弟弟长孙晟说，这样的女人培养出来的孩子，一定不简单，应该跟他们联姻。长孙晟就照他哥哥的指示办了，找人跟李家说亲，一桩影响深远的婚姻就这样谈成了。于是，长孙晟的女儿嫁给了李渊的二儿子李世民，她就是贞观时期的长孙皇后。长孙家族看重了李家的什么呢？看中了李家的家庭教育。可见，他们知道人才与家教的密切关系。这样的眼光，即使在今天，也是不同凡响的。长孙炽的眼光真的没错，李世民后来果然成长为一位优秀的政治家。正因为有这样的父亲、母亲，有这样的家族背景，李世民才会在政治道路上飞快地成长起来。

三　纨绔少年　玄鉴深远

李渊与窦氏育有四男一女：长子李建成，次子李世民，三子李玄霸，四子李元吉；一女，平阳昭公主，下嫁柴绍。李玄霸十六岁就死了，没留下什么事迹，但也有小说如《说唐》，把他塑造成大英雄，这是不符合史实的。李玄霸，可能是李智云的历史倒影。他是小弟，在太原起兵那年被隋朝杀害。

李世民出生于陕西的武功，传说他出生的时候，有两条龙来到他家的门前，游走嬉闹，连续三天才离开。这可是一个神奇事件，一定是李世民的降生感天动地，上天派了神龙前来祝贺。李世民四岁时，他家来了一位神秘的算命先生，他看见李渊说："你可是贵人啊！贵人必有贵子。"他又看到李世民，立刻神情肃然，说：这个孩子不得了，他的姿态如龙凤一样，是太阳的化身，年将二十，必能济世安民。这下泄漏了天机，这是说李世民有天子之命啊。李渊一听，喜忧交加，心想，你要是把这话跟别人说了，我们李家不是要倒大霉了？于是就想杀掉这个算命先生，可是神奇的事情再次发生，转眼一看，算命先生忽然不见了。李渊于是用"济世安民"这几个字为次子取了名字叫李世民。

这样神秘的故事，几乎所有的帝王本纪都有记载。中国古代很早就告别君权神授的思想，从春秋战国时代开始，政治思想就以人本主义为主流，但还是残留了一点神授观念，这集中体现在帝王本纪中。不用这种神奇故事，不足以体现帝王的“神性”。使用了这样的故事，大家其实也不信。

关于李世民早年的生活，记载很少。《旧唐书·太宗本纪》有一段记载，真是弥足珍贵：“太宗幼聪睿，玄鉴深远，临机果断，不拘小节，时人莫能测也。”

这是概括李世民性格的一段著名的话。聪明那就不用说了，小时候大家都一样聪明。关键是“玄鉴深远”，就是见识很远，我们以后的叙述都能证明这一点。李世民确实见识很高，非同常人，“玄鉴深远，临机果断，不拘小节”这样的概括，不会是指李世民的童年时代，应该是少年时代，但这也十分了不起了。李世民能获得如此评价，可不仅仅因为他后来当了皇帝，至少“临机果断”，李世民是当之无愧的。这些性格特点，对于一个人的长远发展而言，特别是成就帝王事业而言，的确是非常必要的品质。

我们还可以通过一些片言只语来证明少年李世民的不凡秉性。

贞观时期，有一次李世民写给魏徵的手诏说：“朕少尚威武，不精学业，先王之道，茫若涉海。”

贞观十五年（641），唐太宗说：“朕少在太原，喜群聚博戏，暑往寒逝，将三十年矣。”

《旧唐书·太宗本纪》还记载：“时隋祚已终，太宗潜图义举，每折节下士，推财养客，群盗大侠，莫不愿效死力。”

看李世民的行为特征，再看他所交的朋友，竟然都是群盗、大侠。孔子说："视其所以，观其所由，察其心安。"这些当时社会秩序的破坏者竟然都是李世民的朋友，那么我们对李世民的为人也就有所了解，毕竟物以类聚，人以群分。大侠就是大盗，对于尚武的社会而言，不过所申述的角度比较高尚而已。在世人的一般观念中。李世民的这些行为，就是一个纨绔子弟的常见行径：行为不端，结交非人；斗鸡走狗，聚众赌博，飞马行猎，还免不了打架斗殴，等等。但是，对于一个乱世来说，这些习见的观念就太老套了。求忠臣必于孝子之家，要找造反的领袖，只能反其道而行了。

李世民从小重武轻文，是少年领袖。在一般人的眼中，不是一个规矩的孩子，但是乱世出英雄，却让他有了用武之地。他的玄鉴深远，既得益于母亲的教育，也得益于政治世家的熏陶；临机果断更是得益于他的尚武修为，当中肯定还有父亲言传身教的耳濡目染。爱好武艺的人，一定是临事果断；读书人可能见识也不错，但是做起事情来，不免拖拖拉拉。因为有远大志向，所以小的事情就不顾及了，这就叫不拘小节。有什么样的家庭，就有什么样的孩子。李世民的父母是这样的人物，他们的孩子会差吗？我们不得不钦佩长孙家族的眼力。

正是因为父亲和母亲都有远见卓识的政治头脑，才会培养出李世民卓越的政治才能，李世民登基后，才能开创贞观之治这样的盛世。回顾历史，唐朝建立的过程中，李世民家族经历了许多惊心动魄的时刻，其中起兵反隋是关键的一步。但说来奇怪，李世民的父亲李渊和隋炀帝是表兄弟，李家是跟隋朝皇室有着密切联系的既得利益者。那么，在这种情况下，李渊和李世民为什么会走上反隋的道路呢？

第二讲　晋阳起兵

李渊跟隋朝皇室关系如此密切，渊源如此深厚，为什么还要发动一次武装暴动来推翻隋朝呢？这真是一个历史之谜。如果说答案的话，大概有好几种：第一，李渊是真命天子，看见人民水深火热的生活不能再继续了，他要出来拯救人民；第二，是李渊说，他要拯救隋朝，要把隋炀帝从江都迎接回来，隋朝不能继续这样下去了。这个说法其实也是靠不住的。那么，李渊起兵，究竟是蓄谋已久，还是将错就错呢？

晋阳起兵是以李渊为首的李氏集团推翻隋朝的一次武装暴动。李渊早就有夺取天下的思想准备，但是一直没有找到合适的机会。所谓合适的机会，就是最有利的机会，对内有利于统一认识，对外有利于建立旗号。要说李渊晋阳起兵，十分具有戏剧性，一波三折，高潮迭起。

一　马邑兵败　谋划举兵

说起来还是很蹊跷的，李渊正式决定起兵反隋，是因为一个偶发事件。以前，天下乱象纷纭，大家彼此说说悄悄话，但是并不等于真的要起兵反隋。发兵反隋是件大事，稍有不慎，就是株连九族。这样的事，不到迫不得已，是不敢贸然动手的。隋朝灭亡是可以肯定的，但是由李渊家族继承皇位，在当时是没有任何迹象的。

李渊是在隋大业十二年（616）的年底被任命为太原留守。就职以后，他干了一件很漂亮的事情，镇压了一个外号叫“历山飞”领导的农民起义。起义军当时有几万人，已经占领了西河郡，西河郡处于太原和长安的必经之路上，地理位置非常重要。李渊没费多少力气就打败了历山飞，打通了太原与长安的联系。但是，没有想到，接下来却是一次失败的战斗。大约在大业十三年的正月，北方突厥来犯。在太原以北的马邑郡（今山西朔县），唐军与突厥展开战斗。当时李渊派副手高君雅统兵，与马邑郡守王仁恭①联合，结果被突厥打败。按照隋朝的法律，战败是要受到惩罚的，正在江都（扬州）的隋炀帝派人前来，要处决王仁恭，同时也囚禁了李渊。所谓囚禁，其实是就地免职，等候进一步处分。

李渊受到羁押。下一步朝廷会如何处置，李渊心中没有把握。推测起来，大约有三种可能：第一，平安无事，虚惊一场，一切恢复原状；第二，严肃处理，要么降级处分，要么免职；第三，李渊更担心的是，皇上会不会借机杀掉自己。在这几种可能性中，李渊总往坏的地方想，他担心皇帝六亲不认，因为先前皇帝对自己就起过疑心。李渊对李世民说，他担心“家破人亡，为英雄笑”，李世民感同身受。他们对于皇帝没有把握，对于未来更没有把握。他们又联想起一个人，叫李金才。他是隋炀帝的故

① 王仁恭（？—617）：隋代大将。曾跟从杨素攻打突厥。李渊掌管山西地区军政时，他做朔方的地方官，两人曾一起抗击突厥。617年，被部下刘武周所杀。

旧，当时“李氏将兴”[1]的传说广为流传，隋炀帝怀疑李金才可能会是这个“李氏”，因此李金才惨遭灭族之灾。

隋炀帝杀人是不讲理由的，李渊向来不认为自己与皇帝关系密切。没有缘由时，隋炀帝还找过李渊的麻烦，现在李渊作战失利，是送给皇帝一个处罚自己的机会。李渊的担心是有根据的，他的恐慌引发了大家的恐慌。与其被皇帝白白地杀了，不如干脆起兵反隋。这就叫转祸为福。即使不被杀掉，免职或者降级使用，对于李渊而言也是很严重的事情，因为合法拥有军队的权力可能永远丧失。当初李渊去山西任职，格外兴奋，因为这里是陶唐故国[2]的发祥地，李渊认为这冥冥之中是有暗示的。

马邑兵败是一个突发事件。当时全国各地烽烟四起，胜败是家常便饭。但是，谁也没有想到，在遥远的山西北部的一次战斗，会掀起如此波澜，会对隋朝的命运产生如此重大的影响。

李渊等人开始暗中着手准备，寻找时机，众人分头安排。李渊赶紧通知远在河东郡的李建成秘密联络民间豪杰，准备起义。但是，李渊没有想到，他估计最不可能发生的事情发生了。隋炀帝没有继续追究，而是派使者来，让李渊官复原职，继续统帅太原兵马，王仁恭也到马邑复职。但是，李渊准备起兵，核心成员都已经知道，并且定下了起兵的日期，已经联络了天下豪杰。这么重大的事情，哪能说停就停呢？万一这个计划被泄露出去，照样是死路一条。既然箭在弦上不得不发，干脆就横下一条心，一不做二不休。于是李渊开始部署起兵的时间。我们今天已经不可

① “李氏将兴”：隋末流行于民间的政治流言。李密、李渊、李轨等均利用过这个流言。

② 陶唐故国：上古五帝之一尧亦称“陶唐氏”，李渊所辖即其受封地，故称“陶唐故地”。李渊被封唐国公，自认为与唐尧有关。

能知道确切的起兵日期了，推算起来，大约在隋炀帝大业十三年（617）二月王仁恭被刘武周[1]杀死之前。

李渊是行事谨慎之人，让他干这么大的事情，没有巨大的压力是很难的。如今，周围的人都很积极，他也不能后退。反隋这件事，只好将错就错了。

这就是特殊时代的特殊之处。本来一个很平常的战败处分，却引发了背叛朝廷的巨大阴谋，历史因此而改变。一个王朝的大厦，要积累多少辛苦才能完成，一个即将崩溃的大厦，却不知道哪一阵风就会把它吹翻。

二 矫诏征兵 巧妙布局

虽然李渊平时礼贤下士，给人的印象不错，但是反叛朝廷，问题实在太严重，所以方方面面都必须考虑周全。除了身边的支持者以外，老百姓怎么看，这是很重要的一个问题。若要起兵，百姓不支持，连召集兵马都会很困难的。所以李渊非常重视顺应民心。太原起兵计划正在推进中，忽然从江都传来了皇帝的最新命令。传达命令的士兵昼夜兼程，一副疲劳不堪的样子。皇上的新命令让太原立刻陷入惶恐之中。

皇上的诏书，实际上是一纸战争动员令，宣布：在太原、河西、雁门、马邑四郡的百姓，年龄在20—50岁之间的男子都要准备参军，在当年年底，也就是617年的年底集合完毕；队伍要到

① 刘武周（？—622）：隋末群雄之一。谋杀王仁恭后，借突厥之势，一度占领了山西大部分地区。武德三年（620）为李世民所败，后被突厥所杀。

涿州，也就是今天的北京去集合，然后去攻打高丽。打高丽是典型的穷兵黩武行为，从一开始就遭到民众的抵制，大业九年(613)，杨玄感反叛最能说明这个问题。大业十一年，隋炀帝雁门关被围，为了赢得百姓支持，隋炀帝宣布取消征讨高丽计划。结果事后，隋炀帝出尔反尔，又要继续征讨高丽。隋朝攻打高丽，没有一次取得胜利，原因很复杂。民众不支持，应该是一个重要原因。现在，隋炀帝再次发出战争动员令，根本不考虑百姓的死活，百姓对于朝廷的反感可想而知。百姓反感朝廷的社会气氛，对于李渊有两个好处：首先，李渊的反隋因此获得群众基础；其次，李渊如果合法招募军队，百姓一定会踊跃参加。为什么？参加了李渊的军队，就不用年底当兵到高丽前线了。

隋炀帝确实没有放弃征讨高丽的计划，但是，这个时候到太原来宣布年底征兵，未免太巧合了。实际上，一点都不巧合。诏书是在李渊的授意下由手下刘文静撰写的，因为伪造巧妙，没有人发觉。目的呢？就是为李渊反隋制造社会气氛，为李渊募兵夯实基础。

李渊起兵，皇上在三千里外的江都，不能构成有力的威胁。但是，李渊身边并不都是刘文静、裴寂这些支持者。后来李渊胜利了，这些反对李渊起兵的人大都消失在历史的记载中。但是，仔细寻找，还是会发现几个反对的人。比如，太原副长官王威、高君雅。这两个人是朝廷的虎牙将军，特别是高君雅，跟隋炀帝的关系密切，在隋炀帝还是晋王的时候，已经伺候在左右了。李渊当然心知肚明，王威和高君雅被安置在他的身边，本来就有监视的作用，是朝廷对李渊不放心的具体表现。

所以李渊起兵，必须防范这两个人了解实情。起兵准备过早暴露就等同于失败，这是很明白的道理。隋唐时代，即使地方大吏，手里日常能够动用的兵力也是有限的，只有发生战争，才可以根据朝廷的指示招募军队。隋唐的制度一脉相承，我们通过唐朝的情况可以了解隋朝的制度。比如，宣布招募军队的人必须是皇帝，包括规定招募军队的数量、目的和统兵将军。法律上有“擅兴律”，严惩擅自发兵。如果擅自发兵千人，就处以绞刑。擅自发兵分两种情况，一是没有上报朝廷而发兵，二是没有得到批准而发兵。但是，遇到紧急情况，如果敌人兵马来进攻，或者附近发生反叛，可以招募军队，“得便调发”，但同时必须立刻上报朝廷。现在，李渊急需的就是集合兵马的理由。这是一个乱世，理由很快就出现了。大业十三年（617）二月，王仁恭被部下刘武周杀掉，刘武周占据马邑郡，投靠突厥。三月，刘武周攻破楼烦郡，进入汾阳宫，把给皇帝准备的女人掠走，献给突厥始毕可汗[①]。同月，刘武周攻下雁门郡，始毕可汗册封刘武周为定杨天子。雁门郡和楼烦郡就在太原的北面，李渊再不准备，刘武周下一个目标可能就是太原。另一方面，作为隋朝的地方长官，临近发生如此严重的叛乱，如果不采取一定对策，朝廷也会追究责任的。

李渊看到自己的机会来了，他掩饰着内心的激动，召开会议，装作一副不知所措的样子。他说：形势很严峻，刘武周叛乱投靠突厥，已经占领雁门关，距离我们太原只有三百里。皇帝远在江都，距离我们三千里。我们当然应该立刻向皇帝汇报，但是恐怕等皇帝知道再发兵已经来不及了。如果刘武周和突厥来进

① 始毕可汗（？—619）：东突厥可汗，名咄吉，启民可汗之子。隋末，成为中国北方地区割据势力的政治后台。贞观四年（630），兵败投降，死后陪葬昭陵。

攻，我们根本没有准备，只能束手就擒。就算刘武周不来，面对汾阳宫事件，朝廷追查下来，也不得了。可是，我们现在如何准备呢？等朝廷同意一切都晚了，可是不等朝廷的命令，我们也不能擅自招募军队啊。唉，真是让人犯难啊。我也不知道该怎么办了，大家共同想个办法吧。

李渊一席话，大家都知道问题的严重性了。王威、高君雅首先表态，积极主张集合军队，说您是太原的留守，一方的最高领导人，不能置百姓死活于不顾啊。您一定要在这个时候力挽狂澜，不能放任不管啊。他们的态度比李渊都积极。李渊故作无可奈何之状，顺从了他们两个人的要求。有了皇帝的亲信支持，李渊便正式发出动员令，要求成年男子都尽快来报名参军。结果呢？不出所料，人们非常踊跃。前面提到的那个假诏书起了作用。李渊充分利用了隋朝的法律，很好地钻了法律的空子，也很好地调动了身边的隋炀帝亲信。很快，各路人马纷纷集合到太原。

这简直就是一出戏。王威他们私下里一定得意：你李渊在大敌压境的情况下，态度暧昧，不能积极发兵杀敌；要不是我们积极促进，太原说不定也陷入刘武周的魔爪了。或许，王威和高君雅都准备好了如何打李渊的小报告呢。

三　炀帝亲信　刀下冤魂

王威等人的笑容大概没有保持几天，就发现情况有些反常。李渊主持集合兵马，太原周边百姓投军踊跃，队伍一天天迅速壮大起来。李渊这次招募军队大概是三万名，这应该就是李渊拥有的合法军额。可是，王威他们发现了一个问题。这些招募来的军队都交给了李世民、长孙顺德[①]、刘弘基[②]等人。李世民是李渊的儿子，那也就罢了，那个长孙顺德和刘弘基都是什么人啊？那是朝廷的罪犯啊。

长孙顺德是李世民夫人的叔叔，他不想到高丽去打仗，就跑到太原找李渊请求庇护。刘弘基也是这么一个人，本来他的任务是去前线打高丽。他不想去打，就故意犯了一个罪，在行军过程中把老百姓的牛给杀了。对方没有发现，他就主动找地方官，说老百姓的牛被他杀了，结果他被关到地方监狱里。他虽然坐了监狱，但心里高兴，因为这样就不用到前线去了。后来家里人把他给赎出来。他出狱后不敢去别的地方，也跑到了太原，让李渊来庇护他。

王威、高君雅怀疑李渊有问题，焦点集中在具体的领兵人长孙顺德、刘弘基两个人身上。李渊为什么要让这些朝廷的罪犯领兵呢？这是不是表明李渊的动机有问题呢？他们是知道长孙顺德和刘弘基的身份的，所以想逮捕这两个人，顺藤摸瓜。这个主意被武士彟[③]的说法打消了。武士彟不如女儿名气大，他女儿就是后来的女皇武则天。武士彟当时是李渊的手下，管军事装备的。他显然跟王威、高君雅关系不错，但是他反对他们的做法。他

---

① 长孙顺德（生卒年不详）：唐代军将，长孙皇后的叔父。太原起兵功臣，玄武门之变的骨干之一。

② 刘弘基（生卒年不详）：唐初大将。为人豪爽，与李渊父子交情深厚。随李世民屡立战功。太宗朝凌烟阁二十四功臣之一。

③ 武士彟（557—635）：唐朝的开国功臣，女皇武则天的父亲。早年经商，贩卖木材。后追随高祖李渊，成为新王朝的功臣。

说：这两个人都是唐公的客人，你要逮捕这两人，一定会大起纷扰。王威、高君雅并没有真正的把柄，他们更没有决心跟李渊摊牌。若真是引起很大纠纷，他们没有必胜的把握，所以只好放弃。

到了五月，兵马大集。此时，王威、高君雅终于明白了李渊的动机，他们没有办法，想先发制人，刺杀李渊，消灭这次叛乱。但是，他们的企图再次暴露，一个叫刘世龙的乡长向李渊告了密：王威他们要乘李渊到晋祠祈雨的时候动手。一个微不足道的乡长跟留守李渊的距离，差不多是天壤之间。他为什么会替李渊着想，向他报告呢？李渊一贯的行事作风在此时发挥了作用。李渊平时，“贵贱俱得其欢心”，什么人都能很好地与他交往。老朋友裴寂领刘世龙来见李渊，李渊并没有因为他是一个小小的乡长而冷淡他，而是像朋友一样热情款待。乡长刘世龙见李渊这么高的地位，对自己这么好，十分感激，只担心没有机会报答，没有想到高君雅他们送上了门。小人物有大作用，这可不是孤证。

李渊决定先下手。他先让李世民领兵埋伏在城外，早上召集王威、高君雅开会。会上，一个基层军官刘政会来告密，李渊故作不知，让王威看，刘政会说只能给唐公看。李渊接过状子看了看，还故弄玄虚，说：王威、高君雅勾引突厥入侵，怎么会有这样的事啊？高君雅一听就知道完了，大声叫道：叛乱者要杀我啊！两人立即被长孙顺德、刘弘基等人抓起来扔进监狱。

李渊忽然把两名副留守抓了起来，在小小的太原，当然成了大事。一时间，肯定是满城风雨。王威真的犯了大错吗？高君雅呢？听说，他可是皇上的亲信啊。敢抓皇帝的人，真不知李渊在想什么。

李渊必须回答这些疑问，或者用语言，或者用行动。他不能永远保持沉默。可是，李渊如何回答呢？皇上的亲信勾结突厥，这是有人告发的，但是，任何告发都是可以怀疑的啊。李渊总不能说，我要反隋起兵，王威他们不同意，所以把他们给抓起来了。这当然不行。可是，夜长梦多，总是不回答，会不会生发出其他事端来呢？万一有人告发李渊怎么办？

这个时候的李渊还不希望反隋计划暴露，他的为难可想而知。谁知道，天意如风，说来就来。如同计划好的一样，又有人前来配合。两天以后，突厥几万人真的来进攻太原。所有的太原人都相信，这些突厥人肯定是王威、高君雅招来的。借突厥这把刀，李渊顺利杀掉王威、高君雅。

可惜王威、高君雅这两位隋朝的忠臣，或许他们也知道大厦将倾，或许他们也知道独木难支。但是，他们还在用最后的一点气力抵抗汹涌而来的造反浪潮。即使他们能够解决李渊，他们也逆转不了隋朝的灭亡。忠诚，这个所有朝廷都拼命鼓吹的道德，如今竟然变得如此愚蠢可笑，这些秉持忠诚的人竟然成为历史的可怜虫。

历史的逻辑和力量，让人变得渺小。

那些缺乏忠诚的人们，反而成了历史上的英雄。一个更有诱惑力的概念吸引了更高尚的道德情操，救民于水火比拯救一个坍塌的朝廷意义更重大。所有的历史聚光灯都打在李渊身上，没有人希望李渊失败，李渊的每一次阴谋得逞都会换来一阵赞叹。为什么？因为李渊被选中成为历史的主人公。

李渊借刀杀人，解决了王威、高君雅，再使用疑兵计，使突厥兵撤退。李渊连续渡过难关。处处险象环生，却能峰回路转，连一千多年后的我们也为他捏着一把汗。

四 联合突厥 忍辱称臣

李渊担心他的计划过早暴露。为什么？原来，李渊已经派人去通知家人，河东郡的李建成、李元吉，还有长安的女婿柴绍①等都还没有赶到太原。这个时刻，李渊还不敢轻举妄动。李渊借刀杀人成功，正暗自庆幸。突厥确实是一把刀啊！但李渊忽然发现了一个天大的危机。在此之前，他怎么一点都没有想到呢？

什么问题？就是突厥。

突厥支持的刘武周已经占据了太原以北地区，不管是突厥还是刘武周，他们要进攻太原如同到邻家散步。实在太容易。这就是说，如果李渊进攻长安，他的太原后院根本不安全。行军打仗，谁都没有绝对把握，李渊一生谨慎，思考周密，他可不希望后院失火。

五月底，李渊长子李建成率领全家终于从河东赶来。他们在路上遇到了来自长安的柴绍，于是一同到达太原。他们从河东出来，也不是一帆风顺，大概当地政府闻到了什么味道，李建成的弟弟李智云没有赶来，后来被当地政府解送长安杀死。

李渊放心了，现在可以放手大干了。但是，现在他被突厥问题搅得寝食难安。李渊陷入痛苦的思考之中，不知如何是好。就在这时，刘文静向李渊提出建议，联合突厥以增强兵威。李渊当

① 柴绍（？—638）：唐朝大将。娶李渊三女儿，即平阳公主。太宗朝凌烟阁二十四功臣之一。

然同意联合突厥，因为利害得失太清楚了。

突厥对于李渊，不外乎支持或反对两个方面。如果突厥支持，李渊至少有三方面的好处：首先，最小的好处是突厥可以提供军马；其次，突厥可以保障太原的后方安全；最后，突厥军队加入，可以增加李渊军队的威力。如果突厥反对，后果只有一个：李渊腹背受敌，进退失据。

与突厥联合，不仅有利，而且有历史依据。从北朝后期以来，北周、北齐都与突厥和亲，隋文帝时候和亲效果也很不错。后来，隋朝采取强硬手段，分化了突厥。隋末北方的各种势力，也都是积极争取突厥支持的。

要获得突厥的支持，必须付出什么代价呢？李渊能够想到的有：第一，是物资方面，一定要满足突厥的愿望；第二，要在精神上给足突厥面子。政治家必须精通利害计算。李渊现在要做的是大事，必须当机立断。通过史籍，我们现在知道联合突厥的计划是刘文静提出来的，最后由李渊拍板。

李渊给突厥可汗写了一封信，向可汗说明自己要拯救中国，出兵到江都把皇上迎接回来，继续恢复隋文帝时候的和亲政策，希望得到可汗的支持。最后用“李渊启”这个字样。这是一种由下而上的表达方式，《资治通鉴》称之为“卑辞厚礼”，随信可能还附有贵重礼物。有的人建议，反正突厥不懂汉文，为什么要用“启”字啊，至少用“书”也可以表达平等啊。李渊说：这你就不懂了，现在这个启字值多少钱？甭说不值千金，就是突厥想要千金，我们也得给啊。

对于李渊而言，联合突厥是一个战略问题。李渊站得高、看得远。但是，突厥需要的仅仅如此吗？始毕可汗收到李渊的低姿态来信，自然很高兴。可是他表示不能同意李渊的建议。他说，隋炀帝这个人他是了解的，如果真的迎接他回来，他的第一件事情就是杀掉唐公。干脆，唐公你就当天子算了，我全力支持，需要什么比如兵马，你只要开口就是了。始毕可汗就这样回了信，还要李渊尽快答复。

李渊获得这样一个回信，不知道他内心是怎么想的，反正周围的人都很高兴，大家巴不得李渊当天子呢。李渊犹豫不决，不肯表态，说：这样怎么可以呢？我是隋朝的臣子，我要谨守臣节啊。大家就跟着着急。裴寂、刘文静都出来说：现在突厥如此支持，多不容易啊。万一我们不同意，他们再反悔，麻烦不就太大了吗？李建成也来劝说。

知道李渊为什么犹豫不决吗？他真的是对当天子没有兴趣吗？或者他是认为现在当天子为时尚早？全不对。李渊犹豫的是突厥让他当天子的条件。是什么条件？向突厥称臣。起兵反隋，大旗还没有树立起来，先向突厥称臣，这多不甘心！李渊前思后想，左右为难。

后来，集合起来的军队派人表态：如果唐公不做天子，我们也不干了。李渊看看这个阵势，害怕了。内部要是出事，那可比称臣麻烦多了。军队的后面是谁呢？据考证就是李世民。李渊只好表示同意。李渊当时说了一番话，很有意思，他说：这么做犹如掩耳盗铃，但是逼于时事，不得不如此啊。

李渊不接受突厥的条件，联合就不能达成。当时情况下，李渊只能接受突厥的称臣要求，否则一切都无从谈起。接受了突厥的条件，等于稳定了后方，然后才可以展开进一步的行动。后来的李唐历史记载，很少透露高祖称臣的史实。内心还是把称臣于人当作见不得人的丑事。其实，历史向来如此，时代的主持者必须以大局为重，适当的妥协是必须的，一味蛮干肯定不会成功，于国于民都没有好处。

与突厥的联盟建立起来了，李渊制定了基本策略。第一，宣布隋炀帝为太上皇，立代王杨侑①为皇帝。第二，用红、白两色旗帜。开始，刘文静建议用白旗，因为是突厥的旗帜颜色，让突厥看了高兴。李渊不同意，认为那样太突厥化，不利于中原行军，主张白旗之上加大红色，于是成为双色旗。红旗，是隋朝的旗帜，白旗是突厥的旗帜。现在的李渊，既是隋朝又是突厥，既不是隋朝又不是突厥。花色的旗帜，为后来的再变化提供了便利。

大业十三年（617）六月，一切准备就绪，李渊正式召开誓师大会，宣布隋炀帝的多项罪状，表示自己要拯救隋朝，救民于水火。以人民的名义，李渊开始了自己煌煌帝业的伟大征程。

李渊宣布成立大将军府，自己任大将军，裴寂任长史，刘文静任司马。成立三军，中军自己统领；世子李建成为陇西公，为左领军大都督，左三统军隶属；李世民为敦煌公，为右领军大都督，右三统军隶属。晋阳起兵宣告完成，今后的岁月就是李家父子如何征服天下，建立李唐政权了。

不管李渊高喊什么口号，高举什么旗帜，谁都知道他这是叛隋。很多人拥护李渊的做法，成为李渊的追随者。但是，就在山西境内，也有人反对。西河郡是太原通往长安的必经之地，现在的平遥、介休都在当时的西河郡境内。西河郡不听李渊号令，李

① 杨侑（605—619）：即隋恭帝。隋炀帝之孙，封代王。李渊攻入长安，被立为帝。李渊称帝的第二年被杀，终年15岁。

渊必须将它拿下，为下一步进军长安扫清道路。山西是李渊的根据地，李渊必须采取手段巩固根据地。

六月五日，李渊派遣李建成、李世民统兵进攻西河郡。这次战役很顺利，李建成和李世民也很争气，与战士同甘共苦，对于百姓秋毫无犯，来回九天，顺利拿下西河郡。

五　晋阳起兵　谁是首谋

晋阳起兵，是李渊集团开始脱离隋朝夺取最高权力的历史亮相。从此以后，李渊集团开始了平定天下、建立李唐政权的过程。晋阳起兵，无论从哪个方面来说，都是一个漂亮而成功的阴谋，从时机的选择，到起兵方式，到旗帜口号，到内外联系，凡是重大问题都没有任何漏洞。

唐朝建立第一件事就是晋阳起兵。晋阳起兵谁是首功，历史上有两个答案。或者是李世民，或者是李渊。在建立唐朝这个问题上李渊和李世民谁的功劳大？这就是这个问题的实质。对于我们来说，这是一个纯粹的历史问题，对于唐人则是一个重大的政治问题。

李世民首谋论

《旧唐书·高祖本纪》：“太宗与晋阳令刘文静首谋，劝举义兵。”

《新唐书·高祖本纪》：“高祖子世民知隋必亡，阴结豪杰，招纳亡命，与晋阳令刘文静谋举大事。计已决，而高祖未之知，欲以情告，惧不见听。”

《新唐书·太宗本纪》：“高祖起太原，非其本意，而事出太宗。”

这些对于中国人的历史观有着重大影响的史书，既然如此看待这个问题，我们无法绕过，更不能一言否定。让我们先看看在晋阳起兵的问题上，当时的李世民都做了哪些事情。综合起来，李世民做的准备有如下几项工作。

第一，狱中密谋。故事发生的具体时间不确定，大约在年初的某一天深夜。李世民悄悄地来到太原监狱，打发走狱卒，与一个坐牢的人秘密商谈。这个人就是晋阳令刘文静。刘文静坐牢是因为与李密[①]是亲戚，而李密开始随杨玄感起兵，失败后潜逃，最终上了瓦岗寨跟翟让合伙，成了隋末一大军事势力。

隋朝天下大势已去，天下大乱，需要拯救。刘文静说需要汉高祖、汉光武这样的英主。李世民说当然有了，就是人们还不认识而已。言下之意，这样的人近在眼前。于是刘文静为他分析：天下如何，皇帝如何，太原如何，强调太原可征集十万兵，而尊公有兵数万。李世民一句“君言正合我意”，表明他已经有与刘文静一样的考虑。于是，二人一拍即合。特别注意：这段文字强调高祖李渊不仅不知道，李世民还担心李渊反对。所以，他暗地里部署宾客，都是在李渊不知情的前提下进行的。这样，李世民“首谋”概念就成立了。这就是狱中密谋，然后开始部署。晋阳起兵的进程从这个监狱密谋开始。

第二，暗中准备。“阴结豪杰，招纳亡命”，这是暗中积蓄力

---

① 李密（582—619）：隋末瓦岗起义军领袖。曾参与杨玄感谋反。领军长期围攻洛阳，618年归降唐朝，不久又叛唐而被杀。

量，准备造反。

《旧唐书·太宗本纪》记载：“时隋祚已终，太宗潜图义举，每折节下士，推财养客，群盗大侠莫不愿效死力。”

《资治通鉴》记载：

> 世民聪明勇决，识量过人，见隋室方乱，阴有安天下之志，倾身下士，散财结客，咸得其欢心。世民娶右骁卫将军长孙晟之女；右勋卫长孙顺德，晟之族弟也，与右勋侍池阳刘弘基，皆避辽东之役，亡命在晋阳，依渊，与世民善。左亲卫窦琮[①]，炽之孙也，亦亡命在太原，素与世民有隙，每以自疑；世民加意待之，出入卧内，琮意乃安。

请注意，这些行动，仍然是李世民暗中进行的，李渊根本不知情，更无从支持了。但是，这个行动很重要，这是在组建造反的基本班底，建立骨干队伍。以上所列举的三人，后来确实发挥了骨干作用。

第三，劝说李渊。为了说服李渊起兵，李世民绞尽脑汁，想了种种办法。他发现裴寂和李渊关系密切，于是想办法与裴寂接近。《资治通鉴》如此记载：

> 渊与裴寂有旧，每相与宴语，或连日夜。文静欲因寂关说，乃引寂与世民交。世民出私钱数百万，使龙山令高斌廉与寂博，稍以输之，寂大喜，由是日从世民游，情款益狎。

① 窦琮（生卒年不详）：晋阳起兵功臣。窦炽孙，窦恭子，窦琮应该称李渊为姑父。

世民乃以其谋告之，寂许诺。

这段记录是刘文静从中联络，才使得李世民与裴寂结交成功。《旧唐书·裴寂传》是另外一种记载：

大业中，历侍御史、驾部承务郎、晋阳宫副监。高祖留守太原，与寂有旧，时加亲礼，每延之宴语，间以博弈，至于通宵连日，情忘厌倦。时太宗将举义师而不敢发言，见寂为高祖所厚，乃出私钱数百万，阴结龙山令高斌廉与寂博戏，渐以输之。寂得钱既多，大喜，每日从太宗游。见其欢甚，遂以情告之，寂即许诺。寂又以晋阳宫人私侍高祖，高祖从寂饮，酒酣，寂白状曰……高祖曰："我儿诚有此计，既已定矣，可从之。"

李世民拉拢裴寂有两个说法，一个是通过刘文静，另一个是自己亲自指挥高斌廉。《资治通鉴》又记载道：

会突厥寇马邑，渊遣高君雅将兵与马邑太守王仁恭并力拒之；仁恭、君雅战不利。渊恐并获罪，甚忧之。世民乘间屏人说渊曰："今主上无道，百姓困穷，晋阳城外皆为战场。大人若守小节，下有寇盗，上有严刑，危亡无日。不若顺民心，兴义兵，转祸为福，此天授之时也。"渊大惊曰："汝安得为此言，吾今执汝以告县官！"因取纸笔，欲为表。世民徐曰："世民观天时人事如此，故敢发言；必欲执告，不敢辞死！"渊曰："吾岂忍告汝，汝慎勿出口！"明日，世民复说渊曰："今盗贼日繁，遍于天下，大人受诏讨贼，贼可尽乎？要之，终不免罪。且世人皆传李氏当应图谶，故李金才无罪，一朝族灭。大人设能尽贼，则功高不赏，身益危矣！唯昨日之言，可以救祸，此万全之策也，愿大人勿疑！"渊乃叹曰："吾一夕思汝言，亦大有理。今日破家亡躯亦由汝，化家为国亦由汝矣！"

先是，裴寂私以晋阳宫人侍渊，渊从寂饮，酒酣，寂从容言曰："二郎阴养士马，欲举大事，正为寂以宫人侍公，恐事觉并诛，为此急计耳。众情已协。公意如何？"渊曰："吾儿诚有此谋，事已如此，当复奈何，正须从之耳。"

这些记载有一个问题是矛盾的，到底是谁第一个跟李渊说起的呢？

一个"先是"，我们知道是裴寂先跟李渊说了李世民的计划。那么李渊为什么会回答"吾儿诚有此谋，事已如此，当复奈何，正须从之耳"？说明李渊在听裴寂谈起之前已经了解李世民有起义计划。既然已经知道了李世民的计划，为什么在李世民再说出来的时候，李渊还要"大惊"，还要告官呢？

如果是李世民自己说的，那么他对裴寂的公关意义顿时降低，不就是因为看中了裴寂与李渊的良好关系才拉拢裴寂的吗？同时，"先是"这个时间标志词还有什么用呢？

为什么同一部书，《资治通鉴》本身就有这些矛盾呢？

这些记载中，李世民和李渊成为两种人。李世民处心积虑，多方谋划，准备起兵，而李渊夜以继日与裴寂等吃喝赌博。为了完成起义，李渊某种意义上成了一个障碍，李世民必须想办法先说服李渊。父子两人对待起兵问题上，一个积极，一个消极，一个多方准备，一个糊里糊涂，李渊甚至差一点要把李世民送押官府。李渊最后同意了，但是很勉强，说什么“今日破家亡躯亦由汝，化家为国亦由汝”。在事情开始以前，都把责任推给李世民了。

如此说来，完全可以说晋阳起兵是李世民一手策划的，而李渊不过是在李世民多方作用下，勉强同意并参加而已。在这样的事实面前，说李世民是晋阳起兵的首谋，当然是不错的。首谋，就是首先谋略策划。晋阳起兵的首谋者，当然获得了建立唐朝的首功，没有这个谋划，唐朝自然不会产生。

李渊主谋论

我们暂时承认李世民是晋阳起兵的首谋，那么我们看看，在李世民发动起兵的时候，他的父亲李渊充当了什么角色？

第一，在刘文静的第一份计划书中，李渊是什么地位？刘文静分析国内局势，皇帝居于江都不归，天下豪杰并起。只要有汉高祖、汉光武这样的人物出现，不过半年，帝业可成。“尊公所将之兵复且数万，一言出口，谁敢不从！”刘文静的总体战略是不错的，但是具体化，是谁来领导这次行动呢？是李世民吗？不是，还是李渊。是谁有“一言出口，谁敢不从”的威信呢？当然不是李世民，还是李渊。所以，虽然刘文静与李世民谋划，但是他们预设武装起义的领袖不是李世民而是李渊。

第二，李世民开始暗中布置宾客，准备起义的干部队伍。应该说，这是很重要的一个步骤，也是这个重大阴谋的重要组成部分。那些没有名字的人物我们无从了解，从现在已知的人物中，可以看到这些人物的背景。有三个人物是被提出来的。他们是长孙顺德、刘弘基和窦琮。这三个人后来成为基本的军事统帅。在李建成和李世民手下担任统军或者副统军。他们是什么来历呢？长孙顺德是长孙晟的族弟，他来晋阳与刘弘基一样，“皆避辽东之役，亡命在晋阳，依渊，与世民善”。窦琮，也是亡命晋阳的。他们三人，都是投奔李渊的，不是投奔李世民的。平心而论，这样的逃避兵役的人，按照隋朝的法律是要杀头的，能够保护他们的是李渊还是李世民呢？对于这三人而言，在造反这样的重大问题上，他们是听从李世民的，还是更听从李渊的呢？

第三，李世民积极活动，联络豪杰大侠，拉拢裴寂这样的官员，许多地方都需要花钱。别的方面不知道，仅仅为了拉拢裴寂，就花费了很多钱。《旧唐书·裴寂传》和《资治通鉴》都说李世民“出私钱数百万”拉拢裴寂。为什么叫“私钱”？可能有两种意思，一不是政府的钱，二不是李渊的钱。请注意，这里的“百万钱”只有数词。没有量词。所以，用意只在表达“多”。百万枚还是百万贯，大不一样。李世民与李渊没有分家，按照当时的法律，家产都属于家长。当时李渊才是家长。同时，李世民没有公职，也不从事工商，哪里来的私钱？所以，可以肯定地说，李世民用来准备起义的钱只有一个来源，就是李渊。

第四，在李世民是首谋的这个说法中，我们看到，李世民花费了很多时间来说服李渊，甚至其中还存在一些矛盾，但是，李世民的这些行动也告诉我们另外一个真相：如果李渊不同意，李世民可以单独行动吗？答案是：不能。

隋炀帝大业十三年（617），这一年李世民二十岁，当时高祖李渊五十二岁。李世民一文不名，既没有官职，也没有军职。他最响亮的头衔是李渊的二公子。李渊，爵位唐国公，做过朝廷中央、地方大员，现在更是太原军政一把手。除了祖先的荣耀以外，李渊更有统兵作战的经验。李渊与李世民父子之间，领兵造反，无论是谁也应该找李渊。

现在我们想问：晋阳起兵，即使李世民是首谋，那么换一个词，请问，晋阳起兵谁是主谋？是李世民还是李渊？换个角度，如果这次起义失败，朝廷要对李世民和李渊判刑，李渊和李世民谁是主犯，谁是从犯？任谁做法官，也不可能判李世民为主犯，判李渊为从犯。

所以，千百年来，那些力图为李世民歌功颂德的说法，都是在“首谋”问题上打转转，谁也不敢挑战“主谋”这个更重要的概念，更没有在“主谋”这个问题上动手脚。

无论从政治影响、军事经验、经济实力还是从社会地位来比较，李世民都无法与李渊相提并论。即便是有人愿意结交李世民，也是因为看重了李世民背后的李渊。李世民要结交那些非法的豪杰大侠，没有背后李渊的政治、经济资源，几乎是不可能的。

晋阳起兵的历史真相是，以李渊为首的军事政治集团，看到隋朝大势已去，于是开始谋划夺取最高权力。这个集团的核心人物当然是李渊。作为李渊的次子，李世民不过是李渊手下的一员得力干将而已。因为父子关系，李渊信任李世民，李世民很早就参与了晋阳起兵的谋划，并且承担某些具体任务。但是，只有李渊才是主谋，这个地位任何人都无法取代。

虽然我们主张李渊主谋论，但是我们并不否定李世民在晋阳起兵中的作用。帮助李渊定策、联络豪杰大侠、联合突厥等三个方面。李世民都发挥了重要作用。比较几个核心人物，大业十三年（617），李渊五十二岁，刘文静五十岁，裴寂四十八岁，李世民二十岁。李世民的表现实在是很出色了，没有必要再人为拔高。就凭李世民的表现，仍然当得起“少年英雄”四字评语。

六　乱世英豪　各怀异志

在李渊晋阳起兵的过程中，除了李世民以外，裴寂和刘文静是最重要的核心成员。当时，大约有一个四人核心小组。他们就是李渊、李世民、裴寂和刘文静。李世民与父亲为一体，同呼吸共命运，那么另外两个人呢？他们为什么要反隋？

刘文静的传记中说他：“伟姿容，有器干，倜傥多权略。”形象英俊，有才干，善谋略。刘文静是晋阳县令，对当地情况熟悉。所有主张起兵的人，都有一个共同的认识，就是隋朝大势已去，必须立刻动手逐鹿中原。刘文静有一个具体问题是特殊的。他是李密的亲戚，朝廷已经命令将他捉拿入狱。李密是当今天下反隋的第一块招牌，而在围攻洛阳的战斗中，日益占据上风。正是因为李密这些强大的反叛势力存在，导致隋炀帝不敢返回中原。如果隋朝最终取得胜利的话，对于李密必定坚决追究。刘文静是李密的亲戚，这事既然已经在朝廷的掌握之中，刘文静的下场可想而知。但是，如果李渊起兵，推翻隋朝就多了一成把握，对于刘文静而言，正是改变命运的重要时刻。一个小县令，自己没有力量、没有资源独立反隋，但是推动李渊反隋可以达到同样的目的。

在太原，与李渊关系最密切的是裴寂，即使是刘文静也不如裴寂。有一种记载是李世民要推动李渊，自己不敢说，就通过刘文静等先结交裴寂，然后通过裴寂说服李渊。这是裴寂与李渊关系密切的一个证明。裴寂与李渊关系亲密，是因为在太原，只有他与李渊有旧交情，他们两人都有中央为官的经历，他们的关系可能也是在那个时候建立的。

裴寂在太原，是晋阳宫的宫监。晋阳宫是皇帝的行宫，皇帝如果到太原，就住在晋阳宫中。皇帝虽然很少来，但是皇帝的威仪不可少，所以这样的行宫是时刻准备着迎驾。因此，晋阳宫在太原，是一个很特殊的地方，一切是中央财政支持的，所以财大气粗。

裴寂当然明白这一切。老朋友李渊到太原当“一把手”，裴寂当然高兴，因为晋阳宫里应有尽有，所以经常请李渊到晋阳宫，裴寂出面招待，使用的当然都是给皇上预备的。如果仅仅是吃吃喝喝也就罢了，裴寂高兴的时候还让宫女伺候李渊，这就太出格了。这些宫女可都是为皇上准备的啊。所以，如果这个事情被朝廷知道，裴寂和李渊都是死罪。

裴寂是河东裴氏，属于大姓。但是，他父亲去世早，他从小就是孤儿，是在兄长们轮流照顾下长大的。长大以后，一直穷困，甚至有一段时间，不要说骑马，连骑驴都做不到，只能徒步走来走去。有一次他经过华岳庙，希望了解是否永远会这样贫困下去。当天夜里，他还真的做了一个梦，一个白头老先生对他说：你三十以后方可得志，终当位极人臣。这个梦，对于渴望改变命运的裴寂而言，真是上天的启示。对于相信命运的人而言，这也是一个巨大的暗示，这种暗示会成为他们选择机遇的心理基础。

有一种说法是这样的：裴寂参加起义，是因为拿了李世民的钱，或者说中了李世民的圈套，不得不做。这是一种有意贬低裴寂的说法。裴寂虽然早年贫困，但是李世民给的钱，毕竟是有限的，只要参加起兵，改朝换代，裴寂会立刻飞黄腾达起来，李世民的几百万钱真是一个小数字。比如，太原起兵，裴寂干了什么，其他密谋都不算，他把晋阳宫的东西献了出来：有上等米九万斛、杂彩五万段、甲四十万领。此外还有五百宫女。这些东西都是“以供军用”，粮食可以做军粮，绸缎可以奖励战功，盔甲用来武装战士，只有五百宫女不知道做什么用。这些物质，当然是最急需的，而李世民当初给裴寂的那点小钱，比起其中的任何一项都是九牛一毛。

一个动乱时代，每个人都在以自我为中心进行盘算。多数人的计划与大局无关，而这些野心家的计谋则影响着历史的进程。隋朝的皇帝龟缩在江都不敢回长安，一个泱泱大国，谁也不知道，在什么角落正发生着怎样的阴谋。一贯宣称忠于朝廷、忠于皇帝的官员们，如同李渊周围的人们，都在如此诡异地忙碌着。而后世的评价，完全取决于他们最后究竟能走多远。

第三讲　李渊称帝

这是一个历史的转折，李渊建立了唐王朝。从这一刻起，大唐王朝就开始了它三百年的历史。但这一刻的到来充满了荆棘。在诸侯割据、战乱不断的隋朝末年，李渊凭借什么脱颖而出，建立大唐？隋炀帝最终被谁所杀？只要李渊振臂一呼，摇摇欲坠的隋王朝马上就要土崩瓦解，李氏的天下指日可待，李渊的皇帝梦也就变成了现实，那么事情真的像想象的那么顺利吗？

一　处心积虑　暂缓称帝

李渊起兵时曾经向突厥称臣，这是一个重大问题。后代因为“民族主义精神”高涨，人们对于向外族称臣这样的事通常都很愤恨。当然这是一般民众的心理，而帝王则需要认真地审时度势，做出非同一般的抉择，即使是民众不能理解，也在所不辞。我们读历史，如果总是用常人的观念去衡量帝王的心思，非给气死不可。在李渊他们看来，比起创立大唐王朝的伟大事业来，策略性地向突厥称臣不过是小事而已。

但是，已经获得突厥支持当皇帝的李渊，在起兵的时候并没有宣布自己当皇帝，这不是突厥支持的一个重要理由吗？不仅如此，他还以隋朝的忠臣自居。在与突厥达成协议之后，李渊正式在太原宣誓起兵。在李渊的誓词中，充分肯定隋文帝的统治，重点抨击隋炀帝。他说隋炀帝刚愎自用，文过饰非，听信谗言，喜怒无常，巡幸无度，穷兵黩武，终于导致众叛亲离，“十分天下，九为盗贼”。最后。李渊表明自己的行为是因为不忍看到隋朝就此灭亡，才决定发动勤王之兵。李渊自称起兵的目的是为了保卫隋朝而不是取代隋朝，当然更绝口不提自己要当皇帝的事。李渊痛骂盗贼，不知道在江都的隋炀帝是不是把李渊的这种行为与盗贼等量齐观。

处心积虑要当皇帝的李渊，为什么在起兵的时候不宣布自己当皇帝呢？不仅如此。他还口口声声自称忠臣，这又是为什么呢？此前提到李渊或是李世民，要么说他们天命昭昭，要么说人心所向，都在表明他们拥有帝王之运。现在终于起兵了，为什么不称帝，只称大将军呢？

或许，太原仅仅是一个边城，远离政治中心。他们要经营天下，在太原称帝也许并不合适。可是很快，十一月的时候，他们已经拿下长安。把隋朝首都都拿下了，李渊该称帝了吧？

不，我们从史书中知道，这时李渊推隋炀帝的孙子代王侑为皇帝，改元“义宁”，遥尊江都的隋炀帝为太上皇。这个隋朝的忠臣，擅自做主，把当今皇帝也就是隋炀帝给废黜了，声称是为了隋朝好。为什么呢？因为隋炀帝确实引起太大的民愤，废黜了这样一个皇帝，对于争取民心有一定的帮助。他所立的新皇帝，是当今皇上的孙子，只是一个小孩子。这个行为是地地道道的谋反，因为在江都的隋炀帝依然是皇帝，全国各地除了被反隋势力控制的地区，都还以隋炀帝为皇帝。即使李渊以忠于隋朝的名义在表态，本质上也依然属于反隋的力量，无论是当事人还是后来人，没有人会这么轻易地上当。

你可能有疑问，李渊自己会辩护，因为他有条件称帝，但是并没有称帝，他不过是当了大丞相，不过是以新皇帝的名义，册封自己为唐王。

说起来，从唐国公到唐王毕竟也是一次重要飞跃，同样具有鸡犬升天的效果。在李渊当上唐王的时候，李建成自然就成了唐王的世子，李世民被册封为秦公，李元吉为齐公。其实，这个朝廷虽然有一个十三岁的皇帝，但真正的权力都在李渊的掌握中，真正行使国家权力的是大丞相府，而裴寂依然是长史，刘文静是司马。那个十三岁的小皇帝，不过是李渊手上的一枚皇帝图章而已。

李渊确实没有称帝。难道唐王这样的爵位已经满足了他的权力欲望？难道他起兵时候宣布的保卫隋朝是真的？难道李渊就满足于实际控制大权，而没有称帝的心愿？如果有，他还在等待什么？

简明一点说，李渊不称帝，并不是他有什么忠心，而是他需要这样的策略。那么，他为什么会采用这样的策略？

二　烽烟四起　群雄逐鹿

看看当时的中国，隋朝的旗帜还在，不过国家的威权已经丧失殆尽。隋朝各地的官员，真心效忠隋朝的已经不多，各种割据势力都在与隋朝作最后的斗争。虽然各种势力都有自己的称号，但称帝的其实不多。

山西的北部有刘武周，他原来是隋朝的军官，他在突厥的支持下称帝，也叫定杨可汗。金城薛举[①]也是隋朝军官，他起事后开始号称西秦霸王，感觉不过瘾，不久就称秦帝。窦建德[②]在河北已经比较有势力，但是他自称长乐王，没有称帝。

河南与隋朝周旋的主力，是翟让、李密的瓦岗军，李密主事以后，连续取得重大胜利。但是李密自称魏公，不称帝。江南民众暴动，拥戴南朝梁后裔萧铣[③]出山，萧铣自称梁王，不称帝。

天下是如此混乱的局面，但是，强大的势力都没有称帝。三家称帝的，两家有突厥背景，薛举情况很特殊，他也许已经预感到自己行将毙命，有一点豁出去的意味。所以，在以上各种势力中，薛举是最先出局的。

为什么李渊不称帝？为什么大家都不称帝？为什么大家都采用相似的策略？说起来，其实也很简单，因为称帝的时机还不成熟。帝王的事业，是唯一的事业，虽然千万人都可能有帝王梦想，但是真正能实现帝王梦想的，一定要过关斩将，解决所有竞争对手。这是一条艰辛的道路，稍有不慎，就会满盘皆输。

这让人联想到曹操。公元219年，曹操早就统一了北方，是全国范围内势力最大者。当时连汉献帝也在曹操的掌握中，曹操“挟天子以令诸侯”，大权在握。这一年，孙权上表对曹操称臣，

① 薛举（？—618）：北方豪强。出身于山西汾阳富豪人家，隋末在金城（今兰州）举兵反隋，与李世民多次交战而取胜。618年，在浅水原之战前夕病逝。

② 窦建德（573—621）：隋末河北起义军领袖，618年定都乐寿，国号大夏。后在武牢关之战中被李世民俘虏，押往长安被杀。

③ 萧铣（583—621）：隋末群雄之一。其叔伯姑母即隋炀帝萧皇后，617年，起兵反隋，雄踞于南方。618年称帝，国号梁。后被唐李靖所灭。

曹操认为这是孙权的阴谋，说："是儿欲踞吾着炉火上邪?"曹操手下也有许多人支持曹操称帝，而曹操的观点是"若天命在吾，吾为周文王矣"。曹操为什么认为孙权称臣是阴谋呢？为什么连手下人都积极赞成而他就是不肯呢？"这小子要把我架在炉火上啊"，曹操的这个说法已经说明这背后的理由。如果曹操称帝，就会成为各种力量攻击的焦点。现在，他的命令都用汉献帝的名义发布，别人即使明明知道不是汉献帝的主意，但是无法求证，不得已只好执行。如果曹操取代汉献帝，那么他就给自己戴上了篡位的罪名，人人得而诛之。所以，曹操说这是孙权的阴谋。

李渊占据长安，拥立代王侑做皇帝，大权都在自己的掌握中，这种情况和曹操很相似。隋炀帝被他推举为太上皇，他没有公开打倒隋炀帝，更没有推翻隋朝，他跟曹操一样，还是前朝的大臣。他在可以控制的地方，实行的就是挟天子以令诸侯的政策。所以，不称帝是有利的。这是第一个原因。

第二个原因，不称帝就是避免自己成为矛盾焦点。曹操当年是这样，李渊如今也是这样。

李渊与李密的一段交往方式，就是很好的证明。李密是瓦岗山农民起义的领袖，他本人是北周的贵族。他成为农民军的领袖之后，自称魏公，也不称帝。但是，他自视很高。听说李渊起兵，就跟李渊联络，因为都是北周贵族出身，祖辈也是朋友。他联络李渊，实际上就是探听李渊的虚实，了解李渊的动向。李渊很快回信，表示自己没有任何想法，如果需要的话，他李渊会诚心推戴李密的。李密得信很高兴，也更加自信。而李渊的想法很明确，就是迷惑李密，用低调的方式减少自己的麻烦。

为什么李渊等人不称帝却称王呢？

对此，我们应该了解古代的制度。自从秦始皇开始了皇帝制度以后，在政治领域内，皇帝是唯一的最高权力拥有者，皇帝是天下唯一的。就当时的天下而言，就指中国。在一个政权之内，只能有一个皇帝。后来分裂的时期，比如三国或南北朝，不同政权之内可以有不同的皇帝，但是大家彼此都明白，即使承认对方，终究也会有一天要归于一统的。在这种制度下，王就成了皇帝之下的一个爵位，对于皇帝而言王仍然要称臣。皇帝与皇帝不可共存，但是皇帝与王是可以共存的。所以，称王是可以接受的，称帝则一定要争个你死我活，因为称帝就意味着把其他所有势力都当作臣下处理。这就是为什么一旦称帝就会成为政治斗争焦点的原因。

另一个原因我们今天已经很难理解，但在当时却是很重要的。这就是忠君的道德观念。本来，忠于国家、忠于皇帝，是当时最重要的政治道德，也是重要的社会道德。维系政治的稳定，这种道德观念很重要。这种道德观念，也是个人的价值观念，虽然并不是所有人都拿这个道德观念当回事。在政治斗争中，如何争取力量，如何壮大自己是必须考虑的问题。如果过早称帝，表明与原来政权公开决裂，那些坚守忠君信念的人物就无法与你联合。而一旦道德上站不住脚，政治上等于人为地增加了成功的难度，等于给自己设置了绊脚石。名不正则言不顺，言不顺则事不成。这绝不是孔子的简单说教，这是社会的运动规律。名正言顺从哪里来？从道德中生发出来。所以，这些本质上是反隋的各种势力，在口头上却大都不敢承认自己不忠诚，更不敢冒天下之大不韪公然称帝。所以，不称帝，继续打着尊隋的旗号，对于李渊而言，是有政治意义的。

李渊不称帝，李密不称帝，窦建德也不称帝。他们都知道称帝不合适，但是什么时候称帝合适呢？没有人能够说明白。他们都在等，都在眼巴巴地等，等待一个天崩地裂的时刻。

三　江都事变　杨广毙命

公元618年阴历三月，大家盼望的时刻终于到来了。谁也没有想到，这个时刻这么快就到了，在江都的隋炀帝忽然被臣下给杀了。偌大的隋朝大厦在一夕之间倾覆了。这个事件，历史上叫作“江都事变”。

隋炀帝被杀，天下没有什么人会想到，连隋炀帝自己也没有想到。

原因呢，说起来很简单。

自从来到江都以后，隋炀帝做梦也没有料到，天下的局势会演变得如此糟糕。他对自己和天下都丧失了基本的信心，简直就变成了另外一个人。随着中原的形势日益恶化，隋炀帝的精神也日渐萎靡。既然所有的制度因素都在烘托皇帝这个政治中心，他的权威被强调得无以复加，那么在很大的意义上，他就成了他所在的集团的精神支柱。帝王和他的权力如同一棵大树，附属在帝王和帝王权力周围的人群就是猢狲。如今，作为皇帝的隋炀帝，他的精神正在枯萎，那么附属的猢狲们，于是开始各自打算。

曾经不可一世的皇帝，如今胆小如鼠。因为拥有权势而穷凶极恶，隋炀帝是一个典型；面对天下大乱而表现出内心的极度懦弱，隋炀帝也是一个典型。天下动乱，本来是国家政策导致的。

如果能够及时改弦更张，不文过饰非，号召天下勤王，率兵平定叛乱，不是没有回转局势的可能。当初隋炀帝雁门被围，形势也很险恶，最后还是化险为夷。这才几年的工夫，隋炀帝的精神就临近崩溃了。他像老鼠一样躲藏起来，甚至像鸵鸟一样，不想听到糟糕的消息。

因为不敢面对现实，隋炀帝害怕回到中原，于是想在南方设立首都，建立一个偏安的政权，干脆彻底不回长安了。这个想法朝臣们不敢不同意。但是，皇帝的禁卫军不干了。他们都是关中人，家人都在关中，他们是一心要回关中的。所以皇帝命令一宣布，开始是少数人想逃回关中，结果一联络，几万人都有同样的心愿。这几万有武装的人，在当时就汇聚成一股巨大的力量，于是一个针对皇帝的阴谋就出现了。

历史的记载很清楚，准备谋反的士兵人数太多，他们无所顾忌，经常大白天坐在一起讨论如何行动，就如同讨论杀敌一样，完全是一副光明正大的姿态。皇帝制度把皇帝隐蔽起来，以保证他的神秘感，保证他的权威，同时，也把他与世界隔绝起来，让皇帝成为高贵的囚徒。那些原本应该成为皇帝耳目的大臣们，他们这时都躲到哪里去了？他们难道也跟皇帝一样失明失聪了吗？没有。许多人知道这个阴谋，有的人甚至要力挽狂澜。但是，在皇帝的身教下，大臣们养成了因循苟且的习惯，想挽救皇帝的行动往往被看作是多余之举，很轻易地被抵制了。

这么放肆的计划，就没有人上报朝廷吗？有。一个宫女听说了外面的阴谋，经过萧皇后的允许上奏皇帝，皇帝却认为这么严重的事情，怎么可以乱说，下令马上将这宫女处决了，但并没有采取什么措施。后来又有宫女听说此事，请示皇后，问要不要报告皇帝。萧皇后说，汇报什么啊，徒然增加皇帝的烦恼。从此以后，再没有人报告了。皇帝就像在等死一样无所作为。隋炀帝对自己的死还是有一些心理准备的，平时照镜子，看见自己的脑袋，说，这个脑袋不错，但不知什么时候会被谁给砍下来。他还准备了一些毒酒，说一旦发生什么不测，就喝毒酒，自己药死算了。

兵难终于爆发了。江都事变让人对皇帝制度产生了很复杂的感觉。

大业十四年（618）三月三日，隋炀帝被乱兵抓住。他还算镇定，就问乱兵：我有什么罪过，你们如此待我？乱兵就说，你发动战争，巡游无度，折腾百姓，民不聊生，林林总总一大堆。皇帝说，我确实对不起百姓，但是我对得起你们啊，我对你们这些人总算不薄吧。这些谋逆的人，当然都受过皇帝的好处，无法回答皇上的问题。皇帝如今在他们手中，就如同当初他们在皇帝手中一样，这时候哪有什么道理可讲。隋炀帝的爱子赵王杲，只有十二岁，在炀帝身边哭号不已，被乱兵挥刀斩杀。血溅龙袍。皇帝亲眼看见爱子被杀，内心该是多么痛苦。他们接着要杀皇帝，隋炀帝临危还算保留了帝王的自尊，说："天子死自有法，何得加以锋刃！取鸩酒来！"他想按照自己的计划去死。可惜威风一世的隋炀帝，连这最后一个小小的要求都没能实现，兵变者不予理睬。一个叫作令狐行达的人让后人记忆深刻，他提起皇帝如同提起一只公鸡，用力一顿，皇帝便瘫坐地上。隋炀帝最后一个动作是解下脖子上的练巾递给令狐行达，这个人毫不手软，众人看着皇帝的脸色随着令狐行达双手的用力一点点变化着，这个曾雄心勃勃、要创立伟业的隋炀帝就这样被结束了生命。

作为最自负的皇帝，也是多才多艺的皇帝，隋炀帝死得还算从容。然而这一切，本来都是可以避免的。

江都事变，隋炀帝之死，正式宣告隋朝的灭亡。对于各地的割据势力而言，这是一个划破夜空的信号弹，一场争夺天下最高权力的战役正式开始了。

四　李渊登基　大唐建立

隋炀帝之死，立刻引发了称帝大潮。同年，萧铣称帝，国号梁；次年，王世充[①]称帝，国号郑……李渊称帝，也是江都事变的后果之一。

三月，隋炀帝死；五月，李渊获得消息。据说，隋炀帝被杀的消息传到长安，李渊哭得很伤心。他说，我作为隋朝的大臣，在关键的时刻因为路途遥远不能救助皇帝，我哪里敢不尽哀呢。

隋炀帝是李渊的亲表哥，现在表哥被人杀了，李渊有所伤心是可以理解的。隋炀帝有这样的下场，虽然主要是因为他自己，但是李渊这些人也是间接促成者。想一想，隋炀帝的皇位可是李渊给取消的。有人敢杀皇上，是因为皇上的威信下降，李渊等人当然是促使皇帝威信下降的重要人物。

但是，表哥的死，对于李渊而言，究竟是喜是忧呢？如果你只看见李渊的痛哭就以为是忧那可大错特错了。在李渊哀哭的背

① 王世充（？—621）：隋末著名割据势力领袖，619年称帝于洛阳，国号郑。620年，被李世民打败，投降唐军，不久被仇人独孤修德所杀。

后，一定是暗自高兴。

何以为证？因为很快李渊就开始张罗着自己当皇帝了。若不是隋炀帝突然被杀，转机突现，李渊的皇帝宝座，不知还要在他的梦里飘摇多久呢。

李渊自己当皇帝，比起其他人要费事一点，因为他前面拥立了一个傀儡皇帝隋恭帝。李渊不能自己宣布当皇帝，他必须由隋恭帝让出皇帝的宝座。这虽然不是什么难事，但是手续上毕竟要多一道。这个手续，就叫作“禅让”。据说，这是上古时代的传统，天子把自己的位置让给贤能的人。现在呢，是形式上有权力的人把位置让给真正有权力的人。禅让，那可是古人最有想象力的概念，渴望权力由贤人掌控，盼望权力交接有序……众多美好的想象，都在现实中演变为干巴巴的仪式了。

隋恭帝杨侑下达一个诏书，宣布天丧隋朝，让太上皇死于贼人之手。多亏唐王，立功天下，中外钦佩，上下感心。现在我就效仿古人，把皇帝的位置让给贤能的唐王。然后，他派人把皇帝玉玺送给李渊。这个小皇帝本来就是李渊让他做的，如今李渊要自己做皇帝了，命令小皇帝让位，小皇帝也就只好执行。

李渊是禅让故事的总导演兼主演。小皇帝传位诏书已经颁发了。李渊还要装模作样地表示不能接受，表示谦逊，表示辞让。这个辞让应该表现得很庄重，要正式写一份辞让奏章。内容是什么呢，我们现在不得而知，反正是一些词不达意的官样文章。

李渊这么一辞让，群臣就装作很慌张的样子，赶紧上表劝进，大都代表天地旨意、人民心愿，说这天下如果您不来当皇帝，老百姓处于水深火热中该如何拯救啊，我们这些臣下如何生存啊，等等。总之，态度恳切，一副捶胸顿足的样子。好像如果李渊不当皇帝，天一定会塌下来。

于是，隋恭帝再次、三次恭送皇帝玉玺，李渊再次、三次辞让，群臣再次、三次上表劝进。其实呢，一切都是安排好的，是礼仪的需要。参加仪式的人，都各自有分工，谁都知道最后的结果。虽然矫揉造作，依然要认真，不可马虎。其中，领头劝进的裴寂，态度最好，劲头十足。

仪式终于结束了，李渊心满意足地登上皇帝宝座。然后，根据功劳大小与皇帝关系的远近，李渊任命新朝的大臣们。大家高呼皇帝万岁，舞蹈谢恩。皇帝一家更是兴高采烈。不久，李渊就宣布李建成为太子，李世民为秦王，李元吉为齐王，不一而足。

李渊当了皇帝，改年号为武德，618年就是唐朝武德元年。李渊称帝，标志着唐朝的正式建立。没有李渊的称帝，当然就不会有后来的唐太宗，就不会有什么贞观之治。

我们知道，隋炀帝死后，天下群豪纷纷称帝。为什么江都事变以前，大家都在打隋朝的主意，但是都不肯称帝，一副扭扭捏捏的样子。可是江都事变之后。大家急不可待地称帝，一副饿虎扑食的样子。事变前后迥然不同，这是为什么？

答案很简单，都是利益驱动。隋朝虽然风雨飘摇，但是百足之虫死而不僵，隋朝正式灭亡在当时谁也无法预料，所以虽然真心反隋，表面上却要故意模糊，装扮忠诚，为的是减少对立面，争取更多支持，避免成为政治冲突的焦点。而隋朝一夜之间烟消云散，大家都来争当未来的主人。如果你不及时称帝，可能表示你的信心不足。于是大家就如同百米冲刺，一副当仁不让的劲头。

李渊称帝完成了。但是，万里长征只走出了第一步，今后的路更长，任务更艰巨。对外而言，大家都是皇帝，彼此只能拼个你死我活了。对内而言，皇帝需要重新清理内部的关系，确立君尊臣卑的新秩序。李渊集团作为刚刚从太原成长起来的军事政治集团，现在李渊虽然称帝，但是不仅面临着众多的外在竞争对手，内部秩序的建立也迫在眉睫。

第四讲　刘文静案

隋炀帝被杀以后，各地诸侯纷纷称帝。蓄谋已久的李渊自然也不例外。公元618年五月，李渊终于实现了他的皇帝梦，建立唐朝，是为唐高祖。李渊称帝后，跟随他晋阳起兵的两个功臣裴寂、刘文静，也都加官晋爵。然而随后不久，刘文静却遭杀身之祸，这难道是兔死狗烹、鸟尽弓藏的悲剧再次上演吗？在这背后，到底隐藏着什么样的问题？李渊为什么要处斩刘文静？刘文静的被杀究竟说明了什么？

李渊刚刚宣布即皇帝位，兰州的薛举就大举进攻，他占领了天水，直扑关中。李渊立刻派李世民迎战，武德元年（618）七月，双方大战，李世民惨败，这就是浅水原之败。这是李世民的征战史上很糟糕的一次。作为随同李世民这次出征的副官，刘文静承担起失败的后果，被朝廷贬为庶人，仍随军效力。薛举本来可以乘胜进攻长安，可惜天命不保，竟然死掉了。他的儿子薛仁果[①]即位称帝，进攻唐朝的势头缓了下来。十一月，薛仁果大军卷土重来，唐朝仍然派李世民应急，这次李世民发挥出色，一举歼灭了薛仁果主力。薛仁果投降，唐朝获得彻底胜利。刘文静官复原职。关中安全，从此获得了保证。

---

① 薛仁果（？—618）：隋末地方割据者，又作“薛仁杲”。薛举长子。618年，被李世民击败，降唐被杀。

皇帝很高兴，让李世民拜官太尉，担任陕东道行台尚书，进驻长春宫。但是，就在第二年的春天，李世民手下副官刘文静却出了事，这就是著名的刘文静案件。刘文静是李渊晋阳起兵的最大功臣之一，但是奇怪的是，在李渊称帝后不久，刘文静就以谋反罪被杀。难道是兔死狗烹、鸟尽弓藏的悲剧再次上演吗？李渊为什么要处决刘文静？刘文静的被杀究竟说明了什么？

说来话长，这么一个震惊朝野的大案，却发端于一件小事。

一 小妾失宠 诬告夫君

刘文静是晋阳起兵的核心成员之一。那时候核心成员有四个人：李渊、李世民、裴寂和刘文静。后来四个人中，李渊当了皇帝，其他三个人成了最重要的大臣。李渊称帝后，裴寂就做了宰相，当时叫作左仆射，是尚书省的长官。刘文静呢？做了门下省的长官，当时叫作纳言。隋唐时代，宰相是多元的，朝廷同时存在着好几个宰相，各自有分工，但主要是仆射。所以，刚开始，裴寂和刘文静这两大功臣的地位差不多，都是宰相，都是朝廷的核心人物。但后来情况发生了变化，皇帝明显更喜欢裴寂。一方面，裴寂和皇帝是多年的朋友；另一方面，裴寂好像比较会来事，比如说在劝进李渊当皇帝的时候，裴寂特卖力，累得满身大汗。皇帝就很心疼，说，我当皇帝，全是依靠你啊。实际上怎么仅仅是依靠裴寂呢？李渊称帝以后，朝中议事，裴寂的位置跟大家都不一样，虽然他是宰相，但皇帝会请他坐到御床上，管裴寂不叫裴寂，称呼他为裴监。裴监是什么呢？原来裴寂在隋朝的时候做晋阳宫监，李渊称呼他原来的官名，让裴寂想到他们当年同在隋朝为官的情形，是亲密的称呼。皇帝请裴寂坐到龙床上，裴寂还就真的上了龙床，跟皇帝坐在一起。有人就看不惯，最看不惯的就是刘文静，刘文静就公开表示过不满，给皇帝上书，说君臣之间如日月天隔，大臣怎么可以跑到龙床上呢？这不是有违天纲吗？皇帝赶快辩护，说当年光武帝的时候，还跟他的同学睡在一张床上呢。所以刘文静和裴寂总是意见不合，老有义气之争。皇帝让裴寂继续当宰相，让刘文静做了礼部尚书，又到李世民的军队中去效力。当然刘文静的官看起来还是很大，实际上天天去打仗了。什么意思？就是说刘文静被排挤出了中央的核心集体，已经不再是最重要的人物了。

刘文静本来有一个小妾，后来失宠了，也许是刘文静另有新欢。于是，这个小妾妒火中烧，她决定找机会报复刘文静。她像一个侦察兵一样埋伏在刘文静身边，每天仔细观察刘文静的言行，一旦有把柄就马上实施既定报复。这天，刘文静跟他的弟弟在一起喝酒，一边喝酒一边骂裴寂，说裴寂不是东西，刘文静甚至拔出剑来砍自己家的房柱，说有机会一定要杀掉这个家伙。这个小妾在旁边伺候，不露声色。事后，她立刻找到自己的哥哥，说刘文静如何如何，她的哥哥就到朝廷去报案，告刘文静谋反。

这是一个确确实实的案件。有原告，刘文静的小妾和她的哥哥；有被告，刘文静和他的弟弟；有案情，案情究竟是怎样的，在小妾的告发中，究竟是怎样写的，我们不得而知，无非是阴谋杀害大臣。企图谋害大臣，大概这是一个严重的罪行。不过，朝廷要是考虑小妾的具体立场，也许更应该怀疑小妾的动机。这不是因为私人情感要谋害大臣吗？对于这种家庭内部纠纷牵连朝廷重臣的案件，朝廷一般的处理原则是大事化小，小事化了，甚至可能会整治原告。

但是，这一次朝廷却格外重视。朝廷成立了一个临时法庭，裴寂和萧瑀①都参加进来。裴寂是尚书仆射，萧瑀是中书令，两个都是朝中重臣，共同来审理这个案件。案件牵连裴寂，却又让裴寂出面调查，这本是违反回避原则的。而刘文静呢，表现得很平静。可以说，刘文静对这个案件有些重视不够，警惕性不高。他大概认为小妾挟私愤告官，朝廷不应该认真对待的。所以当他被审问的时候，他没有一丝一毫的恐慌。

当审判方问刘文静：你有没有谋反？刘文静的回答是：喝酒喝多了，说过什么话是保不定的，不过我承认是有怨言的。我认为，我跟裴寂原来都是太原起兵的功臣，我的才能不比他差，我还立有军功，我的功劳也比他多。现在裴寂高高在上，我不服。要说牢骚的话一定会有的，但是没有谋反。

刘文静很坦白，很镇静，但是他的态度大有深意，很值得研究。如果他矢口抵赖，说没有说过任何这样的话，这纯粹是诬陷。那样，法庭反而好办了，案件也许就更简单了。但是，他竟然坦然面对，承认对朝廷有意见，案情瞬间复杂化了。

请注意两个问题：一个是刘文静在家里说的话，一个是在回答法庭提问时他说的话。这两种说法虽然有关系，但是也有很大的不同。于是，案件开始出现变化。

---

① 萧瑀（575—648）：隋炀帝萧皇后之弟。自幼以孝行闻名天下，且善学能书，深精佛理。归唐后，得李渊器重，也是贞观时期的名臣。

二 案情复杂 愈演愈烈

首先，是刘文静与小妾的矛盾。小妾把刘文静告官，这属于家庭内部纠纷，不应该大惊小怪。这一点，是案件爆发的导火索，本不足道，但是因为引发后续故事，所以我们必须了解。

其次，刘文静与裴寂的矛盾被暴露。大臣之间有矛盾本来很正常，同朝为官，有不同意见，最后转化为个人之间的矛盾也没有什么。根据历史的记载。当时刘文静与裴寂之间确实矛盾很大，朝堂之上，两人经常发生激烈争吵。两人发生矛盾时，皇帝李渊总是站在裴寂一边。所以刘文静后来主要在秦王李世民的身边，东征西讨，虽然有朝廷职位，却没有职权。总之，刘文静与裴寂的矛盾，裴寂是胜利的一方——这一点是案件的原始案情，是告发者揭发的案情。其实，裴寂与刘文静的矛盾人所共知，没有什么新鲜的。

再次，重要的矛盾是刘文静与朝廷的矛盾。刘文静很坦率地说，他跟裴寂功劳相似，甚至功劳高于裴寂，但是朝廷还是重用裴寂而不重用自己，本来地位相当的两人现在已经有了巨大的差距。这个差距显然是皇帝造成的。当刘文静反对皇帝对裴寂过分亲近的时候，李渊当作耳旁风。所以，现在刘文静直接把不满说出来，大家都清楚，这针对的不仅仅是裴寂，还有裴寂后面的皇帝李渊——这一点是案情的新发展，属于新的事实。矛盾从刘文静对裴寂转化为刘文静对李渊，因为李渊代表朝廷，于是成了刘文静与朝廷的矛盾。

案件在审查过程中逐渐发生了质变。原告不知道什么时候消失了，后来干脆变成了刘文静与朝廷的对峙。最后，究竟是哪个案情对案件的结局产生重大影响呢？不是原始案情，而是新案情。这一点一定要清楚。

刘文静是承认自己的一部分问题，有牢骚，有不满，但是不承认谋反。

别人怎样看这个案件呢？我们把各个方面的观点都摆到这里，让大家看清楚，然后再看最后的结局，分析为什么会有那样的一个结局。

萧瑀认为刘文静没有谋反。萧瑀是一个很重要的人物，他在武德年间就是唐高祖身边很重要的大臣，他是隋炀帝的小舅子，他的姐姐是隋炀帝的皇后。他在隋朝本来官位很高，就是因为爱讲真话，经常跟皇帝说，不能打高丽，要爱惜民力，皇帝不爱听，最后把他赶到地方去做官。后来唐朝建立了，他就投靠唐朝，现在做中书令，为皇帝起草诏书，是很重要的一个职官。萧瑀是李渊颇为信任的官员，他认为刘文静谋反不成立。

李纲[①]也认为刘文静没有谋反。李纲当时是什么职务？是礼部尚书，同时是东宫的太子詹事，是东宫的一位重要官员。李纲也是一位大人物，在隋朝杨勇做太子的时候。李纲就是太子洗马，以敢说真话著称。后来杨广（即后来的隋炀帝）代替了杨勇，做了太子，皇帝就把东宫的这些官员召集起来训话，一顿臭骂，说你们没有辅佐好太子，以至于太子被废。大家只敢听，不敢说话。只有李纲大义凛然，说今天结局如此，陛下要负主要责

① 李纲（549—631）：任北周、隋、唐三朝的官员。为人刚直，隋代时辅佐太子杨勇。后来李渊委托他辅佐太子李建成，贞观初曾任太子李承乾的老师。

任。隋文帝很赏识，后来让他升官。这个人一直敢于表达，现在面对刘文静案件，他也说刘文静没有谋反。他一定会有长篇的论证，不过史书只记录了结论。

请注意，萧瑀和李纲，人物虽然重要，但是，他们的结论针对的是刘文静的原始案情。对于新的案情他们并没有说法，甚至可能都没有觉察到其中的问题。这应该是李渊不重视他们结论的重要原因。

现在，我们再来看李世民的观点。

李世民说："义旗初起，先定非常之策，始告寂知，及平京城，任遇悬隔，止以文静为觖望，非敢谋反。"你看李世民的发言，他也认为刘文静有战功，可是现在刘文静的待遇比较低，说他有不满是可以的，但是说他谋反是不对的。

李世民的观点很重要，这除了李世民地位比较高以外，还因为李世民参与了晋阳起兵等重大阴谋，了解很多内情。更重要的是，刘文静近年主要跟随李世民在外作战，是李世民最重要的副手，所以李世民更了解刘文静的情况。

李世民的观点与刘文静如出一辙。他和刘文静的共同问题是，他们都看重功劳，尤其是战功。谋反事实不存在这不用说，重要的是他们都认为如果朝廷处置有问题，他们可以发表不同意见，也应该发表不同意见。他们将对朝廷的意见，当作家常便饭，口无遮拦地表达出来，如此平静，如此正常。其实，这里存在的问题，才是更严重的问题。为什么？因为这种观点隐藏着另外一个含义：他们可以反对朝廷，可以反对皇帝。想想，这对于皇帝来说不是很可怕吗？

三 功臣屈死 敲山震虎

结局证明，李渊还是采纳了裴寂的观点。最后他决定痛下决心，采取坚决手段，坚决维护皇帝的独一无二的权威。先看裴寂的说法。

裴寂跟高祖这么说：“文静才略，实冠时人，性复粗险，忿不思难，丑言悖逆，其状已彰。当今天下未定，外有勍敌，今若赦之，必贻后患。”他的意思有这么几层，第一，承认刘文静的才略天下第一，但是这个人性格有天大的弱点，多大的弱点呢？性格粗险，敢于冒险，胆大妄为，现在说出这样的丑话，跟他的性格大有关系，跟他的才略也大有关系，所以很危险。现在唐朝四周强敌很多，北方有突厥，东方有王世充等。如果现在赦免了刘文静，以后一定出大问题。

裴寂的观点很清楚，他认为刘文静有罪。他的解释更恶毒。这就是中国古代一直到今天人才观的一个基本观点。人才有两个要素，一个才、一个德，看人才怎么样，就看他这两个要素的搭配关系怎么样。最好的人才是德高，才能也高。最坏的呢？是德差，才高。为什么这么说呢？才能很差，道德也很差，这个人想做坏事也做不成，所以这种人，危险不大。当然要是德高才差，你大不了做不成好事那也没有关系。最可怕的就是才高德差这种人。这种人能耐很大，他的道德水平又很低，他想做坏事就能做，而且能把坏事做得很大。在裴寂的说法中，刘文静就是这种人。裴寂的观点是，刘文静确实谋反，并且应该立刻杀掉。

裴寂没有说到李世民，当然他是没有资格说的。但是，李渊不会不想的。我们说过，李渊是一个性格细腻的人。看起来犹豫不决，实际上他考虑问题很细致。李世民如此支持刘文静，他不会不提高警惕的。

那么，李渊究竟怎么看待这个问题呢？这才是最重要的。毕竟李渊才是最高审判官。刘文静是不是谋反，关键在皇帝的看法。李渊应该怎样面对刘文静案件呢？在各种不同意见中，李渊会倾向于谁呢？李渊最后决定了案件的结局，而李渊究竟是怎么考虑的呢？

这不仅是对李渊的考验，也是对新王朝的考验。

李渊的态度，我们现在知道有两个方面是确定无疑的。第一是十分重视。第二是犹豫很久，不能下定决心。从现有的证据看，刘文静确实没有谋反。不仅如此，萧瑀、李纲和李世民都认为刘文静没有谋反，认为刘文静谋反的只有裴寂。而裴寂的话最不可采信，因为裴寂与刘文静的矛盾人所共知。是杀还是不杀，李渊看来大伤脑筋。如果从我们今天的角度看，杀刘文静就是对萧瑀、李纲和李世民的否定，不杀刘文静就是对裴寂的否定。无论从案情关系还是大臣关系来看，李渊不杀刘文静应该更得人心。

但是，出乎意料的是，经过一段时间的思考，武德二年（619）八月，李渊决定判刘文静谋反罪成立，此案以刘文静被杀而结束。

四 历史谜团 众说纷纭

刘文静案件结束了，但是我们的思考不应结束。作为皇帝，李渊究竟为什么要杀掉刘文静呢?

这么多年以来，大约有如下几种答案。

诛杀功臣说

这种说法主要来自刘文静，被两《唐书》的作者所接受。刘文静和他的弟弟一同被处决。刘文静在临刑前拊膺叹道：“高鸟逝，良弓藏，故不虚也。”这个典故我们知道，就是杀功臣的故事，原话是西汉淮阴侯韩信临死之前说的。天下胜利了，你的国家稳定了，这些功臣也就该被杀掉了。那是汉高祖时候的事。事实上汉高祖确实是卸磨杀驴、过河拆桥，胜利之后除掉功臣。后来的朱元璋也有同样的做法。但是刘文静这件事情，可以用杀功臣这个话来概括吗？我觉得不可以。从刘文静的角度说，他确实是唐朝的有功之臣，但是高祖杀刘文静，绝不是因为敌国灭了，谋臣就应该杀了，因为现在敌人还很多，北方有刘武周，河北有窦建德，河南有王世充，江南有萧铣，势力都很强大。李唐集团以后艰苦的战役还多着呢。

防患突厥说

近代的唐史研究中，对于刘文静案件，有一种观点很有影响，就是防患突厥说。在唐朝的建国过程中，突厥因为势力强大，导致李渊不得不向突厥称臣。而李渊与突厥的联系，都是由刘文静负责的。刘文静如果与突厥联合，那么后患可就大了。所以李渊最后决定杀掉刘文静。这个说法看起来很有道理，但是漏洞也是存在的。首先，当时李唐与突厥的关系并没有破裂。其次，突厥与李唐的关系重要，还是与李唐的一个大臣的关系重要呢？突厥真的愿意与刘文静这个人联合起来与唐朝对立吗？政治集团之间的往来，向来以利益考虑为前提，突厥与刘文静联合而与唐朝对立有什么好处呢？这个说法是有问题的。可以认为，裴寂说的外有强敌是基本事实，并不一定专指突厥，在当时情况下，萧铣、王世充、窦建德甚至刘武周等都可以看作是强敌。

五　君臣父子　皇权至上

今天我提出一个新的看法，李渊杀刘文静可以概括为强化皇权说。

在刘文静案件中，最重要的不是刘文静在家喝酒时说了什么话，即原始案情并不重要。对于皇帝李渊而言，最让他忍受不了的，其实是新的案情。第一，刘文静的态度。他现在被告发，但是没有一点诚惶诚恐，反而从容不惊，坦然承认对朝廷有意见。这种态度，从皇帝的立场说，其实是对皇帝权威的挑衅。在皇帝制度下，君臣关系势若天隔，皇帝可以做错事，但绝不允许大臣对皇帝有意见。用人权力完全在皇帝的掌握中，重用谁，不用谁，这都是皇帝的权力。赏罚臣下，是皇帝的威权，臣子有功，由皇帝奖赏，而不是由臣子自己判定。可是，刘文静显然对这个规则不清楚，或者说对这个规则很轻视。看起来他是对裴寂不满，本质上是对皇帝重用裴寂不满，是对皇帝的不满。更不可容忍的是，他把对皇帝的不满如此平淡地说出来，简直就是有恃无恐。为什么刘文静会有这样的态度？可能是他认为功高才高的人就应该得到重用，这一点放之四海而皆准。除却刘文静的态度外，还有没有其他原因呢？有。这就是李渊不能容忍的第二点。李世民支持刘文静，他不可能不知道重用裴寂是李渊的主张，而明知裴寂背后的人是李渊，还公然为刘文静喊冤，说明李世民也有针对皇帝的用意。这样延伸推测，李世民很可能是刘文静的后台，他们都不满于朝廷，都对皇帝有意见。他们应该是一个集团。想一想，你要是皇帝，会不会不寒而栗？

刘文静案件发生在李渊称帝刚刚一年的时候。皇帝制度不仅对外有绝对的唯一性，对内同样是唯一的。有的时候，内部的认同更重要。李渊虽然已经成功地当上了皇帝，但是在内部彻底贯彻皇帝制度还需要一个过程。尤其在战争时期，内部统一不彻底，不利于步调一致，继续统一天下。

所以，刘文静案件的最后结局，李渊的最后决定，落脚点不在刘文静是否谋反。他没有谋反是肯定的。在刚刚建立的政权之下，从对新政权立有汗马功劳的刘文静的角度来说，他根本没有谋反动机。他对朝廷有意见，本来也是正常的。关键是在李渊看来，刘文静的态度大有问题。他的态度，就是对皇帝权威的挑衅。就其严重程度而言，如同谋反。

在这个过程中，李世民起到了什么样的作用呢？从他的本意说，他要为刘文静说情，替刘文静喊冤，但是客观上，他的这种做法，对刘文静的死起到了推波助澜的作用。毕竟，比起刘文静来，李世民地位更高、作用更大，李渊更看重。在李渊的眼中，出现了这样一股势力，以李世民为首，以刘文静为代表，这些人公然对朝廷不满，公然对皇帝的用人政策不满。如果不加以镇压，这股势力会向哪个方向发展，这是不好说的。他这是敲山震虎，杀鸡儆猴，给李世民看，给他这个最能作战、最能打仗的儿子看。现在唐朝还没有统一天下，要统一的地方还很多，对于刘文静，不杀不足以步调一致，不杀不足以震慑内部，不杀不足以对外取得胜利。所以我认为李渊杀人的关键问题在这里。

那么，李渊的这个做法是否产生其他后果呢？李渊如此对待功臣还是让很多人寒心的，其中包括李世民。李渊本来有更多的方式加强皇权，在刘文静案件上，如果宽容一些，同样可以不损害皇权。但是，他的办法太残酷，让皇权染上了浓重的野蛮气息。

这使我想到一部电影，就是《辛德勒名单》。辛德勒对那个法西斯的刽子手说，杀人是一种权力，赦免也是一种权力，都是最高的权力，你为什么不用赦免呢？可是那法西斯分子杀人成性，他开始虽然同意了，后来还是忍不住把那个小男孩给杀了。皇帝的权力也是这样。以杀立威真的最见效吗？不一定。事实上，即使大家一时被镇压住了，李世民一干人等都知道皇帝是什么用意，都变得谨小慎微了，但是他从此与皇帝同心同德了，还是离心离德了呢？事实证明，他们的父子关系产生了很大的裂痕。以杀立威的效果应该说并不高妙，所以，研究唐史的专家有一个结论，唐朝武德时期朝廷的基本问题就是内部的分裂。这个分裂是以刘文静案为开端的。

研究表明，刘文静案件以后，唐朝内部的裂痕更加扩大，李世民与李渊以及朝廷的矛盾更加深化。当李渊把李世民看成像刘文静一样对皇帝忠诚不足的一个人，李世民也在担心自己是否有一天会落得刘文静的下场。要避免刘文静的下场，他应该怎么做？所谓离心离德，就是这样开始的。后来发生了震惊朝野的玄武门事变，可以说，就是这个矛盾不断发展的结果。当然，从贞观之治的角度来说，幸亏有唐朝内部的这种裂痕和矛盾，否则哪里有今后的唐太宗，哪里有辉煌的贞观之治呢？

多年以后，李世民当上了皇帝。贞观三年（629），李世民的朝廷为刘文静平反。这说明很多年后，李世民都没有忘记刘文静。当然，这是后话。而李世民的当务之急，是在刘文静被杀之后，如何摆正自己的位置，调整自己的心态。李渊杀刘文静，对李世民来说，确实起到了敲山震虎的作用。那么李世民应该怎样做呢？是消极抵抗，还是逆来顺受？这对李世民来说，又是一次重大考验。

第五讲　秦王破阵

刘文静案件暴露出李唐集团内部的矛盾，这不仅仅是刘文静与裴寂的矛盾。更重要的是李渊与李世民的矛盾。此时此刻爆发的高层矛盾，究竟会给新兴的唐朝带来怎样的后果？李渊与李世民父子之间的关系，究竟会向什么方向发展呢？李世民应该如何应对呢？凡此种种。无不关涉唐朝的未来。

刘文静案件之后，李世民何去何从呢？如果李世民斤斤计较，天天仔细揣摩皇上的心理，那么他就只能成为一个小肚鸡肠的政客，而不是后来的一代英主唐太宗。但是，他要是根本不理会皇帝的想法，依然故我，那么，他极有可能在无意中触及李渊的底线，说不定很快就会成为刘文静第二，那也无从谈起唐太宗的一番伟业了。如何继续发展唐朝的事业的同时，发展自己的事业，如何在不违背皇帝心理的情况下，又保证自身的安全呢？李世民需要在唐朝和皇帝之间找到一个平衡点，同时又找到一条有着广阔前景的自我发展的道路。

这条道路确实被李世民找到了，这就是立功、立功、再立功。通过不断立功，扩大唐朝的地盘，把唐朝的这块蛋糕做大，这是所有利益的基础。通过立功，树立自己的影响，增强自己的实力，只有拥有了足够的实力才是最安全的；通过立功，强化皇帝对自己的需要，只要自己对皇帝和朝廷有用，才不会遭到抛弃。

正在这时，机会从天而降。

一 知子莫若父 高祖激秦王

武德二年（619）八月，就在刘文静被杀后七天，唐朝在河东的形势急转直下。河东就是今天的山西，是李唐的龙兴之地。山西的刘武周曾经也是隋朝的官员，但是起兵反隋比李渊还早。他的背后有突厥势力，因为突厥的关系，他也被称为“可汗”。本来，刘武周的野心有限，最多想割据一方。但在武德二年，刘武周因为得到宋金刚[①]的有生力量，野心忽然膨胀起来。宋金刚原来是河北的一个武装头目，被窦建德打败，逃到山西，投奔了刘武周。他一直鼓动刘武周进攻中原，争取做中国的皇帝。宋金刚手下有一员大将叫尉迟敬德[②]，英勇善战，一杆长矛天下无敌。刘武周和宋金刚联合以后，从山西北部向南进攻，连续取得胜利，李唐的地盘频频缩小。

山西的形势恶化，就发生在审讯刘文静的同时。根据《资治通鉴》的解释，裴寂在审案初期还在长安，还能回答皇帝的咨询。后来山西发生战事，他主动请缨到山西前线去。为什么他要去前线？其实这与刘文静案件有关。裴寂不是将才，对于行军打

① 宋金刚（？—620）：隋末起义军首领。河北上谷人，在当地聚众反隋，一度跟随刘武周。南下与李世民交战，战败逃往北方突厥，后被杀。

② 尉迟敬德（585—658）：名恭，字敬德。原效力于刘武周。后投奔李世民，成为其心腹大将。是玄武门之变的关键人物，在太宗朝地位甚高，封鄂国公，凌烟阁二十四功臣之一。

仗简直一窍不通，但是他明知道自己没有这个能力，还是主动请战。而皇帝呢，竟然也就应允了。皇帝难道不知道裴寂的才干不在军事方面吗？当然知道。但是皇帝为什么还是同意了裴寂的要求呢？因为他们要争一口气。刘文静公然宣称自己比裴寂功高，应该受到重用。对此，不论是裴寂还是李渊，都是不得不面对的一个巨大的政治责问。

裴寂到山西前线，当然是为了给刘文静等人看看，希望通过建立军事功勋给自己正名。但是，他对军事连起码的常识都缺乏，又如何能够领导军队打胜仗呢？因为在政治上被人将了军，就希望直接获得军事胜利，竟然不考虑其可能性。结局当然可想而知。裴寂到了山西前线，不仅没有缓解唐朝在山西的严峻形势，反而导致持续恶化。唐军连连吃败仗。就在裴寂在山西不可能取得胜利的情况下，长安的李渊还是杀掉了刘文静。幸亏李渊动手早，再晚七天，裴寂在山西的大溃败，即著名的度索原之战，导致了唐朝整个山西基本丧失。若不是刘文静被杀，缺乏军事才能的裴寂，在连续损兵折将的事实面前，将如何面对刘文静呢？

裴寂不仅不懂军事，似乎也不懂政治。他的坚壁清野政策导致民众激烈反抗，吕崇茂在夏县领导民众暴动。裴寂打不过宋金刚，镇压农民起义总应该可以吧。没有想到，裴寂统率的唐朝正规军队竟然被临时组建的农民军打得大败而归。这个时候，太原基本上成为孤城，李元吉看到守城无望，放弃太原，逃回长安。宋金刚进占龙门。唐朝几乎全数丧失了山西。唐朝北方忽然洞开，宋金刚则步步紧逼。此时唐朝刚刚建立一年多，危机之严峻如同泰山压顶。裴寂导致了如此严重的局面，然而，李渊却没有处分裴寂。六百多年后，元朝历史学家胡三省在给《资治通鉴》作注的时候，看到这里，不免嘿嘿一笑。他写道："刘文静浅水原之败，被贬为庶人，最后落得被杀的下场。裴寂度索原之败，任职依旧。唐高祖以赏罚来驾驭臣下，上下其手啊。"后人看得分明，当时的人何尝不心知肚明？刘文静有牢骚，李世民有不满，但是面对强势的皇帝，刘文静已经被杀，李世民何去何从？

就在武德二年（619）十月，李渊出人意料地决定放弃河东。难道说，李渊不知道河东的重要性吗？河东不仅是龙兴之地，而且在战略上也十分重要，如果没有河东，长安的北方则难以防守。

李渊确实做出了放弃河东的决定，但是表达方式很奇怪。他亲手书写了一份手敕，让中书侍郎唐俭亲自骑马驰送李世民所在的长春宫（今大荔县）。这个方式，当然不是皇帝敕书的正常传达方式，而且让中书侍郎这么一位高官去送一份敕书，十分罕见。

这份手敕的内容，现在能看到的只有摘要："贼势如此，难与争锋，宜弃河东之地，谨守关西而已。"大意是说，敌人太强大了，我们难以争锋，只好放弃河东，能守住关中就不错了。这份敕书，表面上说的是放弃河东，但是字里行间却透露出无可奈何的意味。

那么皇帝的用意是什么呢？他真的不知道山西的重要性，真的是想放弃山西吗？如果想放弃，他直接公布即可，为什么派唐俭这么大的官员来把决定送给李世民呢？如果不想放弃，为什么又要言称放弃呢？

分析李渊的做法，不过是使用激将法而已。他是在激李世民主动请战，解决山西的难题。那么，他为什么不直接下令，而要颇费周折地采用这么一种方法呢？

我们尝试分析这份手敕背后的真实动机。

几个月来，李世民依然沉浸在刘文静被杀的悲痛之中。裴寂造成了山西大溃退。通常这是要负责任的。但是，裴寂好像有特权一样，李渊把裴寂投进监狱只有几天的时间，又把他释放出来，官复原职，并且好言安慰。皇帝没有一点让裴寂承担责任的意思。李世民心中做何感想？刘文静不过发几句牢骚，就被杀头。那可是李世民的左膀右臂，而杀刘文静的时候，皇帝根本不考虑李世民的看法。李世民即使没有办法向父皇抗争，总有机会找裴寂的麻烦吧。

山西的麻烦是裴寂惹出来的，如果朝廷要求李世民去解决山西的问题，收拾现在的烂摊子，以李世民的性格，他可能会提出让裴寂承担罪责，那朝廷岂不是难以应对？现在山西告急，谁可堪任？李氏自山西起家，从山西打入关中，给山西带来了很大的荣誉，同时在山西也赢得了信任。满朝朱紫贵，真能担此大任的，非李世民莫属。既要李世民出兵，又要他不追究裴寂的责任，只有一个办法，就是想办法要李世民主动请战。

真是知子莫若父啊！李渊竟然想出这么一个以退为进的激将法。若不是对李世民的性格有比较大的把握，这个招数怎么敢贸然使用呢？若不是对现在父子关系的状态有很清晰的认识，这个激将法怎么会被想出来呢？

万一李世民不能领会皇帝的真正旨意，表示同意放弃山西怎么办？那岂不是弄巧成拙了吗？对此，李渊应该有所准备。可以用后来的一件事说明。李靖出击萧铣，因为敌人强大而李靖有一段时间不能前进，李渊认为李靖不努力，命令许绍阵前斩杀，许绍没有执行，才留下李靖一条性命。如果李世民不及时响应李渊的真实想法，李渊会否与他恩断义绝呢？虽然没有直接的证据，但是，当时情况如此危机，李渊很可能采取断然措施。一个关键人物就是唐俭。唐俭是中书侍郎，一直在皇帝身边。此人与李世民过去关系不错。他亲自来送手敕，当然也是因为他能跟李世民说得上话。他肯定可以用一定的办法让李世民明白朝廷的真正用意。唐俭的任务可不是送信这么简单。

我们看李世民与唐俭的关系，后来长期暧昧不清。贞观时期，唐俭有两次生命危险，都与李世民有关。贞观四年（630），唐朝灭东突厥，颉利可汗中途请和，有缓兵的意思。李世民将计就计，就派唐俭前往和谈。前方元帅李靖认为和谈时突厥必然放松警戒，于是率领精锐奔袭颉利本部。当他准备奔袭的时候，有人提到唐俭的安危问题，李靖认为唐俭一条性命不足惜，战争胜利才重要。而事后果然大胜。李世民认为李靖做得很好，并没有表示应该考虑唐俭的性命。

据《朝野佥载》的记录，李世民在贞观时，与唐俭的关系是时冷时热。好的时候，一定要与唐俭一起进食，唐俭不到李世民就不开饭。坏的时候，李世民公开说：不要让我见到唐俭，见了我就想杀他。有一次，李世民与唐俭下棋，唐俭不让，李世民立刻起了杀心。他还让尉迟敬德证明唐俭有“怨言指斥”，好趁机杀唐俭。可是第二天，不论李世民怎么问，尉迟敬德都不作证，最后太宗也没有办法。

李世民贞观时期与唐俭的关系，我推测与武德二年（619）的这次送信有关。唐俭带着皇帝的手敕来到长春宫，应该把皇帝的真实想法都告诉了李世民。同时应该也透露了皇帝的后招，如果李世民不主动请战，唐俭可以就地采取措施。从这方面说，唐俭是李世民的救星。但是，唐俭也是李渊不信任李世民的直接证人，这让李世民后来经常想起来就不愉快。所以，他们的关系才时冷时热。

那么，看到李渊的敕书，李世民是如何反应的呢？唐朝的危机就是他的危机，他既然有能力解决朝廷的危机，自然感到责无旁贷，应该为朝廷分忧。何况山西是龙兴之地，又是国家的粮仓，象征意义和战略地位都十分重大。他立刻表示，只要有三万兵马，就可以收复河东。

李世民迎接挑战，这是他的性格特点决定的。更何况经过刘文静案件之后，李世民应该对如今的父子关系有了更深的理解。而建立功勋对李世民来说意义非凡。皇帝既然用这种方法动员李世民请缨，李世民正好乘机实现自己的抱负，并转移因为刘文静案件给自己带来的尴尬。对李世民来说，战争是自己最大的发展机会。

对于李世民的表态，皇帝当然非常高兴，立刻把关中兵马都拨给李世民统领，并且亲自赶赴长春宫，为李世民的出征送行。皇帝从长安大老远地跑到长春宫为出征将士送行，这是绝无仅有的一次，实在是太隆重了。

李世民接受了收复河东的任务，使他与李渊的关系度过了一次危机。但是，问题显然也不是那么简单。当父子关系单纯的时候，彼此可以直接表达情感和分歧，但是，当这种关系复杂以后，任何表态都变得谨慎小心。这个时候，就证明彼此的防范之心已经存在了。李渊用这样诡异的方法催促李世民出征，而李世民故作不知，主动请战，这说明他们关系的复杂性已经超出单纯的父子关系。彼此的裂痕已经很难弥合。

李渊与李世民的父子关系，在化家为国的过程中，发生了质变。从前单纯的父子关系，如今增加了君臣关系。在朝廷的政治生活中，君臣关系是更重要的关系。李渊已经正式登基，他的思想很快适应了这种关系，看来李世民还没有适应，他还把李渊当作单纯的父亲。依然有话就说，有意见就提。在刘文静这样重大的案件中，竟然根本不考虑皇帝的感受，一厢情愿地支持刘文静，并且很动感情，说话没有分寸，完全违背了他与父亲的君臣关系。如果没有李世民的强力支持，也许刘文静还有生存的希望，因为刘文静与裴寂单纯的矛盾是容易处理的。

总体情况看，李渊与李世民这种矛盾暂时不会激化，有内外两方面的原因。外部原因是，当时的环境依然险恶，天下尚未统一，内部的团结十分必要，所以还不能将矛盾立刻激化。如果这个时候矛盾激化。大家连基本的利益都不能保证，结果很可能就“鹬蚌相争，渔人得利”。内部原因是，如今彼此需要大于彼此排斥。李渊为首的唐朝已经立足关中，在当时各个政治集团中拥有明显的优势，所以李世民在这个时期没有能力脱离李渊集团，这是一方面。另一方面，李世民已经确立了在李唐集团中无可替代的地位，他是该集团中最出色的军事领袖。在武力平定天下的时代，李唐集团当然十分需要李世民这样的军事人才。

既然彼此需要，是否可以保持坚固的团结呢？矛盾会逐渐消失吗？当然不会。刘文静案件以后，裂痕已经产生。虽然外部的问题解决了，但这些矛盾的总体爆发是必然的。特别是互相依赖的情况很清楚，但有意消除矛盾的行动却没有发生。不仅如此，矛盾仍然在逐渐积累之中。

二　平定刘武周　逼降尉迟恭

李世民是满怀复杂的心情领兵出征的。十一月，李世民的军队到达龙门前线，与宋金刚大军展开漫长的对峙。到达前线的李世民可以投入全部精力思考战争问题，而朝廷的错综复杂、父子之间的微妙关系等都可以暂时抛在脑后。

这个时候的李世民虽然只有二十二岁，但是对于战争已经很有经验。敌人是进攻的一方，急于决战。李世民抓住宋金刚的这个基本心理，反其道而行之，坚壁不出。同时派出小股部队对敌人进行不停的骚扰，打击敌人的后方供给线。宋金刚前进的步伐太快，供给线太长，李世民便肆意攻其弱点。而李世民的主力部队，不管宋金刚如何叫阵，就是不为所动。李世民在等待着最佳战机，他坚信这个战机一定会到来。那是什么时刻？就是敌人无法前进、只能撤退的那个时刻。这是李世民进攻的良机。果然，六个月之后，宋金刚坚持不住了，下令撤军，李世民挥兵长途追击，从山西南部一路北上，一直追到宋金刚逃亡突厥，刘武周也逃往突厥，宋金刚大将尉迟敬德在连续失败之后率领八千人向李世民投降。

李世民打败宋金刚，刘武周的军事势力全部北撤，失去了利用价值的刘武周不久便同突厥关系破裂，和宋金刚都被突厥杀掉。这一仗，李世民不仅解除了唐朝的一次重大危机，而且恢复了唐朝在山西的固有领地，使得都城不致受到威胁，在实际利益上给唐朝作出了巨大贡献，同时夺回太原这个李唐的龙兴之地，也大长了唐朝的威风和士气。在裴寂和齐王李元吉手中失掉的太原，被李世民重新夺回收复。太原是李唐的根，是李世民保住了李唐的根本，这是不言自明的。

这个胜利极大地鼓舞了唐朝。李渊立刻嘉奖李世民，让他兼任益州道行台尚书令。同年七月，李世民乘胜率领唐朝主力进军河南，目标是洛阳的王世充。当时的王世充已经取代了隋炀帝的孙子皇泰帝，自己称帝。李唐的帝国卧榻之侧，岂容他人酣睡？李世民代表着唐朝的帝国意志，隆隆战车，浩荡东进。

三 王世充称帝 秦王攻洛阳

中原是王世充的天下。隋朝的东都洛阳，是王世充的重要资本。不论是军事上，还是政治观念上，拥有洛阳，就可以傲视群雄。王世充本姓支，是西域胡人，因母亲改嫁王氏，所以改姓王。从才学上说，王世充是很杰出的，他不仅懂得儒家经典，也精通历史，还擅长兵法和法律，甚至明了龟策、推步之术。这龟策、推步之术，听起来很专业，其实就是算命之类的事。王世充还有一个特长，就是特别善于辩论，史书说他“辞议锋起，众虽知其不可而莫能屈”。就是说，虽然他没有道理，但是口才十分了得，大家就是无法辩过他。如此说来，王世充还真算是一个文武全才。

王世充还很会溜须拍马。他当江都宫监，就是隋炀帝在扬州的行宫长官时，想尽办法让皇上高兴，隋炀帝别说多信任他了。

在隋炀帝于雁门被突厥包围的时候，王世充得到勤王的命令后即刻从江都出发，日夜兼程奔赴雁门，夜不卸甲，日不洗漱，蓬头垢面，无数次大哭。虽然对于解除雁门之围，王世充并没有立下具体的功劳，但他表现出来的耿耿忠心，连隋炀帝本人都大受感动。

如果只是一味地媚上，终究只能做亲信而已，可王世充还擅长驭下，每次统兵出征，战利品一概赏给士兵，于是大家都特别愿意为王世充卖命。有了皇上的信任，有了士兵的拥戴，他具备了做领袖的基本素质。

隋末大乱开始了，王世充的机会来了。

王世充多次平定过农民起义，深得隋炀帝的信任。所以，当洛阳遭到李密的多次重创之后，隋炀帝命令王世充率领主力从江都前往增援。王世充与李密大战，成为当时各个战场中最激烈的战役。双方互有胜负，而李密也被牢牢地困在洛阳，无力他顾。

隋炀帝死后，王世充很快控制了洛阳，接着打败李密。李密逃往关中，属下多投降王世充，他的势力进一步扩张。

王世充又获得了许多头衔，最得意的是被封为郑王。作为相国，他也能够在短时间内表现出一副亲民爱民的姿态，因为更大的野心在日夜鼓动着他。上有所好，下必有应。一个叫桓法嗣的道士捕捉到了郑王的心理，献了一个叫作《孔子闭房记》的东西，好像是一幅图画，上面画着一个人手持木杆在赶羊。这个道士解释说，隋朝的皇帝姓杨，一个木杆就是王字，这说明在隋朝的后面就是王姓得天下，所以相国应该取代杨氏为天子。王世充很高兴，让这个道士当了谏议大夫。为了制造舆论，王世充让人抓了许多鸟雀，在绢帛条上写下对自己当皇帝有利的文字，绑在鸟颈上，然后把这些鸟放飞。结果有人再度抓到这些鸟，就来报告，说飞鸟颈上有如此这般的字条，真是不可思议，难道这是天命之征吗？王世充就大赏这些捕鸟的人，于是有更多的人再去捕鸟。

公元619年的春天，洛阳一带的飞鸟真是倒霉透了。

像小鸟一样被王世充玩弄于掌心之中的，还有皇泰帝杨侗。他当然不愿意把帝位让给王世充，挣扎一下，力量悬殊，只好放弃。这年的四月，王世充登上帝位，国号郑，年号为开明。他的王姓兄弟子侄，一个个都封了王。奋斗了几十年的王世充，攀上了他人生的制高点。

王世充初当皇帝很激动，一度下决心好好工作。开始听政的时候，王世充真的很认真，可是没过几天，他就开始厌烦了，因为朝政千端万绪，无穷无尽。他行至大街小巷，老百姓稍微回避下即可，并不像其他皇帝那样要清道。他对百姓说：过去皇帝高高在上，民间的事情什么都不了解。我不是贪图地位的人，主要是为了拯救百姓。现在虽然是皇帝，但同刺史一样，凡事亲自过问，与百姓一起评论朝政。因为担心宫闱制度严格，百姓有事不能上达，所以他决定在宫外听朝。听到这个消息，百姓很踊跃，每天上书的人有几百名，涉及的事情更是数不胜数。王世充坚持了几天，再也没有了踪影，一定是又厌烦了。

皇上易骗，百姓难欺。像王世充这样善于哄骗皇上的人，在官场上几乎是平步青云，但是同一个人却无法应付天下百姓。为什么？因为演戏的方法只是对上有效。

也许，内部的问题让王世充没有了演戏的兴致。许多人开始叛逃，关中的李唐成了理想的方向。王世充加大司法打击力度，他设立五家相保制度，一家逃亡四家株连。王世充担心有人出城就会逃跑，所以规定：凡领兵出战者，先把家属押往宫中做人质。

偌大的洛阳城变成了杀人场，洛阳宫则变成了大监狱。

如此内政若不招来外敌，一定天理不容。何况，不论是河北的窦建德，还是关中的李唐，对于洛阳这个兵家必争之地，早就虎视眈眈。

公元620年七月，唐朝终于派出以李世民为首的大军，王世充当皇帝的好日子屈指可数了。王世充最重要的“成绩”是打败了李密。不要小看失败的李密，他可是隋末的重要人物，连李渊都对他敬畏三分。唐朝的许多知名人物，原来都曾经是李密的部下，比如魏徵、李世勣[①]、秦叔宝[②]、程咬金[③]等。王世充打败了李密，整个河南都成为他的地盘。而河南以洛阳为中心，洛阳与长安一样，都是隋朝的首都，具有重要的政治象征意义。

李唐要一统天下，消灭王世充是必须的。而王世充当然也有一统天下的野心。那么，谁能成为真正的皇帝，谁来统一中国呢？对于唐朝而言，现在李世民统兵前往河南，就是关键一仗。打败王世充，唐朝统一中原的目标就能基本实现。

李世民的进攻，采取的是步步为营的战略，从外围层层推进，目标是把王世充压进洛阳，最后拿下洛阳。这个目标在逐步实现。王世充当然明白自己的处境，但是他的实力在以往与李密

---

① 李世勣（594—669）：唐初功臣。本姓徐，后被赐姓李。隋末参加瓦岗军，后随李密降唐，在唐统一天下以及对外战争中，立下赫赫战功。民间小说中的徐茂公，正是此人。

② 秦叔宝（？—638）：唐初军将。名琼。以勇悍著称。多次随李世民出征，屡立战功。

③ 程咬金（？—665）：名知节，隋末起义军领袖。先投奔瓦岗寨，阵前投降唐朝，战功卓著。

的作战中消耗太大，总体实力显然不如李世民。不过，王世充也作了相当有力的抵抗。有几次洛阳外围的战斗，李世民打得十分艰苦。有一次，李世民率领军队与王世充对决，那大概是李世民征战史上最危险的一次。王世充的军队几次被打散了，又重新集合起来抵抗。李世民也与自己的铁甲军失散了。王世充手下大将单雄信，使得一手好枪，看见李世民，立即追杀上来。李世勣看见了，就在单雄信身后大喊：兄弟，那是我的主公，可要手下留情！单雄信是李世勣的结拜兄弟，于是放过了李世民。那次大战最后还是李世民取得了胜利。王世充经过多次战斗，最后缩进洛阳城。洛阳城防守严密，易守难攻，李世民便围困洛阳，使得洛阳成为一座孤城。

这个过程经历了半年多。洛阳沦为孤城，城内发生了严重的饥荒，粮食没有了，外面是唐朝的围困大军。李世民的胜利指日可待。正在这时，河北的窦建德率领十万大军，从黄河下游赶来，他要解救洛阳的王世充。怎么办？在李世民的军事生涯中，这是最大的一次挑战。

四　一举灭双雄　中原得统一

在隋末农民起义中成长起来的窦建德，跟李渊不同，跟王世充也不同。如果说李渊等属于隋朝的大臣、野心家的话，那么窦建德不过是隋朝的百姓，是典型的官逼民反的农民起义军领袖。窦建德当初就是行侠仗义的农民，被迫参加起义以后，逐渐发展起来，成为河北最有势力的集团。比起其他集团，窦建德应该是最低调的。他曾经向洛阳的皇泰帝称臣。在隋炀帝被杀后，他也仅仅自称夏王，没有称帝。后来王世充称帝，窦建德便与他绝交。

但是，现在窦建德为什么又赶来增援王世充呢？

理由很简单。如果李世民顺利打下洛阳，唐朝统一天下的目标就接近完成。到那个时候，李唐就是天下最大的势力，那个时候再跟李唐叫板就太晚了。唇亡齿寒的道理，窦建德当然很明白。窦建德不能眼看着李世民顺利地打下洛阳，因为如果王世充覆灭，后面一定就是他窦建德。

在窦建德率领主力军队来增援洛阳的时候，李世民处于什么状况呢？李世民的军队虽然距离胜利不远，但是由于苦战半年之久，已经十分疲敝了。眼看窦建德到来，形势十分危急。很显然，如果窦建德与王世充形成夹击之势，唐朝军队肯定功亏一篑。在李世民的军队内部，主张撤退的声音一浪高过一浪。如果撤退，此前的一切胜利都化为泡影。但是，如果不撤退，面临腹背受敌的局面，更不堪设想。

李世民应该怎么办？

李世民最后的决定，不是撤退而是进攻。他不想让已经取得的胜利化为乌有，而且他要连同窦建德一同吃掉。这个想法有依据吗？有。李世民要充分利用武牢关这个特殊的地理形势，他决定围城打援。他让齐王元吉率领多数军队继续围困洛阳，自己则率领三千五百人星夜赶往武牢关阻拦窦建德。武牢关是易守难攻之地，如果窦建德进入武牢关，就是一马平川，李世民是无法阻挡的。可以说，守住武牢关，窦建德就无用武之地。

李世民的这个决定太出人意料，这其实也是李世民性格的一个反映。如何摆脱腹背受敌的不利局面？不是撤退而是进攻。面对不利的军事局面是这样，后来面对不利的政治局面时，李世民也是这样。

李世民及时赶到武牢关。窦建德大军被阻在武牢关下一个多月。先前，他的手下有人建议围魏救赵，从井陉越过太行山进攻关中。窦建德夫人曹氏是个巾帼英雄，经常带兵打仗。她也同意这个方案。可是窦建德不听，大概是考虑拿下洛阳，就等于拿下了政治中心。他并没有想到李世民的小股部队会让他栽了大跟头，他轻敌了。武德四年（621）四月，武牢关之战开始。李世民还是采用基本战术。当窦建德军队阵营整齐地发动进攻的时候，李世民按兵不动，等待最佳机会。窦建德早上进攻，施展不开。武牢关毕竟易守难攻。李世民对部下说，要过中午，等到窦建德军队饥饿疲劳的时候出击。果然，过了中午，窦建德军队开始涣散，有的人坐在地上休息，有的人卸下盔甲，有的人争抢水喝。对李世民而言，机会来了。李世民的军队早就养精蓄锐，马上发动攻击。李世民先让宇文士及[①]率领骑兵掠阵佯攻，具体的指示是：如果阵动，就变佯攻为真攻。当时，疲劳的窦建德军队全然没有准备，看见对方进攻就慌张，这就是阵动。唐朝的军队于是展开一波接一波的攻击。窦建德中午正在跟手下议事，一听唐朝军队来攻打，赶快散会。当窦建德命令自己的骑兵前往阻拦唐朝骑兵的时候，散朝的大臣们正好挡住了自己的骑兵，因此不能及时遏制唐军。李世民统率秦叔宝、程咬金等，带着一小支部队，卷旗入阵，就是把旗子卷起来，冲入敌人阵营，从一边径直

---

① 宇文士及（？—642）：唐朝开国将领，宇文化及之弟。娶隋炀帝之女南阳公主。后跟随李世民征讨王世充、窦建德有功，官至宰相。

冲到另一边，然后展开旗帜。这是李世民的一贯做法。窦建德军队一见，立刻溃散。

武牢关一战，打垮了窦建德的主力，而在混乱之中，窦建德竟然中了一箭，最后被活捉。李世民的军队押着窦建德出现在洛阳城下。王世充一见，知道全完了，只好举城投降。

武德四年（621）五月，李世民军队开进洛阳城。东方最强大的两个劲敌，被李世民同时消灭。这是李世民对唐朝建立的最重要的功勋：一举打掉窦建德和王世充，完成了对中原地区的统一。唐朝统一中国的局势，立刻明朗起来。如果说此前很多人还在观望的话，那么如今逐鹿中原的胜者再无悬疑。

五　立汗马功劳　备帝王之资

李世民参加了这么多重要的战役，打败了这么多重要的敌人。许多手下将领都获得丰厚的战利品，李世民自己也不例外。但是，李世民的战利品可不限于物质层面，他的战利品实在太丰富。这些战争的胜利，对于李世民究竟意味着什么？

第一，一个卓越的领袖在战争中培养出来。

作为政治家的李世民，是从军阵中成长起来的。他作为政治首脑，受到极大的尊重，是因为他首先是一位军事首脑。李世民政治素养的根基是军事素养。领袖的素质主要是什么？首先要有大局观。战争最能培养这种大局观。不能因小失大，战场上兵不厌诈，领袖必须时刻掌握大局，否则经常会被对手诱敌深入，或者上了对方激将法的当。当年打薛举，刘文静就是没有听从李世民的部署，被人激将鲁莽行事而败。其次，领袖应该与属下浴血奋战、同舟共济。这不仅仅是为了调动部下的积极性，也有利于人尽其才，发挥群体智慧。如果好处都自己捞，麻烦都推给下属，那绝对成不了领袖。领袖拥有的是权威而不仅仅是权力。权威是由部下拥戴而形成的。那种不负责任的干部，仅仅是干部，而不是领袖。李世民的属下为什么愿意跟随李世民冲锋陷阵？为什么愿意跟随李世民去冒生命危险？因为李世民身先士卒，浴血奋战，与大家生死与共，所以大家才愿意跟着他去拼搏。最后，领袖需要有决断能力，在意见纷纭的时刻能够冷静分析形势，做出最有利的抉择。面对窦建德与王世充有可能形成的夹击，李世民力排众议，决定围城打援，就是很英明的决断。在追击宋金刚的时候，李世民的军队两天没有吃饭而一鼓作气，那也是重要决断。战争培养了李世民的领袖素质，这已经被历史证明。

第二，一套行之有效的战略战术思想在战争中得到锻炼和成熟。

战争，通常的定义是政治斗争的延续，反过来也成立，战争是敌对斗争最激烈的表现形式，经过了你死我活的战争，其他任何形式的斗争都不能与之相提并论。这就叫“曾经沧海难为水，除却巫山不是云”。政治斗争的方式方法运用于战争也许是不合适的，但是，用战争的方式来解决政治斗争则绰绰有余。李世民后来的政治斗争，其策略、方针，大多可以从他作战时的战略战术中看到影子。

第三，李世民的骨干队伍在战争中得到壮大。

后来贞观之治的优秀分子，除了魏徵等少数人以外，多是李世民原来的部下。他们都是在战争时期参加到李世民的队伍中来的。房玄龄、长孙无忌、杜如晦是在攻打长安之前就加入的；大家熟知的秦叔宝、程咬金，是从王世充阵营中投奔过来的；尉迟敬德原来是宋金刚的部下。宋金刚战败逃跑，尉迟敬德率领八千人投降唐朝，成为李世民身边最重要的战将。没有骨干队伍，当然就不能形成团队，更无法实现远大的目标。

第四，巨大的政治资本在战争中得到积累。

战争胜利给李世民带来最重要的礼物是什么呢？那就是巨大的政治资本。太上立德，其次立功，再次立言。毕竟，对于国家而言，立功才是使国家赖以存在的基础。唐朝有今天，是李世民的功劳，大家都如此看待，对于李世民来说，这就是巨大无比的政治资本。

我们为李世民盘点一下他的政治资本：第一，参与太原起兵；第二，消灭薛举，确保关中；第三，打败刘武周，收复太原、山西；第四，消灭王世充，统一河南；第五，消灭窦建德，统一河北。

唐朝的敌对力量，除了江南的萧铣，都是被李世民消灭的。概括地说，唐朝的天下大半是李世民打下的。有了如此分量的政治资本，他难道不可以问鼎最高权力吗？不管以前朝廷是否存在这样那样的问题，单单看李世民的这些政治资本，就足以容得下天大的野心。

第六讲　太子之争

李世民拿下洛阳时，唐朝内部的政治矛盾已经不可扭转，矛盾进而发展成斗争。李世民、李建成双方在彼此内部已经明确，都在积极行动，全面布局，争夺人才，为争取最后的胜利储备力量。那么，这场斗争的性质是什么？究竟是李世民与皇帝李渊的斗争，还是李世民与太子李建成的斗争？如果说是与太子李建成的斗争，为什么前面表现的都是李世民与皇帝的矛盾呢？如果说是与皇帝的矛盾，为什么历史书记载的多是兄弟相争呢？

随着李世民的功劳越来越高，名声越来越响，势力越来越大，朝廷对他的防范因此进入行动层面，不再只是思想提醒，而是开始采取压制手段。洛阳平定之后，李渊就派嫔妃到洛阳监视李世民，而在此之后，立下赫赫战功的李世民却几个月不见朝廷颁赏。

李世民方面呢？也展开行动，最低层面是要自我保护，最高目标就是夺权。这一切都是从洛阳平定之后开始的。为了取得最后的胜利，李世民阵营把与朝廷的斗争简化为与太子的斗争。如果针对皇帝，无论在道德上、法理上，还是在实际上，难度都太大；而与太子斗争，不仅可以减少道德上的压力，更可以用自己的功劳来展开诉求，也容易获得广泛的同情与支持。在朝廷方面，太子当然比皇帝感到更大的威胁，所以防范的动作也更多。

于是，最后演变成李世民与李建成之间的斗争，皇帝则位于更高一层，如同裁判。必须再次重申，这是李世民阵营的斗争策略，他们希望把皇帝与太子分开，希望让皇帝当裁判。

在这场斗争中，第一阶段是暗中较量。

李世民活捉窦建德，逼降王世充，唐朝统一中国的步伐向前跨越了一大步。此时，李世民已经羽翼丰满，与李建成和朝廷的矛盾也发生了重大变化。相互容忍、相互利用的阶段正在过去，实质性的斗争开始了。两个阵营暗中较劲，逐步展开全方位的斗争格局。

一　全面准备　蓄积待发

树立最高目标

就在打败王世充拿下洛阳之后，李世民在房玄龄的陪同下，秘密拜访了一个人，这个人是一个有名的道士，叫王远知。据说他能够预知未来。两人到了道观，还没有走到跟前的时候，王远知就说话了：来人中有圣人。房玄龄如实回答。王远知说，即将做太平天子的人，一定要好自珍重。李世民与房玄龄满意而归。这个王远知，《新唐书》有其传记。贞观时期，唐太宗曾经公开写信表扬王远知，说他以前对天子有过预言，所以现在要奖赏他。

这是非法行为，一个藩王要当太平天子。因为后来做到了，所以也就不再忌讳，而在当时绝对是秘密进行的。但是，当时李世民与太子的矛盾已经很深，随着全国统一目标的逐步实现，今后的前途在何方，这不仅是李世民所担心的，也是秦王府的官员们所担心的。如果李世民有当皇帝的希望，那么就意味着大家都有远大前途。在这种官僚体制中，人才、功劳都是相对的，跟对了领袖才是最重要的。

此事，证明李世民当时已经确立了斗争方向：夺取最高权力。

展示自己的武功

看看李世民凯旋进入长安城时的进城仪式，联想到已经存在的朝廷内部的矛盾，谁都能明白当时的态势。李世民一举消灭两个劲敌，活捉窦建德，逼降王世充，功劳实在太大。而且李世民没有刻意回避这个问题，在进入长安的时候。他的姿态十分突出，特别引人注意。李世民身披黄金甲，李元吉等二十五将盔甲闪亮紧随其后，一万名铁甲骑兵如同黑色森林，三万名武士浩荡行进。这个队伍，如果每列二十人，要排出两千行，每行一米，要排出两公里以上。一眼望不到边的全副武装，再加上军乐高奏，震动山谷。这样强大的阵容固然让敌人胆寒，让群众振奋，但是也着实让政敌警惕。

李世民为什么要搞这么隆重的进城仪式？从公开的视角说，这是扬我国威，展示大唐雄风。从他个人的心理说，未尝没有炫耀武功的动机。如今，在这个朝廷之上，任何人的武功也不能跟秦王相提并论。于是，推动了双方不良感觉的发展：一方面，从秦王的角度看，有功高不赏的感觉；另一方面，从朝廷的立场上看，有功高震主的危险。

建立人才队伍

所谓建立人才队伍，就是为了实现更大的政治目标而积蓄力量。那么，是从什么时候，秦王阵营开始储备人才的呢？

秦王李世民的重要谋臣杜如晦曾要被皇帝调走，房玄龄[1]立刻对李世民说："府僚去者虽多，盖不足惜。杜如晦[2]聪明识达，王佐之才也。若大王守藩端拱，无所用之。必欲经营四方，非此人莫可。"房玄龄的话说得很明白，如果仅仅是藩王，那么留下杜如晦这样的人才也没有用处，但是要大展宏图，杜如晦就大有用武之地。这个时候，是李世民正处在攻打京城的时候，那是大业十三年（617）年底的事情。难道从那个时候开始，李世民就有了经营天下的打算了？

在为秦王府笼络才俊、储备人才方面，房玄龄是李世民的主要心腹。房玄龄的传记说："贼寇每平，众人竞求珍玩，玄龄独先收人物，致之幕府。及有谋臣猛将，皆与之潜相申结，各尽其死力。"

房玄龄是在平定京师之前就进入李世民阵营的。即便从杜如晦开始算起，房玄龄的收揽人才工作也确实很积极努力，并且很见成效。这证明秦王阵营很早就开始有所准备了。但是，房玄龄的传记如此记载，也可能存在着另外一种情况：在李世民称帝以后，这些秦王府的功臣有意夸大自己的功劳，有意无意之中把房

---

① 房玄龄（579—648）：唐代名相。博览经史，工书善文。隋末投奔李世民，玄武门之变中担任关键角色，李世民评价其"筹谋帷幄，定社稷之功"。

② 杜如晦（585—630）：唐代名相。从李世民征伐，参与机要、军国之事，剖断如流。有"房谋杜断"佳话流传。

玄龄等人收揽人才的性质向帝王事业靠拢。因为即使秦王府没有帝王野心，也需要能干的人才。但是，有一点是可以肯定的，在秦王灭掉窦建德、王世充以后，他的目标是明确的，就是与太子李建成争夺人才。这在杜如晦的叔叔杜淹身上，表现最明晰。

杜如晦一家兄弟三人，杜如晦是二哥，弟弟叫杜楚客。杜淹是他们的叔叔，而这个叔叔素来与三兄弟不和。王世充称帝，任命杜淹为吏部尚书，杜淹成为王世充的亲信。杜淹利用这个机会，陷害杜如晦的大哥，结果大哥被王世充杀掉，杜楚客也被抓进监狱，差一点死在狱中。王世充投降，李世民进入洛阳，要杀一儆百，决定杀掉杜淹。杜如晦作为李世民的亲信，当然十分痛恨叔叔杜淹，决定见死不救。他弟弟杜楚客来求杜如晦说：二哥如不救叔叔，我也不想活了，说着就要准备自刎。杜如晦只好向李世民求情，救下杜淹。杜淹大难不死已经万幸，秦王阵营当然也不会收留他。

后来秦王府听到了一个消息，东宫太子李建成可能要把杜淹网罗过去。房玄龄听说以后，立刻来找秦王。他们商量后认为，杜淹如果进入太子集团，一定会加强太子的实力，“长其奸计”。杜淹虽然品性有问题，但是为人聪明，善于计谋。于是，秦王阵营抢先一步，拉杜淹入伙，让他当了天策府兵曹参军、文学馆学士。这应该是武德四年（621）十月以后的事情。我们看到，把杜淹拉入秦王阵营，完全是为了防范对手，斗争意图非常明显。

正是因为秦王府在人才建设方面动手较早，所以人才济济，后来在两军对垒中显得十分强大。而人才的向背，从来也被看作是一种重要的政治风向标。

在秦王建设人才队伍的过程中，文学馆是一个重要机构。这本来是一个读书谈论学问的地方，但是，因为李世民把著名的学者都拉进来做学士，这里就俨然成了最高学府，不仅吸引了社会的目光，更影响了社会舆论。学士们的待遇都很高，社会舆论称他们成为学士为“跃龙门”。文学馆十八学士，有的是纯粹的学者，对于李世民的长远政治规划并不了解，但是学者喜欢政治家有良好的文化素养，希望政治家尊重文化和尊重学问，这些李世民都很好地做到了。学者对舆论有决定性的影响，他们在赞赏李世民的时候，无疑为李世民的政治斗争赢得了重要的筹码。其中的一部分学者参与到政治斗争中来，比如杜如晦、杜淹等，他们为秦王出谋划策，成为李世民的智囊，这更直接有利于李世民的政治斗争。

李世民的全国布局

洛阳平定以后，李世民十分重视洛阳的地位，力图在洛阳建立自己严密控制的根据地。他先是派屈突通[①]为陕东道大行台右仆射，坐镇洛阳，又派自己年轻时的伙伴温大雅[②]“镇洛阳以俟变”。李世民还把郑州人张亮遣往洛阳，手下有王保等千余人，暗中结交山东豪杰以防变故，金钱耗费，毫不吝惜。

在四川，益州道行台左仆射窦轨，是李世民的手下，而且是亲信。他从武德三年（620）开始担任此职，而李世民正是他的直接上司。我们看到，凡是李世民担任长官的地方，不论是陕东

① 屈突通（556—628）：唐代武将。性格刚毅，喜好武略，尤善骑射。武德年间归顺唐朝，跟随李世民东征西讨，战功卓著。

② 温大雅（572—629）：唐代著名文臣。与弟弟温彦博均以文学知名。亲身经历了李唐王朝的建立，著有《大唐创业起居注》。

道还是益州道，都成为李世民扩张势力的地方支柱。这当然是他苦心经营的结果。

暗中储备军事力量

李世民手下曾经暗中准备了一支八百人的精悍队伍，就隐藏在长安。这当然是非法武装，因为是在暗中进行的，朝廷似乎也没有察觉。这支队伍，在玄武门之变时从天而降，发挥了关键作用。

争取大臣支持

萧瑀是支持李世民的，后来李世民评价萧瑀，说当初在自己功高不赏的情况下，“此人不可以厚利诱之，不可以刑戮惧之，真社稷臣也”。说明当时萧瑀支持李世民，是顶着很大压力的。陈叔达应该是支持李世民的，在后来的斗争日趋激烈的时候，李渊曾经要治罪李世民，但是遭到陈叔达的反对，理由是：“秦王有大功于天下，不可黜也。且性刚烈，若加挫抑，恐不胜忧愤，或有不测之疾，陛下悔之何及！”李渊马上住手。但是，有的大臣首鼠两端，比如封德彝①，李世民一直以为他是自己人，直到封德彝死后才发现，原来他是李建成的人。

争取后宫嫔妃的支持

一般都说，李世民从来不去讨好皇帝的后宫，甚至有明确的记载，李世民与后宫有冲突。有一个事件就是在洛阳发生的冲

---

① 封德彝（568—627）：唐初大臣。隋朝时被宰相杨素重用，宇文化及兵败后归唐，被李世民重用，在太子与秦王之间首鼠两端。

突，李世民不肯听从来自长安的嫔妃的私自请求。另一个记载说："世民每侍宴宫中，对诸妃嫔，思太穆皇后早终，不得见上有天下，或唏嘘流涕，上顾之不乐。诸妃嫔因密共谮世民……"李世民可能确实如此，但是在李世民阵营中，有一个重要人物，就是长孙王妃，却一直尽力弥补李世民这方面的不足。长孙王妃主要是在后宫活动，改善各种关系。这个工作，即使不能改变嫔妃们的拥护方向，至少可以减轻后宫对李世民的一部分压力。

二　功高不赏　扶持太子

抑制秦王立功

对于李世民连续取得的重大胜利，我们看看朝廷是如何奖赏他的。让我们先看看李世民的官职晋升过程。

李渊当了皇帝，李世民晋升为秦王，官拜尚书令、右武侯大将军、雍州牧。

武德元年（618）十一月，打败薛仁果，十二月凯旋，同月拜太尉、陕东道行台尚书令，加左武侯大将军、凉州总管。

武德三年（620）四月，打败刘武周。同月，李世民加拜益州道行台尚书令。

武德三年（620）七月，攻打王世充；四年（621）五月，先打败窦建德，后迫使王世充投降。六月凯旋，直到十月，才为李世民加号"天策上将"、陕东道大行台，宣布位在王公之上。其实，李世民秦王的地位，已经是王公第一，宣布位在王公之上，仅仅是表面文章。当时高祖的说法是，现有的官爵都不足以与李世民的功勋相匹配，所以别加徽号。但是，为什么这次加官如此姗姗来迟呢？

打败王世充，李世民六月凯旋，大约是七月到达长安。七月九日，长安举行献俘仪式；十二日，杀窦建德；十九日，窦建德旧部刘黑闼叛乱。八月，徐圆朗在兖州响应刘黑闼，山东再乱。

唐朝为了镇压刘黑闼。于武德四年（621）七月成立山东道行台尚书省，以淮安王李神通为行台尚书仆射，主持镇压军务。八月，发关中三千兵马支援山东；九月，李神通、李艺[①]合兵大战刘黑闼，惨败；十月初五，任命李世民为天策上将。

山东形势继续恶化。十二月八日，朝廷先命令义安王李孝常讨伐刘黑闼[②]。十二日，李世勣在宗州被打败，五千士兵被杀。刘黑闼建立政权，联合突厥，完全恢复了窦建德时期的控制区域。直到这个时候，朝廷才派出李世民为主帅、齐王元吉为副帅前往镇压。派秦王出征，果然很快就取得了胜利。可是为什么朝廷这次派秦王出征如此姗姗来迟呢？

两个"姗姗来迟"。这究竟是为什么？

洛阳归来以后，朝廷对李世民采取了冷处理，提醒李世民要深刻反省自己与朝廷的关系，警告秦王不可以耀武扬威。朝廷连续派将领出征，就是不派秦王，也是给秦王一个暗示：不要以为朝廷离开你就不能打胜仗，不要以为朝廷离开你就不能运转。

---

① 李艺（？—627）：隋末武将。原名罗艺。归唐后，赐姓李，追随太子李建成。贞观元年（627）反唐失败，为部下所杀。

② 刘黑闼（？—623）：隋末起义军领袖，为窦建德手下将领。窦建德被灭后，刘黑闼再次起兵，尽复建德旧境。后兵败为太子李建成所杀。

不过，朝廷还是很有手腕，没有把事情做绝，为后来的可能性预先作了准备，毕竟还是晋升李世民为天策上将。这样，真的需要秦王出面收拾残局的时候，也不至于让朝廷太被动。不让你出征，可以说是为了让你好好休息，其实是让你体会靠边站的滋味。

最后，还得让秦王出马镇压刘黑闼，朝廷真是没有别的办法，谁知道连李世勣这样的大将都不是刘黑闼的对手呢？唐军在河北兵败如山倒，只有请秦王出马力挽败局。据说，这次秦王出马仍然是他亲自请战的结果。

武德五年（622）春天，李世民与刘黑闼经过两个月的对峙，在洺水大战中，经历艰苦战斗，终于打败刘黑闼，收复河北。对于李世民而言，再打败刘黑闼，是锦上添花的事。而对于朝廷而言，战争毕竟更为重要，需要李世民为朝廷赢得胜利，即使他骄傲也只能如此。

提高太子影响力

太子李建成感受到了李世民的压力，他甚至不得不跟随当时流行的观点走。刘黑闼被李世民打败，逃亡突厥。李世民军队撤退以后，刘黑闼在突厥的支持下东山再起。武德五年（622）六月，刘黑闼再次进攻河北。他原来的部下又纷纷响应。唐朝先派淮阳王李道玄为河北道行军总管前去讨伐，但没有挡住刘黑闼的进攻气势。到了十月，又宣布派齐王李元吉讨伐刘黑闼。结果，这个命令刚刚宣布，李道玄就被刘黑闼杀死，唐军大溃退。李元吉见此形势，不敢进攻，河北再次成为刘黑闼的天下。这时，太子部下王珪[①]、魏徵劝说太子："秦王功盖天下，中外归心；殿下但以年长位居东宫，无大功以镇抚海内。今刘黑闼散亡之余，众不满万，资粮匮乏，以大军临之，势如拉朽。殿下宜自击之以取功名，因结纳山东豪杰，庶可自安。"李建成依计向皇帝请战，得到批准。

我们看到，在王珪、魏徵的建议中，有三点：第一，是立功名；第二，结交山东豪杰；第三，目标是实现"自安"。所以，总结起来这是自安之策。可是，在这个自安策略中，主要的逻辑却是来自李世民阵营的压力，即李世民功劳最大，显得太子没有什么功劳，只有年长这一个优点而已。不过年长哪里可以当作优点呢？所以只有争取立功以自安。自安的另一个重点是结交山东豪杰，形成地方力量的支持。看来这成为双方斗争的一个重要方面。

李建成出发了，他的头衔更加引人注目："陕东道大行台及山东道行军元帅，河南、河北诸州并受建成处分，得以便宜行事。"这个命令的内容，说一切与战区相关的地域，都要听从太子的调遣，这些地区包括李世民管辖的河南地区。

后来证明李建成这次出击刘黑闼，结交了河北李艺，并从李艺手下拣选了一批战士扩充到东宫的卫队中来，大约是两千人，号称"长林兵"。将军薛万彻也成为李建成手下的重要武将。而李艺从此成为李建成的死党，李建成也由此准备了自己的武装。与李世民的八百勇士相比，李建成的武装是正规的、合法的武装。这从一个方面说明双方斗争的性质。

---

① 王珪（571—639）：唐初大臣。出于高门太原王氏。隋朝时因政治牵连，亡命山中十余年。曾辅佐太子建成。李世民即位后，委以重任，曾任宰相。

太子扩大自己的势力，在方式方法上与李世民基本一模一样：拉拢大臣，争取皇帝嫔妃，培植亲信，培植武装，建立地方联系；所不同的是，太子方面有合法性的掩护，而李世民方面多是暗中进行。

如今的李世民力量已经很强大，他和他的属下决定斗争到底。这种决定，当然不仅仅考虑李世民自身，他的属下与他已经成为一个整体。他们浴血奋战到今天，为唐朝打下一片广阔的江山，不甘心就这样拱手相让，就这样退出历史舞台。战争培养了他们生死与共的勇气和情感，他们要再拼一次，再次投入一场新的战争中。

所有事实都证明，李世民只有获得最高权力才是安全的。在皇帝制度下，这其实是常识。所以，李世民从打败王世充之后，就确立了以皇帝为目标的总体行动方向。这就如同战争一样，首先就要确定胜利的目标，有了目标才有努力的方向。

人们也许会问，这样做不就是谋反吗？他虽然不是阴谋颠覆王朝，只是想取代皇帝位置，这当然也是谋反。不过，在政治斗争中，完全归罪于一方的说法，在事实上是很难成立的。

那么，李世民如何实现这个目标呢？是直接夺取父亲的位置，还是夺取未来的皇帝宝座？比较起来，当然是后者更有可能。因为直接推翻父皇的危险性太大。争夺太子地位，则有一定的合理性，因为表面上看来，太子的地位是由皇帝决定的，只要皇帝同意，就不存在违法的问题。

于是，为了取得最后的胜利，李世民阵营把与朝廷的斗争策略定位为与太子的斗争。这就是策略的选择。策略就是路线，选择取代太子为目标，就是选择一个比较薄弱的环节。对此，李世民优势有二：第一，李世民参与了晋阳起兵的最早谋划，而太子当时不在太原，没有参与，所以李世民比太子在开国上功劳更大；第二，李世民为国立功最大，人所共知，所以李世民很容易在这方面获得舆论支持。在帝国政治中，虽然赏罚用人的大权都集中在皇帝一人手中，但是奖励有功毕竟也是一个重要原则，是人们都认同的一个原则。

方向确定了，策略确定了，接下去就是寻找机会。

虽然李世民已经确立了自己的奋斗方向和战略，但是毕竟斗争还没有公开化，这种斗争也不合法，所以只能暗中准备，比如暗中招兵买马、拉拢大臣、与地方势力勾结、建立洛阳根据地等。

李世民是经过战争洗礼的，他拥有丰富的战争经验。虽然他勇敢无畏，善于决断，但是政治斗争有与战争相似的一面，也有不同的一面。战争是明确的，敌人是明确的，目标是明确的，你死我活的斗争性质是明确的。政治斗争虽然也比较明确，但是却不能明火执仗，一切非法活动都需要合法合理的外衣掩护。

三　杨文干事件　李世民之谋?

对于李世民来说，和平夺权是最理想的方式。

现在的李世民与太子，如同两军阵前对垒一样。李世民暗中准备力量，大搞统一战线，都是为了稳住阵脚。稳住阵脚，首先要保证自己立于不败之地，与此同时，寻找并创造战机。

功夫不负有心人，李世民的机会终于在武德七年（624）的夏天到来了。这一年，唐朝基本实现了天下统一的目标。和平的到来，让李渊可以松一口气。当然，兄弟之间的斗争却是暗流汹涌。高祖武德七年六月，发生了一个重大案件，朝野震动，李世民用政治斗争的方式取代太子的目标几乎实现，这就是庆州都督杨文幹谋反事件。

武德七年（624）六月三日（辛丑），皇帝李渊带领秦王李世民、齐王李元吉等上仁智宫（在宜州的宜君县，位于唐长安的正北方向）避暑，让太子李建成居守长安，主持日常政务。太子全面掌握长安，便自认为很安全，他开始做一些加强本阵营的工作，虽然说起来不合法，也是防备万一。他派手下郎将尔朱焕和校尉桥公山给庆州（在长安的西北方向）都督杨文幹运送盔甲。杨文幹曾是东宫的宿卫，离开东宫后曾秘密为东宫运送过壮士，与太子李建成关系十分密切。李建成可能没有想到，他的这些举动全在秦王府的监视之下。

两位负责运送盔甲的东宫军官，走到豳州（从长安到庆州要经过豳州和宁州），忽然称有重大案件要上告，豳州方面立刻把他们送到仁智宫。他们遂向李渊告发，说太子指示杨文幹里应外合谋反。与此同时，在宁州有一个叫杜凤举的人也赶到仁智宫告发太子。杜凤举是何许人也，史书没有交代清楚。尔朱焕和桥公山明确无误是太子的党羽，他们为什么要告发太子呢？

这个事情很蹊跷，太子的人告发太子。这无非有两种情况，或者被人收买，或者被人控制。这背后的控制者，当然就是秦王府的人。

李渊迅速采取行动，首先控制太子。谋反毕竟是天大的事，皇帝李渊不敢懈怠，他采取擒贼先擒王的策略，立刻派人请太子上山。至于皇帝用什么理由请动了太子，史书记载只说是“以他事”。只要控制了太子，太子的谋反就丧失了意义。这是李渊的想法。应该说，思路很对头，表现出李渊政治作风老辣、经验丰富。

在长安东宫的李建成接到消息，吓出了一身冷汗。在冷静地分析形势之后，他们认为只能面对皇帝。可能是给杨文幹送盔甲出了问题，但可以解释。毕竟，取得皇帝的同情是最重要的。于是，他们商议之后，决定太子亲自上山说明情况。在仁智宫面对李渊，李建成虔诚地表白，“奋身自掷，几至于绝”，说他自投于地，几乎气绝，一副被冤枉的样子。皇帝不敢相信他，把他软禁了起来。

杨文幹事件，从一开始就把不利指向了太子。但是，从一开始就有破绽，那就是身为太子为什么要谋反？如果他真的要谋反，为什么那么费力地要庆州都督先起兵？如果他真的要谋反，为什么还敢亲自到仁智宫说明情况？如果太子指使杨文幹谋反，他上仁智宫就是自投罗网。

对此我们没有翔实的资料给予证明。但是，逻辑推理同样是有力量的。

太子谋反，只能有一个目标，就是夺取皇帝宝座。但是，这是天底下最冒险的事情，通常一定要在自身遭遇重大危机的时候才愿意冒此险。因为太子是皇位的法定继承人，不出意外，他就可以顺利接班。太子谋反，唐代后来确实存在过，比如神龙三年（707）七月，中宗之子太子重俊谋反，就是在太子地位不保的前提下发生的。除此以外，太子虽然经常被怀疑，但真正谋反的其实很少。

武德七年（624），太子李建成的地位很稳固，皇帝对他的信任没有发生动摇。当太子与秦王斗争激烈，尤其是因为秦王功劳巨大而造成兄弟二人极度不平衡的时候，皇帝一直是鼓励太子亲自立功的。镇压刘黑闼最后由太子完成，如果没有皇帝的支持当然是不可能的。从皇帝自身的选择，从国家稳定的立场选择，太子与秦王的矛盾，在不能平衡的时候，皇帝通常都是选择支持太子。这是国家的利益所在。皇帝虽然有时会陷入父亲的角色中，难以对儿子之间的矛盾果断处理，不能从根本上予以解决，但是如何维护国家利益，这还是不能含糊的。武德七年六月，太子建成长安居守，就是太子监国，完全可以证明皇帝对太子的信任。

在这样的背景下，太子为什么要冒最大的风险来谋反呢？

退一步说，太子就是当皇帝心切，要谋反夺权，他的方式也太古怪了。太子夺取皇帝的宝座，机会比较多，而最佳方案就是直接控制皇帝，然后以皇帝的名义宣布自己即位。如果李建成谋反，反而让遥远的庆州都督先发兵暴露目标，而自己与皇帝还身处两地，要控制皇帝人身根本没有可能，这个谋反计划实在太愚蠢了。愚蠢到了什么地步呢？愚蠢到了令人难以置信的地步。

要知道，建成虽然没有秦王战功多，但绝不是愚蠢的人。这么多年以来，他一直在皇帝身边协助处理朝政，包括军事的以及政治的事务，经验已经比较丰富。他要谋反，以他对皇帝的熟悉，不可能如此荒唐如同儿戏。后来，他得到消息就立刻上山到仁智宫，也说明他并不担心皇帝的调查。

既然太子没有谋反动机，为什么东宫手下出面告发呢？

尔朱焕和桥公山的告发，是通过豳州完成的。根据《资治通鉴》注释所引证的实录文字，是他们到达豳州时，先向豳州地方政府告发，然后豳州再上告仁智宫，后来两人也到达仁智宫。与此同时，宁州人杜凤举也同时上山告变，内容是一致的。这一方面用不同渠道的告发来证明谋反是确实的；另一方面，证明谋反这么大的计划，竟然是准备得如此不充分，过分的巧合也让人怀疑背后的原因。

如果太子谋反，我们已经说明，这是不可能成功的。太子谋反失败，对谁有利呢？当然对秦王最有利。只要太子谋反的罪名成立，太子的地位肯定不保，顶替者在当时的条件下，非秦王不可。皇帝在真相没有明白以前，也是这样的思路。那么东宫的人为什么自己上告呢？我的判断是受到了秦王府的指使，或者是胁迫，或者是收买。从后来的情况看，秦王府收买东宫、齐王府官员的活动比较成功，而反方向的收买却没有成功的例证。原因是东宫势力大，投靠的人比较多，所以比较杂。秦王府势力也不弱，但是因为不如东宫正统而合法，所以投入秦王府阵营冒险程度比较高。但是，一旦投入，就必须全力以赴。而东宫的官员则可以首鼠两端，人在东宫而脚踏两条船。尔朱焕和桥公山，我倾向于认为是受到胁迫而不是被收买。两者的区别是：被收买，等于卖身投靠，应该更坚决；如果是胁迫，说出真相可以得到谅解。至于杜凤举，一定是受到同样的指使。

有什么证明呢？最大的证据就是杜淹这个人。杜淹是如何参与这个案件的现在没有任何证据，但是最后他受到处罚是确实的。在整个案件中，最有可能让杜淹插手的地方就是豳州告变这个环节。那么，如果杜淹在这个环节加入，他能起到什么作用呢？因为寻找杜凤举这样的人物并不难。但是让东宫的人告发东宫太子，难度就比较大，但是效果当然就更好。尔朱焕两人的其他把柄是否早为秦王府掌握我们不清楚，但是私运盔甲本身却是现成的罪名。盔甲是军用物资，向来由国家控制。运送盔甲，要有兵部的文书，换句话说要经过皇帝的批准。

根据唐代的法律，自首可以减轻处罚，揭发更受奖励。尔朱焕和桥公山在私运盔甲被发现后，决定用告发的方式减轻自己的责任。他们或许不知道这背后残酷的政治斗争，因为他们都不是高级军官，不过是执行命令而已。所以，他们受到胁迫，上山告发以求自保是完全可能的。那么，背后的压力，一定来自杜淹代表的秦王府。因为事情发生在豳州，相信豳州地方当局是密切配合秦王府的。可惜，当时的豳州地方长官没有关于此事的记载，否则事情的来龙去脉可以更加清楚。

四　太子险被废　皇帝又反悔

我们回头再看李渊采取的下一步措施。他认为既然控制了太子，危险性降低许多，然后派司农卿宇文颖驰往庆州，召杨文幹上山对质。很明显，李渊是想进一步进行调查。在李渊看来，太子已经上山，杨文幹没有不服从召唤的可能。可奇怪的是，宇文颖到了庆州以后，杨文幹反而正式起兵了。那么，宇文颖到底对杨文幹说了什么？《资治通鉴》只说：“以情告之，文幹遂举兵反。”

这个记载很奇怪。如果杨文幹与太子合谋造反，现在太子已经被皇帝控制起来了，在这种情况下杨文幹造反不仅不能成功，而且等于给太子加罪。杨文幹起兵，绝不会是因为这个事情。一定是宇文颖说出了其他情况。什么情况下，杨文幹会真正起兵呢？比如皇帝已经杀掉太子，或者皇帝准备废黜太子。总之，一定是这类假情报导致杨文幹起兵造反。而宇文颖如果这么做，动机也不清楚。但有一点是清楚的，杨文幹起兵有利于李世民阵营。

杨文幹起兵造反，如今已经成为事实。这个事实表明，虽然不是太子直接造反，但确实是太子的人造反了。这跟此前的告发即使不相符，也有密切的联系。李渊本来已经控制了太子，内心已经平静许多。现在，杨文幹真的起兵了，他不得不把此事跟太子联系起来。太子上山已经弱化的矛盾，如今再次被激化了。现在，李渊有些相信太子跟杨文幹有问题了，他把希望寄托在秦王李世民身上。

真的起兵了，镇压紧随其后。李渊先安排灵州都督杨师道等前往镇压。接着又让秦王李世民前往镇压。李世民说：一个小小的杨文幹也敢如此狂逆，一个普通将军便可将他收拾了。皇上郑重地说："不然。文幹事连建成，恐应之者众。汝宜自行，还，立汝为太子。吾不能效隋文帝自诛其子，当封建成为蜀王。蜀兵脆弱，它日苟能事汝，汝宜全之；不能事汝，汝取之易耳！"

在史书的记载中，唐高祖李渊答应李世民为太子的文字归纳起来大约有三种：

一是在太原起兵的时候，李渊对李世民说过这个话，说起兵都是因为你，成功后你来做太子。但是，当时李渊还没有当皇帝，就向李世民许诺当太子，不可信。

二是李渊正式当上皇帝后，众人推荐李世民当太子，因为李世民不同意而作罢。其实，当时李建成已经是唐王的世子，李渊升级为皇帝，李建成自然升级为太子。何况，当时李世民的功劳与李建成并没有什么特别差距，众人不会那么无聊，所以，这种说法也靠不住。

李渊真正许诺李世民为太子，最有可能就是在这次杨文幹事件中。当时，李渊估计，有可能太子沉不住气了，急于抢班夺权。如果是那样，就只好废掉这个太子，由李世民担任太子了。这是在李世民与哥哥的斗争中，李世民最接近胜利的一次。

请注意，在李渊许诺秦王为太子的时候，也给李建成安排了后路（封建成为蜀王）。李渊这样做是最大限度地吸取了隋文帝换太子的悲剧教训。隋文帝受了晋王杨广（后来的隋炀帝）的欺骗，废掉了杨广的哥哥原太子杨勇，并把杨勇交给新太子管理。后来发现新太子有严重问题时，文帝想见原太子，可杨勇已被杨广牢牢控制，最后被杨广杀了。隋文帝一生中，最大的错误就是换太子。因换太子不当，导致隋朝早亡。一心一意以隋文帝为榜样治国的李渊，一心一意要避免隋文帝的错误。而李世民最大的心愿就是和平夺得太子之位，效仿杨广的成功。杨文幹事件，让李世民的愿望接近于达成。

李世民前往前线，全力镇压杨文幹。镇压杨文幹不是难事，成功后就可回朝当太子了。以后，这天下就是我李世民的了。一路上，李世民一定心潮起伏，热血沸腾，说不定都开始思考如何治理天下呢。

可就在李世民处于有利时机时，事情却发生了逆转。

李世民出兵镇压杨文幹时，仁智宫内的李渊忽然放弃了原来的决定，放出了太子，并让太子回到长安继续留守。事态为什么会如此急转直下呢？据史书的笼统说法，皇帝后宫的嫔妃们、齐王李元吉、外朝的封德彝都做了大量工作，但具体说了什么话，史书并未记载，反正是为太子力挽狂澜，结果唐朝就又回到原有的轨道上去了。

究竟是什么让李渊又改变了主意？

面对太子手下起兵造反这个最大的事实，李元吉他们做出怎样的努力才能让皇帝改变主意呢？现有的说法似乎想证明，皇帝糊涂，是非不分，单单听从了这些人的片面之词。但正如我们上面已经讲过的，对于谋反这样的严重问题，从法律系统到皇帝本人的态度，都是非常重视的，为什么在太子谋反这个问题上，皇帝忽然糊涂起来了？不是皇帝糊涂，一定是有更重要的真相被发现了。皇帝对于太子在整个事件中的被动情况有了确实的了解。

任何皇帝，即使再糊涂，也不会对公然的谋反行为充耳不闻。通常的情况下，主要是把没有谋反的打成谋反，从来没有见到过确实谋反了却不予追究的。就李渊而言，刘文静的谋反证据根本不足，他反而当作谋反事件处置了。如今，面对杨文幹和太子的谋反却置之不理。这太不符合常理了。因为如果真是太子谋反，那一定是最有威胁力的，而李渊竟然不予追究，反而让太子继续据守京城。对于这严重地违背常识的记载，让人无法不产生疑问。

根据唐朝的法律《唐律疏议》的规定，对于谋反这项大罪，计划谋反而没有实行，等同于实行；谋反实行没有造成后果等同于造成后果。甚至仅仅说说而已并没有计划，也要长流两千里。至于对待参与谋反者的处置当然最重。甚至不同籍的亲戚也要受到牵连。参与者斩首，十六岁以上父子都被处以绞刑。在皇帝的宝座面前。即使是亲生父子也会痛下杀手的，为什么李渊可以对太子的谋反无动于衷呢？

当然不会。李渊一定了解到了真相：太子是被冤枉的。

从哪里了解真相呢？现在的史料都没有披露。最有可能是从上山告变的人那里获得了真相。最重要的真相就是秦王府参与了整个事件，具体的人就是秦王府参军杜淹。

秦王府的动作，是让皇帝确信太子谋反，至少太子亲信谋反也可以牵连太子。秦王府的动作是针对太子的，目标则是夺取太子之位。太子是受到攻击的一方，在这个事件中，是被动的一方。皇帝必须得出这样的结论，才会释放太子，恢复太子的原有地位。但是，东宫也不是没有错误，私运军事物资本身确实违法，所以才会被秦王府抓住不放并且大做文章。而秦王府上纲上线的做法，明显要致太子于死地，皇帝当然也不高兴。但是，兄弟之争是非常清楚的事实，皇帝不打算深入追究下去。这一次杨文幹事件，秦王府具体操盘的人就是这个最擅长搞阴谋诡计的杜淹。

李渊最后对东宫和秦王府各打五十大板，东宫的王珪、韦挺，秦王府的杜淹同时流放边州。皇帝最后要求两兄弟要和睦，分别处分东宫和秦王府的属下，以示警告。皇帝作为父亲，他不愿意儿子们手足相残，无休止地斗争下去。但是，他也知道权力的资源有限，他没有最佳方案来解决这个棘手的问题。

在杜淹传中，明确说李世民知道杜淹无罪，专门给即将流放的杜淹赠送了三百两黄金，以作为他为秦王府牺牲的补偿。但是，秦王李世民并没有为杜淹到朝廷中去争取，既然无罪，为什么还会受到如此严重的惩罚？这个镜头特别让人想到电影中的情节，黑社会组织的老大为进监狱的兄弟出钱，因为这是一种牺牲。

对于李渊的做法，双方都不满。秦王府希望皇帝说话算数，让李世民取代李建成。东宫则认为皇帝应该追查下去，按照法律有反坐法，诬陷谋反则处以谋反罪。

杨文幹事件，是玄武门事变的前奏。李世民争取用政治斗争的方法取代太子，这一次最接近成功目标，但最后还是功败垂成。如果这次斗争胜利，唐朝就不会为此付出更大的代价。当时的情形已经很清楚，事情不到最后解决之际，双方绝不会善罢甘休，都欲置对方于死地而后快！

第七讲　兄弟阋墙

唐朝建立之初，就确立了皇位的继承人。长子李建成被立为太子，次子李世民被封为秦王。但李世民自认为功高，欲问鼎最高权位。太子李建成和秦王李世民之间展开了一系列的明争暗斗，最终达到了白热化程度。杨文幹事件，清楚地说明了秦王阵营的斗争方向。那么，面对李世民阵营咄咄逼人的攻势。太子李建成阵营又采取了什么样的措施呢?

李渊在称帝前有四个儿子，三子李玄霸早死。秦王李世民独自一派，齐王李元吉跟随太子李建成为一派。为什么会分成这样的两派？李元吉为什么站在大哥的立场上与李世民斗争而不是相反呢?

要了解玄武门政变的来龙去脉，这是首先需要面对的问题。

一　齐王元吉　暗藏野心

李建成是太子，他担心李世民夺权，防范动机清楚。李世民功高不赏，反而受到不断的打压，最后决心夺取太子之位以求自保，心路历程也是清晰可见。只有李元吉，他作为最小的弟弟，本来可以悠然于两派之外，为什么后来深陷斗争中？所以，分析李元吉是了解兄弟三人分两派的关键。

按照一般的史书记载，李元吉是一个标准的无德无能的无赖。无赖李元吉是怎样开始他的政治妄想的？

李元吉生下来因为容貌丑陋，母亲就不太喜欢他。他是被乳母陈氏带大的。但是，在李元吉被封为齐王以后，因为沉溺于一些很危险的游戏，比如他要自己手下分成两队真枪真刀地拼杀，结果常常造成死伤，甚至他自己也不免受伤。乳母心疼，可能使用了他难以接受的言辞来制止他，李元吉大怒，竟然令手下勒死了乳母。这件事可以证明李元吉的无赖与无情。

李元吉在李渊进取长安以后，成为李家留守太原的总指挥，对于太原的意义，李元吉应该很清楚。但他在太原主要做两件事：白天打猎，他说，宁可三天不吃饭，但不能一日不打猎；晚上呢，打开府门，宣淫他室，就是淫乱民间。他喜欢的一项游戏是看人躲箭，经常当街射路人取乐。这些事，证明李元吉不仅是一个无赖，而且是一个流氓。

在太原被刘武周包围的时候，李元吉对他的副官刘德威①说：你率领老弱守城，我统率主力出击。副官当然听从。李元吉夜半出城，置军队于不顾，自己领着妻妾逃回长安。太原当然陷落了。这事，至少证明李元吉胆小无能。

如果李元吉不是皇帝的儿子，早就被杀多次了。这样一个人，不但没有被杀。最后还在政治舞台上兴风作浪。在太子李建成与秦王李世民的矛盾中，他充当了重要的角色。推波助澜，唯恐天下不乱。

就是这么一个人，要品性没品性，要才干没才干，但有自己

① 刘德威（581—652）：初唐武将。先效力于李密，归顺唐朝后，立下汗马功劳。

的政治野心。所以在李建成和李世民这两兄弟之争过程中，李元吉在背后煽风点火，是一个十分关键的人物。

武德元年（618），李元吉称在太原发现了一块天然石头，上面天然地写着“李渊万吉”的字样。李元吉把这块石头献给皇上，皇上很高兴，认为这是上天对自己的肯定，还命令李元吉在太原特地建立了一个亭子，说明这块石头的来历和意义。这样凑巧的事情当然没有，这是李元吉的一块政治试金石。他从此开始懂得政治原来就是一场游戏。李渊能这样认真地对待他的这块小石头，他李元吉也就可以制造更大的政治石头了。

于是，李元吉的政治野心像野草一般疯长。他的手下当然心领神会，积极襄助。他的一名将军就说，“元吉”二字，正是唐字，说明李元吉以后当主持唐朝。没有人说，一定是拥有道德的人才可以当皇帝。一个身在高层的流氓，看透了政治的本质，他对皇权才没有神秘感呢，他才不相信政治说教呢。那么，在他的前面有大哥李建成这位太子，有民望甚高的二哥秦王李世民，李元吉想要当皇帝，他应该怎么办呢？

李元吉的谋略就是帮助李建成收拾李世民，然后再回头取代大哥。也就是说，他的谋略分成两个阶段，消灭李世民是第一阶段的任务。

为什么他会选择联合大哥的谋略？

历史的记录中给出的第一条答案是他认为李世民更强大。不联合大哥就无法消灭李世民。至于大哥李建成，取代是比较容易的。

我们仔细分析，这个谋略对于李元吉而言，有如下一些有利因素。第一，李建成地位正统，联合李建成就是联合正统派，可以获得名正言顺的效果。第二，当初，李渊带领李世民在外面做官，李元吉其实一直跟着大哥李建成，估计两个人的感情比较好。第三，李元吉与李世民地位相似，无法联合。而且两人有过冲突，这就是尉迟敬德与李元吉的比武事件。两人都擅长用长矛。尉迟敬德三次将李元吉击败。当时，李世民求胜心太切，让齐王李元吉输得太惨。而一向对自己武功很自信的李元吉受不了这个打击。

但是，历史对李元吉的记载太倾向于把他写成一个彻头彻尾的坏蛋了。这种写法，肯定来自后来胜利的李世民阵营。因为李元吉越坏，杀李元吉的合法性就越强，而与事实就越有距离。只是，对于李元吉，我们很抱歉，因为已经无力恢复历史的真相了。

二　政治联盟　各怀心事

历史记录中，李建成是一个双面人，有的地方记录他凶残，有的地方又说他仁厚。从各方面的资料综合起来看。我认为李建成的性格比较像他的父亲李渊。一方面，对自己的政治地位担心，对于李世民的威胁确实有防范；另一方面，又不愿意采取坚决的手段，心存幻想。

对于四弟李元吉，李建成是心存感激的，毕竟李元吉的作用是其他任何人都不能取代的。从战略的高度说，兄弟三人，他与李元吉的联合是二对一，这不仅仅是一个数量优势，而且是一个战略优势，因为在对父皇展开工作的时候，二比一的优势是一种战略。从具体的战术上说，李元吉能说的话，是任何人都不能代替的。李元吉可以从第三者的立场，以皇帝亲儿子的身份发言。同样的内容，只有李元吉说话最有分量，这种分量经常会超过李建成本人。因为，李建成和李世民之间的矛盾，李元吉拥有一种客观的资格。即使裴寂跟皇帝关系那么密切，他在说到太子和皇子这些事情的时候，也应该十分小心谨慎。皇帝家里的事情，不可乱说的，所以在他们的斗争达到水火不容的时候，很多大臣采取的是旁观的立场。皇帝家的事，谁敢直接参与啊？所以积极投入的人是很有限的，可以想象，更多的人是旁观者。比如著名的军事家李靖①，李世民曾经请他加盟到自己这一边，他宣布中立。为什么呢？还是这个问题，哪一方都惹不得，如果你站错了队，那是要命的事。

那么，李建成对于李元吉的动机，有没有怀疑呢？李元吉的理由是路见不平，拔刀相助。他经常对李建成说，看见李世民总欺负大哥，我看不过去。对此，李建成很受用，心里面是感动的。

这应该是早期的状态，后来还是发生了变化。当他们策划对李世民采取彻底的解决方案的时候，李建成与李元吉的联盟也达到了最密切的程度。李建成同意在自己继承皇位以后，封李元吉为“太弟”，就是任命李元吉为自己的接班人。看起来，李元吉也是很满意这个庄严承诺的。

但是，这个承诺却暴露出了两个人的联盟出现了问题。原来

---

① 李靖（571—649）：唐初军事家。仪表魁伟，文武双全。隋末，李世民将其召入府。随秦王平定王世充。唐太宗即位后，领兵击败突厥和吐谷浑，封卫国公。著有《李卫公兵法》。

联盟的基础是共同对付李世民，而李元吉的动机是因为路见不平、拔刀相助，是出于基本的正义感而帮助大哥。可是，他既然接受了有关“太弟”的承诺，就等于承认李元吉在帮助李建成跟李世民的斗争中存在着自己的明确目标。这个目标的存在在我们看来也没有什么意外，但是这个目标的暴露，对于李建成而言则是一个严重问题，等于摆明了存在着一个未来的威胁。

你当上了皇帝，但身边站着一个随时等待接班的人，他既然可以帮助你夺得皇位，那么他可不可能再次夺得你的皇位呢？既然他可以跟你一同杀掉你的兄弟，那么他可不可能对你也采取同样的手段呢？

另外，从亲情的角度看，是兄弟亲还是父子亲呢？当然是父子亲。所以，从李建成的立场看，他希望把自己未来的帝位传给自己的亲生儿子还是同胞弟弟呢？通常的选择一定是儿子。在唐太宗晚年，废黜了太子李承乾以后，在选择新的太子的时候，魏王泰本来希望最大，太宗也更喜欢魏王，但是，因为魏王的过度表态，他说他将来要把儿子杀掉，把帝位传给弟弟晋王李治。因为他的这个表态违背了人性的基本立场——儿子向来比弟弟更亲近，所以被反对派抓住不放，最后不仅没有当上太子，反而被流放外地。

我们回头看李建成对李元吉的承诺，同样会注意这个问题。这个问题的背后是什么呢？那就是李建成已经对李元吉产生戒心，但是为了眼前的联盟，用这个办法笼络住李元吉，等到成功，李建成一定会有严厉措施对待李元吉的。而李元吉的策略，几乎与之一模一样。后来两人因为玄武门事变而同时丧生，两人之间的矛盾没有机会充分展开，否则必定有一场残酷厮杀。

三　太子设局　狠招迭出

李建成的阵营当然以李建成、李元吉为主。李渊身边的一些女人因为曾经与李世民有冲突，常站在李建成的立场，所以也可以看作是李建成阵营的重要组成部分。此外，支持李建成的还有朝廷的一些大臣。

李建成阵营暂时达成联盟，共同对付李世民。他们采取了一系列手段和措施，积极展开对李世民的斗争。这些措施有如下几个方面。

制造摩擦

尹德妃[①]是李渊的宠妃，她的父亲叫尹阿鼠，因为有女儿的这个背景，在京城自然十分骄横。有一次，杜如晦路过尹阿鼠家门，被他家的奴仆冲出来一阵暴打，杜如晦的一个手指被折断了。不但如此，尹德妃还抢先告状，说："秦王左右凌暴妾家。"皇帝对李世民说：连朕的嫔妃的家人你们都敢欺负，对待平民百姓你们又会怎样？李世民虽然百般解释，无奈皇帝不信。

李世民身为秦王，有权力处置一些事务。他曾经给淮安王李神通良田几十顷。后来，张婕妤[②]的父亲也看上了这块地，向皇帝申请，皇帝便把这块地赐予了张婕妤父亲。但是，李神通认为

① 尹德妃（生卒年不详）：李渊妃。一度得宠，在秦王与太子的斗争中，与太子李建成结成一派。

② 张婕妤：李渊宠妃。坚定地支持李建成。

自己得到这块土地在前，不愿意出让。张婕妤于是向皇帝申诉，说皇帝赐予父亲的土地，被秦王夺去送给了李神通。皇帝很愤怒，对李世民说：我的命令不如你的命令管用吗？李渊曾对裴寂说："此儿久典兵在外，为书生所教，非复昔日子也。"意思是我这个二儿子，已经变坏了，他不是我原来的那个儿子了。他认为李世民的变化与三个因素有关：一是典兵，增加了骄傲的情绪；二是长期在外，疏离了父子关系；三是书生所教，开始有野心了。这说明太子阵营在制造摩擦的过程中达到了目的，促成了李世民跟他父皇之间的冲突。

应该说，这些问题，什么人身冲突，什么土地争夺，在朝廷的大局中，都是无足轻重的，但是因为这些小事，却改变了李渊对李世民的看法，改变了李建成与李世民斗争的格局，所以这些小事影响很大。这些小事，本来都可以不了了之的。因为可以对李渊产生影响，所以李建成阵营每一次都是很充分、很积极地加以利用。

在这些事件中，李世民阵营完全处在被动之中。正是因为都是小事，所以对李世民阵营而言，真是防不胜防。另外，这些事情都与皇帝身边的嫔妃有关，她们因为距离皇帝最近，最适合打小报告，这也是李世民难以防范的。往往都是皇帝的不良印象已经形成，李世民才出来为自己辩护，却为时已晚。

虽然都是小事。但是如果把李渊怀疑李世民的因素考虑在内，就成了重要事件。李世民的左右凌辱皇帝的嫔妃家，这是什么性质的事件？说明李世民手下没有把嫔妃家当回事。打狗看主人，你秦王府如此凌辱嫔妃家，说明不重视她家的背景，就等于不重视皇帝的存在。如此推理下去，难怪皇帝会生气，因为这些小事最后上升为李世民与皇帝的关系，变成了轻视皇帝，这事态当然严重。

李神通土地问题也一样。李渊考虑问题的焦点，并不是土地值多少钱，也不是土地应该给谁，而是秦王的“教”与皇帝的“敕”哪个更重要，哪个更应该被尊重、被执行。李渊的意思是，即使皇帝的敕在后，也应该执行皇帝的命令。李神通拒不执行，说明他在两个命令之间更看重秦王的教。那么如何体现皇权的至高无上呢？显然这里没有体现。李渊感到皇权被忽视。

釜底抽薪

在这种措施中，一方面是招降纳叛，希望直接变李世民的力量为自己的力量。李建成阵营分别对尉迟敬德、段志玄[①]等作拉拢工作，当然，无非是利益诱惑。

李建成对尉迟敬德报以很大的期望，不仅亲自写信，放低姿态，愿意订立布衣之交，还派人送来一车金银器物。尉迟敬德拒不接受，李建成大失所望。段志玄等将军也受到了相似的“待遇”，但同样不为所动。当尉迟敬德向李世民报告的时候，李世民说：我知道你意志坚定，他们给再多的黄金也不会动摇。不过，其实你应该坦然接受，这样可以打入他们内部，了解他们的计划。现在，他们如果恼羞成怒，会做出对你不利的事情。我们可以看出，李世民更狡猾，他的想法是将计就计。

李元吉果然派人刺杀尉迟敬德。月黑风高的夜晚，刺客来到尉迟敬德的住处，看到尉迟敬德家重门洞开，尉迟敬德在呼呼大

① 段志玄（？—642）：唐代武将。从李渊起兵。后随李世民四处征战，屡建战功。李建成收买未遂，为玄武门之变的得力干将。

睡。刺客反复察看，都不敢下手。李元吉一看争取尉迟敬德失败，刺杀又不成功，便在皇帝面前诬告尉迟敬德。尉迟敬德被下狱，接受调查。经李世民全力营救，最后才无罪释放。

李建成阵营的这些措施，有的没有成效，比如争取将军的行动；有的很有成效，比如利用朝廷把秦王府的有生力量调走，任命房玄龄、杜如晦为朝廷的官员，派程咬金到康州去做刺史。根据唐朝的法律，一旦做了朝廷的官员，就不能再跟原来的王府有联系，否则就是犯罪。这种釜底抽薪的办法，严重削弱了李世民的谋划能力，也让李世民感到紧张。这是迫使李世民最后采取极端行动的一个重要诱因。

直接攻击

第一，当面揭发。大约在武德七年（624），有一次皇上到城南围猎，三位皇子都参加了。李建成有一匹胡马，体格肥壮，喜欢尥蹶子，他让李世民试骑。李世民几次从马上摔下来，他不服气，多次重新上马驾驭。他对身边的宇文士及说：死生有命，这马奈何不了我。李建成立刻让嫔妃到李渊身边去诬告说：“秦王自言，我有天命，方为天下主，岂有浪死！”李渊大怒，诏李世民责问：“天子自有天命，非智力可求，汝求之一何急邪！”李世民辩解，皇帝不听。如果说，其他摩擦的制造已经造成了皇帝对李世民的不良看法，那么这类诬告，则直接导致李世民与皇帝的矛盾深化。

第二，张亮[①]案件。那么，如何选择突破口，从政治上把李世民彻底搞垮呢？因为这类诬告，虽然可以加深皇帝对李世民的不信任。但是毕竟不能依靠这样的事情打倒李世民。于是，李建成阵营就从李世民手下选择突破口。

他们选中的人是张亮。张亮是郑州人，有心机，对山东熟悉，与山东豪杰多有往来。他后来受命坐镇洛阳，经营山东，手下有一千多人。李世民给他大笔财物，随便他使用。李世民的计划是把洛阳经营成自己的根据地，万一有不测，就转移到洛阳。

李元吉对于李世民的计划显然不能十分了解，但是预感到问题的存在，于是告发张亮图谋不轨。张亮被抓进监狱，被反复审讯。李元吉的用意当然很清楚，就是利用张亮打开李世民阵营的缺口。但是，张亮也是一条好汉，坚决不承认。李元吉等人拿不到证据，最后只好释放张亮。

第三，毒酒案件。在李建成阵营中，积极主张对李世民采取直接行动的就是李元吉。有一次，李世民随同皇帝到齐王府，李元吉就秘密布置，准备对李世民下手。李建成发现后立刻制止，认为这样做太过分，李元吉最后只好撤出。

李元吉甚至还直接向皇帝建议，杀掉李世民。李渊说：他立有那么大的功劳，拿什么作借口啊。李元吉说：何患无辞？李渊不同意。李元吉的计划落空了。

但是，李建成阵营的另一个行动很快付诸实施。他们请李世民喝酒，地点应该是在李建成的东宫。史书记载，他们在李世民

① 张亮（？—646）：隋末武将。投瓦岗军，深得李密信任。后跟随李世勣，一起投唐。深得李世民重用。为人机敏，被派到洛阳一带，广结当地豪杰，以备李世民起事之需。贞观二十年（646）被杀。

的酒中下了毒药，导致李世民吐血数升。李渊听说李世民中毒，亲自前往探视。他知道，他们兄弟的关系已经剑拔弩张，于是做出了一个大胆的决定。他决定让李世民带领自己的人马到洛阳驻扎，建天子旗帜，陕州以东地区都划归李世民统治。李世民当然高兴，一番装模作样的推辞以后，立刻着手准备动身。毒酒事件，是不是李世民的苦肉计呢？可以怀疑，但却难以证明。

对于这个决定，李建成阵营听说以后，十分震惊。李建成与李元吉商量后，立刻出手制止。这个计划如果实行，李世民等于被驱逐出去了，那是好事啊，为什么李建成和李元吉会反对这个计划呢？

李建成阵营在长安拥有优势，如果李世民离开长安，他们与李世民的斗争优势就会发生转化，因为李世民可以在东部获得土地、甲兵，他们要继续控制李世民就难以做到。于是他们全力去做李渊的工作。那么李渊最后为什么会同意收回成命呢？李渊的考虑是什么呢？

其实很简单。李渊毕竟是父亲，他不忍心看到自己的儿子之间手足相残。但是，他又是皇帝，也不忍心看到国家在自己的手中分裂。虽然我们今天不能确知李建成阵营是怎样说服李渊的，但是他们说：“秦王左右闻往洛阳，无不喜悦，观其志趣，恐不复来。”这句话的含义，其实就是国家分裂，恐怕还不仅仅是分裂，甚至可能爆发战争。一定会有人这样跟李渊说：陛下健在的时候，他们会因为父亲的关系而暂时偃旗息鼓，但是陛下千秋之后呢？那个时候，他们会不会大打出手呢？如果那样，就不是简单的手足相残了，那就是两国交兵，那就是千万颗人头落地啊！

这样说，绝不是耸人听闻，稍有头脑的人都能看清这一点。最后，李渊收回成命，他还是希望李世民能够忍耐下去。

正在这时，北方又发生战火，突厥铁骑围攻乌城[①]。这本来是寻常的战争警讯，谁也没有想到，由此会引发一场轩然大波。

---

① 乌城：唐朝防备北方草原民族的一个军事据点，位于今甘肃武威境内。

第八讲　玄武喋血

唐高祖武德九年（626）六月四日，长安城玄武门外，发生了一场手足相残的血腥政变。李世民率兵杀死了哥哥李建成和弟弟李元吉。贞观之治的光芒，是穿越玄武门之变淋漓的鲜血而照耀大地的。李世民是怎样一步一步实现他的阴谋的？难道李世民一定要用这种手段才能夺取天下吗？李世民是在什么样的背景下决定动武的？

一　乌城战报　疑云重重

乌城战报传到长安，本来是一个寻常的情报，但是却引发了一场震惊朝野的轩然大波。这一次皇帝接受了李建成的建议，让李元吉为统兵元帅前往乌城增援。李元吉为元帅增援乌城很正常，关键是李建成、李元吉的幕后策划。

他们的计划有两个要点：第一，利用李元吉统兵的机会，调拨秦王府的主要战将参战，包括尉迟敬德、秦叔宝等。李元吉要利用出兵作战的机会，消灭这些秦王府的将军。战争状态下，统兵元帅对自己的部下有生杀大权。李元吉要在战场上实现这个计划，易如反掌。第二，朝廷为李元吉送行举行出征仪式，在昆明湖为齐王饯行，太子李建成代表皇帝出席，利用这个机会杀掉李世民。

一段时间以来，李世民阵营穷于应付来自太子阵营的挑衅，但是阵脚并没有乱。因为李建成阵营强大，李世民阵营只能将计就计。现在，李世民再次获得情报，李建成要利用乌城军事行动把自己一网打尽。

李世民的情报从哪里得来的呢？这么重要的情报是谁送给李世民的呢？

历史对此有记载。东宫一个叫作王晊的人前来报告。史书没有说明这个人的动机。如果进行整体分析，我们可以大概得出结论，两个阵营之间，实际上都在招降纳叛，都在争取对方的人。李世民当初对尉迟敬德说的话，其实就有这样的含义，打入内部，掌握情报。这个王晊，职务是东宫的率更丞，应该是东宫军队里的官员，他恐怕就是李世民阵营争取来的卧底。显然，在争取对方人员的时候，李建成阵营不如李世民阵营成功。

这个情报，关系玄武门事变的根本性问题。如果这个情报确实，证明是李建成阵营首先决定使用极端手段，如果这个情报不确实，或者半真半假，比如有调用秦王府军力的计划，但没有饯行谋杀计划，那么李世民阵营就是首先采用极端手段的一方。如果相信这个情报的真实性，可以认为玄武门事变是应急的举措；如果不相信这个情报的真实性，可以认为这些都是后来李世民阵营用来狡辩的掩饰之辞。

有两个情况让人怀疑这个情报的真实性。一是李建成阵营对李世民采用极端手段的警惕性十分低。如果李建成方面首先使用或计划使用谋杀计策，他们对这方面的问题应该十分警惕才对。但是在后来玄武门事变的过程中，无论是太子还是齐王都显得手忙脚乱，根本就没有任何准备。二是后来魏徵在受到李世民责难的时候，说太子没有采用他的计划，否则就不会有如此下场。那证明魏徵曾经有使用极端手段的计划，但是没有被太子采纳。《资治通鉴》的作者比我们今天能看到更多的唐代资料，但司马光在他的“臣光曰”中说过这样的话：“太宗始欲俟其先发，然后应之，如此，则事非获已，犹为愈也。既而为群下所迫，遂至喋血禁门，推刃同气，贻讥千古，惜哉！”看来，司马光认为李世民受到手下人的逼迫，没有采取防守反击策略，而是主动进攻，所以才会为后世诟病。那么，这个情报的核心内容看来都是不可信的，可能是李世民用来激发手下斗志的一个方法，至于受迫云云，无非是为了减轻李世民罪责而已。

二 秦王定计 擒贼擒王

面对这个情报，李世民阵营如何反应呢？李世民把这个消息首先告诉了长孙无忌，长孙无忌立刻与其他人取得联系。危机当前，秦王府的官员众口一词。用文雅一点的词汇表述，就是行周公之事，控制最高当局；浅白一点的说法，就是采取军事手段，用突然袭击的方式夺取最高权力。

从现在得知的情况看，房玄龄与长孙无忌[①]是秦王府内部最早主张采取军事手段的人。但是，这个主张是从什么时候开始

① 长孙无忌（？—659）：唐初重臣。长孙皇后之兄。有文采武略，玄武门之变的关键人物。凌烟阁二十四功臣之首。贞观中，与律学士对唐律逐条解释，撰成《律疏》。高宗时，受迫害，自缢而死。

的，现有资料不能证明。事实应该是，在秦王府内部，采取军事极端手段夺取最高权力的主张早就存在，而李世民或者不明确表态，或者不支持，所以不能付诸实践。当乌城情报传来的时候，房玄龄、杜如晦这两个主要谋臣因为当时是朝廷的官员，不能及时参加秦王府的密谋，所以长孙无忌应该成为最核心的谋划者。

这无疑是一件天大的事情，无论多少人主张，最后是需要李世民亲自拍板的。在秦王府内部，最后形成的局面是大家共同劝说李世民，至少现在留下的记载是这样的。李世民面对这个主张，不能毫无顾忌，他必须仔细思考，否则下场是人所共知的。李世民认为："骨肉相残，古今大恶。吾诚知祸在朝夕，欲俟其发，然后以义讨之，不亦可乎！"李世民希望用后发制人的办法解决冲突，如果从自卫立场出发，那么骨肉相残的责任就不在李世民。显然，李世民考虑的不是胜败的问题，而是善后过程，是夺权后长远的合法性问题。

但是，大家的担心却是后发制人的危险性，所以没有人同意李世民的看法。在部下劝说李世民的时候，大约从这么几个理由来试图说服他。

第一，"大王功盖天地，当承大业"。这是从建功立业的角度相劝。(房玄龄)

第二，面对釜底抽薪的政策，采取自卫立场："大王羽翼尽矣，身何能久?"(程咬金)

第三，尉迟敬德："大王不从敬德之言，敬德将窜身草泽，不能留大王左右，交手受戮也！"长孙无忌也附和道："无忌也当相随而去，不能复事大王矣。"此二人是以脱离秦王府为要挟。

第四，平时蓄养的勇士八百人已经进宫，行动已经开始。

“擐甲执兵，事势已成，大王安得已乎！”尉迟敬德强调，士兵已经发动，没有回旋的余地。

众口一词，何况八百勇士已经进入战斗位置，箭已上弦，即使李世民不同意也难以中止了。于是，李世民退让了，说，那就占卜一下，看看是凶是吉。正在占卜，张公谨[1]从外面进来说：事到如今，发动军事行为，已是不容置疑。占卜为了解疑，现在无疑，为什么还要占卜呢？大家齐声同意。于是连占卜也没有搞，直接定计，发动政变。

有关这个过程的文字记载中，有一个重要的方面，谁都没有提及。在军事政变的准备过程中，特别是在决策的过程中，对于李世民集团而言，究竟是什么因素最重要？真的是善后的说辞吗？事情已经做了，最高权力已经夺得，那么究竟怎么说都是由胜利的一方来决定，怎么可能担心没有办法解释呢？那么是担心失败吗？也不是。打仗是秦王府最擅长的，突袭是用局部的优势兵力攻取敌人的首脑，因为对方没有准备，整体优势就发挥不出来，等到反应过来，主要的战事已经结束。所以，胜算很高，不必担心。那么，李世民担心的究竟是什么呢？

我以为，李世民最担心的是内部的忠诚度。这样的行动，内部的高度团结是必须的，任何一点风吹草动都会影响全局。内部的人必须全力以赴，必须同心同德。李世民用自己的犹豫来观察所有人的态度和立场。而一旦决定，我们看到李世民立刻恢复了战场上的勃勃英姿。何以证明？我们看看李世民是怎样对待秦王府外的房玄龄和杜如晦的。

---

① 张公谨（594—632）：唐初名将。原为王世充部下，后降唐，受李靖推荐进入秦王府。参与玄武门之变。

当李世民所在的秦王府已经决定发动政变的时候，房玄龄和杜如晦不在场。李世民让尉迟敬德去找回这两个人，但是，两个人没有立刻回来，他们看来还不知道李世民已经下定最后的决心。也许是尉迟敬德没有说清楚。李世民于是摘下自己的佩刀，交给尉迟敬德，说，你再去，他们要来就来，不来，就用这刀砍下他们的项上人头。两个人闻讯，赶紧穿上道服，悄悄地潜入秦王府，参与到大家的密谋中。

他们究竟是怎么谋划的？因为胜利以后，他们不再透露当时的计划，这不是正大光明的事，所以没有记载。他们取得的成功证明，他们的谋划很周密。但是，他们具体是如何一步步实施计

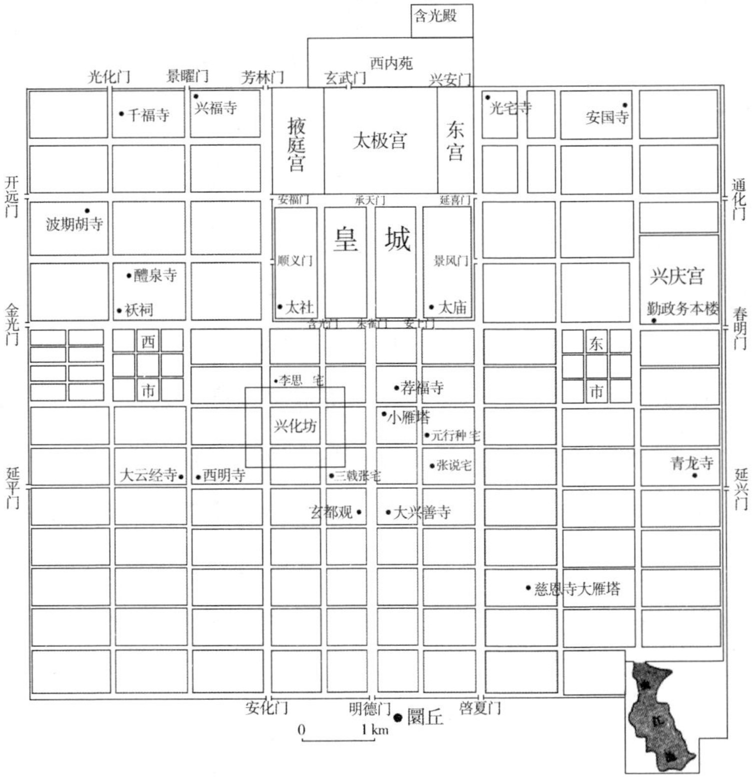

唐长安城复原示意图

划的呢？这真是一个千古之谜。我们只能通过事件发展的进程，来了解之前的计划。他们的计划，至少有如下几个部分。

第一，玄武门设置伏兵，袭击李建成和李元吉。首先杀掉最主要的政治竞争对手。这是“擒贼先擒王”的战术。

第二，如果玄武门作战不利，就坚守玄武门，控制皇帝。把皇帝控制在自己手里，这是政变的一般规则。控制了皇帝，一切命令都可以以皇帝的名义发布。

第三，如果再不顺利，以洛阳为最后退路。他们秘密通知了洛阳方面。做好迎接的准备，如果控制不了长安，就撤往洛阳。

有一种观点认为，李世民在玄武门战斗之前就控制了李渊。我认为这个看法是不准确的。虽然控制皇帝很重要，但是在当时的情况下，只要控制玄武门，其实就是控制了朝廷，控制了皇帝。具体到是否控制皇帝的人身，其实已经不重要。对于玄武门的重要性，陈寅恪先生很多年前已经很明确地总结过了。

三　禁门喋血　兄弟殒命

李世民是怎样实施他的计划的呢？实施过程是否一帆风顺呢？

李世民的计划是在六月四日黎明时分动手。这一计划的启动，应该在前一天，武德九年（626）的六月三日。六月三日，发生了特殊的天象。太白金星滑过天空。太史局傅奕[①]密奏：“太

① 傅奕（555—639）：唐初学者。精于天文历法，反对佛教。辑魏晋以来反佛人物言论，成《高识传》十卷，均散失。

白见秦分，秦王当有天下。”皇帝李渊竟然把这个秘密报告让李世民过目。

很多年以后，李世民已经当了皇帝，有一次他对傅奕说：当初你的密奏，差一点要了我的命。这么看来，傅奕的密奏并不是李世民阴谋的一部分。傅奕是著名的反对佛教的人物，就在此前不久，李渊根据傅奕的建议，决定沙汰僧人道士。应该说，李渊与傅奕关系也不错。因为天象是一回事，解释是另外一回事。傅奕在这个时刻，为什么会有这样的密报呢？这么重大的天机，李渊为什么要让李世民知道呢？

我们看看李世民对这个秘密报告的反应，或许可以了解其中的秘密。李世民看到傅奕的秘密报告之后，立刻向李渊报告另一个重大机密，就是李建成和李元吉淫乱后宫。直白一点说，就是李建成、李元吉与后宫的嫔妃们有不正当关系。李世民看到傅奕的秘密报告，发现了什么事实？他发现，对方要置自己于死地。所以，他在报告两人淫乱后宫的同时，悲怆地说：“臣于兄弟无丝毫负，今欲杀臣，似为世充、建德报仇。臣今枉死，永违君亲，魂归地下，实耻见诸贼。”他说，我马上就要死了，但是这样死了，真不甘心，耻于在地下见到王世充和窦建德这些人。这根本不合逻辑，但并不是没有意义。李世民在关键时刻还在提醒皇帝：我对国家有重大功勋，我不该被杀。

对此，李渊最后的决定是：明天要调查对质。这就是说，一切都要明天见分晓。

这是一个局中局。天象问题，是对方要陷害李世民的一个理由。大约金星从东南划过天空在西北落下，或者反过来，反正与西北有关。金星一方面含义主兵，表示要有兵祸，一方面表示权力归属。秦分，就是西北。所以傅奕解释说秦王当有天下。一定是先有天象，然后命令太史局进行解释，结果傅奕的这个解释很符合李建成阵营的需要，能够以此整治李世民。但是，李世民非常机智地利用这个信息，乘机告发淫乱后宫案。为什么说机智呢？因为李世民的计划是“斩首行动”，而在李世民的整个计划中，必须要李建成和李元吉离开自己的宫殿，只有这样才可以设伏袭击。

想想看，李世民如何才能调动李建成和李元吉呢？他自己是完成不了的。他必须通过皇上来完成这个调动。而李渊为什么会听从李世民呢？当然，李世民必须巧妙地调动皇帝。如何才让皇帝就范呢？要根据皇帝当时的情绪，设置相关的圈套。

当时的李渊，是在一种什么情绪之中呢？李世民的野心李渊其实早就有所觉察，不然也不会总是敲打李世民。李渊敲打李世民，可不能简单地认为是上了李建成的当。一方面，李世民确实有野心；另一方面，李渊也有所觉察。所以，当“秦王当有天下”这个天象被解释出来以后，李渊看来是下定决心要解除李世民的一切武装了，即使不取消他的自然生命，至少准备取消李世民的政治生命。所以，当李渊把傅奕的秘密报告交给李世民的时候，李世民立刻感到杀机重重。好在李世民已经准备停当，于是来了一个将计就计，紧急告发。

李世民所告发的是事实吗？当然不是事实。一是因为后宫制度严密，嫔妃们与外界的接触不仅有限而且监视很多。二是，对此，一贯支持李世民的司马光也认为，后宫隐秘实在难说。他实际上也是不同意这种说法的。那么李世民为什么要这么告发呢？他在利用李渊的情绪，为的是调动李建成和李元吉。为什么要用这种理由呢？因为这个事情太荒诞、太不可信，也让李渊最恼羞成怒，所以李渊立即决定第二天调查。李渊想的是什么？他想的是这个事情很容易调查，当事人对质，一切立刻明白。比如要李世民举证，李世民肯定举不出来。那么李世民就是陷害，不仅是陷害，还是侮辱皇帝，是典型的大不敬。明天当廷对质，李世民必死无疑。

李渊当然没有想到，李世民看起来是自投罗网，其实采用的是调虎离山计，他要调动的老虎是李建成和李元吉。

李建成从张婕妤那里获得了李世民告发的消息之后，连夜找李元吉商量。李元吉建议：集合兵马，托疾不朝，以观形势。应该说，这个建议很重要，如果李建成同意，李世民的计划就会全面落空，不仅落空，可能还会导致失败。因为在李建成与李元吉商量的时候，李世民统率的伏兵已经到位。唐朝一代名将，尉迟敬德、程咬金、秦叔宝、张士贵[①]等都已进入伏击位置。这个行动是无法解除的，如果李建成他们不出宫，李世民是无法解释自己的军事行动的。但是，李建成胸有成竹，认为李元吉不必如此谨慎。他说：我们的准备已经很充足了，我们应该亲自到宫中了解情况。

东宫与玄武门离得十分近。李元吉住在武德殿，跟东宫只有一墙之隔。李建成从东宫北门出来，会合齐王李元吉，再到皇宫的北门即玄武门其实没有多远。他们当然没有想到，这么短的距离，就是他们的殒命之地。

六月四日清晨，一切看起来都跟平常一样。李建成和李元吉

① 张士贵（586—657）：唐初名将。从李渊起兵。后跟随李世民攻打刘武周、窦建德、王世充等。著名武将薛仁贵就是在他麾下成长起来的。

会合之后，从东边走近玄武门。让李建成比较放心的是，玄武门这个最重要的地点，守卫的将军是自己的人。但是，他做梦也没有想到，玄武门屯守的将军，对于发生在眼前的战斗，要么抱着观望态度，要么跟随了李世民，唯独没有人肯为太子拼命。其中，当天在玄武门当值的常何，正是李世民从太子阵营争取过来的军官，而在这一天，起到了关键作用。史书记载，李建成到达临湖殿的时候，发现情况异样，立刻拨马回撤，但是已经来不及了。李世民出现了，高声叫住李建成。我们不知道李世民说了什么话。在大战来临之际，显然李世民要从容得多。而李建成和李元吉此时发现情况不妙，李世民的伏兵出现了，他们全副武装，杀气腾腾。李元吉首先摘下弓箭，但是他太紧张了，虽然兄弟不容，势同水火，但是他们看来从没有预计过会有这样的场面。所以，李元吉的弓箭竟然再三不彀，就是拉不开弓搭不上箭。还是李世民沉着，一箭射出，箭头穿过李建成的喉咙，李建成当场毙命。这一箭，李建成猝不及防。他愣在那里，只听得一声弦响，接着箭头穿透空气，带着风声，直奔自己而来。就在一瞬间，李建成听到自己喉骨的破裂之声。他的眼睛，应该一直盯着二弟李世民，这个自己的亲兄弟，这个自己的政治对手。在这一刻，他拉弓射箭，动作娴熟，潇洒而轻松。李建成到死都不明白，二弟的箭法，为什么这么高明。这是玄武门事变的第一箭，是由李世民亲自发出的，这第一箭就定了乾坤，解决了最主要的对手。

随着李世民的第一箭划破玄武门清晨浓重的空气，李世民的伏兵众箭齐发，李元吉中箭落马。李建成和李元吉虽然随从不多，但毕竟也有一小队，他们应该有所还击。双方的混战开始，于是出现以下的镜头。李世民的马受了惊，跑到丛林里，被挂到树上，一时间人马受困，不能起身。这不是李世民应有的动作。当他发出第一箭以后，自己也被这一箭吓呆了。大哥的眼睛，好像就没有眨过，一直圆睁睁地看着自己。他眼看着大哥喉咙上插着自己射出的那一箭，一声不响地从马上翻落，再没有动弹。他知道，他的亲兄弟，让自己这一箭彻底送走了。他的内心一定不是滋味，心中方寸已乱，竟然忘记了控制坐骑。当他终于醒过来的时候，马已经被树枝绊住，自己也被困住不能动弹。更没有想到的是，他受困的地点，正好距离李元吉很近。李元吉看到这个情况，立刻奔来，他取了李世民的弓箭，准备用弓弦勒死李世民。双方展开搏斗，千钧一发之际，尉迟敬德一边大喊，一边飞马赶到。李元吉一看敌我悬殊，转身逃跑，他想跑回武德殿。尉迟敬德当然不会放过，立即从他的背后开弓射箭。这是玄武门事变的第二箭，也是非常重要的一箭。这一箭解决了李建成阵营的第二号人物。尉迟敬德和李元吉，是天下最擅长使用长矛的两个人，但是在最后决战时刻，竟然没有长矛，只有弓箭。当初，李元吉发誓要亲手杀掉尉迟敬德，他可能从来没有想到过会有今天这样的场面。这是李元吉人生的最后一个镜头。长箭带着风声，深深地穿入李元吉的身体，李元吉一头跌倒在地。

尉迟敬德是战场上的老手，他在一箭杀了李元吉之后，竟然知道从容取下李元吉的人头。当然，李建成的人头也被取下。李世民和他的伏兵一起，迅速进入玄武门。不久，东宫和齐王府的卫兵也赶到玄武门，开始攻打玄武门。这时，李世民的秦王府是没有设防的，所以当东宫的薛万彻[1]高喊要去攻打秦王府的时候，守卫在玄武门上的将士非常紧张，因为那里太容易受到攻击了。这时，又是尉迟敬德，及时地把李建成和李元吉的人头高高举起，让他们手下的士兵知道首领已死，继续作战没有意义。于是攻打玄武门的李建成、李元吉的军队开始溃散。

这就是玄武门之变惊心动魄的场景。但是，至今为止，我们实际上没有交代玄武门之变的一个重要信息：以上这些活动都是在什么地方发生的？当然在玄武门附近。但是，是玄武门的外面还是里面呢？很多影视作品，都认为战斗发生在玄武门之内，李世民是在玄武门之内设伏的。我认为，战斗是在玄武门之外发生的。首先，李建成他们并没有到达李世民理想的伏击地点，就觉察出了问题，于是拨马回头。李世民于是现身，高声叫住李建成。如果是在玄武门内，李建成就是发觉也没有回头的可能了，因为大门已经在他们的身后关闭了。其次，李元吉曾经想跑回武德殿，结合刚才的拨马动作，这也应该是玄武门外的事情。再次，一定有东宫和齐王府的人跑回去了，所以东宫和齐王府增援的人马很快到达。这也可以看作是事变发生在玄武门外的旁证。因为玄武门的守军在这个时候没有人站在李建成的一边，如果发生在玄武门之内，他们当然不会允许有人再从大门逃出。

玄武门的战事基本结束以后，李世民让尉迟敬德去保卫皇上李渊。这是一个文雅的说法，其实内容要丰富得多。李渊这个时候，正和宰相们在一起，泛舟海池，准备上朝以后讯问所谓淫乱

---

① 薛万彻（？—653）：唐初名将。与兄薛万钧跟随罗艺一起投奔李渊。后进入李建成东宫任武将，为太子一系的重要成员。玄武门之变后，归顺于唐太宗。贞观年间，是唐朝的重要军将。

后宫的诬告。这时候李渊怎会有如此的闲情逸致呢？一定是李渊需要与宰相们打招呼，这一次可不能再心慈手软了。不知道李渊跟宰相们统一思想的工作进行得如何，现在忽然看到了全副武装、满身鲜血的尉迟敬德，大家都知道：出大事了。李渊故作镇静，问：今天是谁作乱？尉迟敬德说：太子、齐王作乱，已经被秦王率兵诛灭，秦王担心皇帝受惊，特地派臣来保护陛下。

李渊还能怎样，他只好痛苦地接受眼前这一切。李渊第一道命令是交出兵权，让李世民指挥天下兵马，同时命令东宫卫士放弃抵抗。既然皇帝下令了，太子已经死了，这些士兵在为谁战斗呢？他们只有放弃战斗。李世民占据东宫和齐王府后，杀掉了李建成和李元吉的所有儿子。在这场战斗中，尉迟敬德当然功劳最大，所以李世民把齐王府的所有珍宝都送给了尉迟敬德。

几天以后，李世民成为太子。两个月后，李世民即皇帝位。秦王府的属官们都成为新朝廷的重要大臣。李渊退位成为太上皇。唐朝在一阵腥风血雨之后，完成了政治权力的转移。

没有玄武门之变就不会有贞观之治。这可以从两个方面来证明。如果李世民不发动玄武门事变，可以肯定，李世民就当不成皇帝。不论后来是李建成还是李元吉当皇帝，都应该是另外一番景象，不能叫作贞观之治。玄武门事变是一个历史惨剧，李世民对此心知肚明。为了减少这件事情对自己名誉的影响，李世民必须用更光明的手段治理天下，用更大的成绩从正面证明自己。这就是说，玄武门事变对于李世民而言，成为一个重要的内心动力，让他更努力地克己复礼，治理好天下。帮助李世民治理天下的能臣众多，但是在帝制时代，最关键的人物毕竟还是唐太宗。

在中国古代，用暴力夺取政权的事件，史不绝书。此类问题深刻的根源在于帝国体制本身，在那种体制下，这种悲剧是难以避免的。然而，在暴力夺权者中，毕竟很少有人能取得李世民贞观之治那样辉煌的成绩。所以，从总体上，后世对于李世民还是充分肯定的。李世民后来那样勤勤恳恳，那样有节制地运用皇权，从而取得出色的治国业绩。在中国古代历朝帝王中，李世民让帝王的权力表现出了优雅，表现出了理性，使中国古典政治智慧的优秀面得到了充分的展示。

玄武门之变，对于贞观之治而言，如同温暖春天前的一个寒夜，如同灿烂黎明前的一刻黑暗。

第九讲　太宗即位

玄武门之变，这是一幕手足相残的人间悲剧，李世民通过政变，获得权力，君临天下，开创了后来的贞观之治。可是，政变发生时，李渊还是皇帝。那么李世民与父亲李渊之间究竟发生了什么事端呢？李世民即皇帝位，是李渊主动让位呢？还是另有隐情？

贞观是李世民的年号，一共延续了二十三年（627—649）。这个年号，来自《周易·系辞》，“贞”的意思是正，“观”的意思是给人看，所以，示人以正，应该是“贞观”的基本含义。通俗地讲，“贞观”的意思就是正大光明。年号是皇帝为时间命名，具有强烈的政治含义。“贞观”代表着唐太宗的时代。

唐太宗李世民在武德九年（626）十月即位，成为唐朝的第二代皇帝。他的父亲李渊，作为没有任何权力的太上皇一直活到贞观九年（635）。李渊与李世民之间的权力交接是怎么发生的？史学界的观点有二，一是高祖让位说，二是李世民夺权说。两个说法的区别在于，让位说是高祖自愿的，夺权说是高祖被迫的。这可不是说说就完的事，这涉及李世民皇位来源的合法性问题。

过程决定结局，要想知道答案，我们必须再次回到玄武门事变的现场。

一 计中计 谋中谋

李世民决定采用军事手段夺得权力，计划的核心是玄武门设伏，杀掉太子李建成和齐王李元吉。在什么地方设伏，在什么时间设伏，这当然是关键的。但是，如何引导太子和齐王上当呢？这当然也很关键。兵不厌诈，李世民的沙场经验再次有了用武之地。

六月三日，李世民向皇帝告发太子和齐王淫乱后宫。这“后宫”所指为谁呢？有一种说法是尹德妃。告发太子和齐王与父亲的嫔妃有不正当的关系，这个罪名是很大的。高祖得到消息，反应是“愕然”，然后答复李世民：明天开会调查，并通知李世民参加会议。

李世民与太子的关系李渊当然知道，但是李世民的这次告发非比寻常，因为其中牵涉皇帝，涉及皇帝的名誉。李世民要搞垮太子，李渊是知道的，但是，他竟然不顾父亲的荣誉，这不是太过分了吗？李渊与其说是惊愕，不如说是愤怒更为贴切。李渊是一个优柔寡断、处事谨慎的人，但这一次很果断。开会就要有结果，李渊对于会议结果一定有把握，不然就不会立刻决定开会。这个会议，一定对李世民不利。此时的李渊，一定是下定决心要彻底解决李世民的问题。

齐王李元吉对这个事情有所怀疑，建议太子不要上朝，先观察一下再说。李建成看来胸有成竹，坚持亲自到场。齐王李元吉没有再坚持，否则，历史一定是另外一种局面了。当太子和元吉按时前往皇宫，接近玄武门的时候，李世民的伏兵突然发动袭击，两人当场毙命。

原来，李世民告发太子、齐王淫乱后宫，其实是他玄武门计划的有机组成部分，不如此就不能调动太子和齐王。中计的不只是太子和齐王，中计的还有高祖李渊，他成了李世民调动太子和齐王的工具。

“淫乱后宫”不过是一种说法，这个说法是李世民调动太子和齐王的计策，并非确有其事，理由有二：

第一，一贯偏向李世民的《资治通鉴》里有个说法值得注意：“宫禁深秘，莫能明也。”这种暧昧不明的态度，表明《资治通鉴》对此也不认同。

第二，李世民根本没有想利用此事搞垮李建成，否则他真有确凿证据，就不用冒险搞什么玄武门政变了，静待皇帝和大臣的调查岂不更加简单？

这是政治斗争，谁下手狠谁就可能赢得先机。也许李渊已经有了如何处置李世民的方案，但是他不知道，青出于蓝而胜于蓝，包括他的愤怒本身，都是李世民计划的一部分。这是计中计、谋中谋，李世民卖了一个破绽，是为了下一个更大更狠的计划。

这样，玄武门事变大概经过两个阶段：首先是引蛇出洞，通过皇帝的手，引出太子和齐王；然后玄武门设伏，杀掉太子和齐王。

玄武门事变，是否到此一切都结束了呢？李世民还有进一步的计划吗？事情自然没有那么简单，通往皇帝宝座的路上还有一个李渊，如何对付他，是至关重要的事情。

二 回天乏术 高祖让位

玄武门战斗基本结束以后，李世民没有亲自去拜见高祖李渊，而是派出尉迟敬德见李渊。关于此事，《资治通鉴》和《两唐书》的《尉迟敬德传》均有记载。让位说也好，夺权说也好，都离不开对这些文字的理解。

《资治通鉴》是这样记载的：

> 上方泛舟海池，世民使尉迟敬德入宿卫，敬德擐甲持矛，直至上所。上大惊，问曰："今日乱者谁邪？卿来此何为？"对曰："秦王以太子、齐王作乱，举兵诛之，恐惊动陛下，遣臣宿卫。"
>
> 上谓裴寂等曰："不图今日乃见此事，当如之何？"萧瑀、陈叔达曰："建成、元吉本不预义谋，又无功于天下，疾秦王功高望重，共为奸谋。今秦王已讨而诛之，秦王功盖宇宙，率土归心，陛下若处以元良，委之国务，无复事矣。"上曰："善！此吾之夙心也。"
>
> 时宿卫及秦府兵与二宫左右战犹未已，敬德请降手敕，令诸军并受秦王处分，上从之。天策府司马宇文士及自东上阁门出宣敕，众然后定。上又使黄门侍郎裴矩至东宫晓谕诸将卒，皆罢散。

这段记载，大概讲了三件事情。第一，玄武门战斗结束后，李世民担心父亲的安全，派尉迟敬德前往保护。但是，尉迟敬德擐甲持矛直接到达皇帝身边，把皇帝吓坏了，一问才知道发生了重大变故。这第一件事情可以叫作武装保卫。

第二，面对如此情况，李渊询问身边的大臣：事已至此，当如何处置？本来询问的对象是裴寂，因为他是宰相，裴寂此时没有出声，反而是萧瑀和陈叔达出来说话了，他们认为本来李建成就没有什么功劳，现在又搞阴谋；李世民功劳大有威望，应该让李世民当太子，把国家的事情全部委托给李世民。李渊的反应很有意思，李渊说：“哦，这正是我的夙愿啊！”这怎会是他的夙愿？这第二件事情可以叫作决议让权。

第三，因为零星的战斗还在继续，尉迟敬德提出让皇帝下手敕，把军权交给秦王。皇帝同意了，让宇文士及和裴矩[①]分别出面宣布。战斗很快就平息了。这第三件事情可以叫作交出兵权。

《资治通鉴》的这个记载，顺理成章。李渊看到事情已然如此，没有回天之术。也就心灰意冷，识时务地交出了军权。后来李世民管理庶政，当太子，当皇帝。在这个关键的时刻，一切都已确定。

那么，满身血污的尉迟敬德，来到高祖面前，其真正目的到底是什么？

尉迟敬德自称是来保护高祖的，这可信吗？我们知道，皇帝正和宰相们在一起，那可是大内深处。平日里，不用说外人，就

---

① 裴矩（？—627）：隋唐名臣。隋末以经营西域而知名，纂成《西域图记》，今已散失。隋炀帝朝，与苏威、宇文述、裴蕴、虞世基并称为“五贵”。后举山东之地归于大唐，在唐朝中央任职。

是侍卫也不能到这里来。尉迟敬德忽然来保护陛下，那么，陛下受到谁的威胁了？李建成他们吗？显然不是。他们要么被杀，要么被阻挡在玄武门外，很多人都开始逃离长安。皇帝这里很安全，根本用不着什么保护。所以，尉迟敬德的这个说法显然是掩耳盗铃。

那么，尉迟敬德到底所为何来？

尉迟敬德来见皇帝的真正目的，不是保护陛下，而是替李世民索要兵权。你也许会问，也不一定啊，战斗不是还在继续吗？他来是为了让皇帝制止战斗的吧。

这个说法不正确。第一，尉迟敬德明确地说出了让秦王处分所有军队，如果仅仅是为了制止战斗，他可以说，请陛下下令，各处停止战斗，而不必要请秦王处分诸军。

第二，当时情况下，真正能够下令停战的只有皇帝，而不是有权力的秦王。我们设身处地想，战斗的双方，特别是对于已经丧失领袖的一方而言，不过是在负隅顽抗，此时除了自卫已没有了其他目标。这个时候，他们最希望皇帝来拉架，不可能信任秦王府。

第三，真正宣布停战命令的是宇文士及（时任中书侍郎）和裴矩（时任检校侍中），而两宫人马也就听从了命令。宇文士及和裴矩代表的是皇帝，而不是秦王。他们宣布的命令应该包含听从秦王指挥，但也有停战的内容，估计还有放下武器、既往不咎之类的承诺。

第四，李世民获得军权，不等于停止屠杀。李建成的五个儿子和李元吉的五个儿子都在这天被杀掉，他们被杀只能是在李世民获得军权、东宫放弃抵抗之后。所以，现在我们可知，李世民派尉迟敬德来索要的是军权，而不是什么停战的结果。而夺取军权，是李世民获得权力的第一步，也是最重要的一步。

同一天，以李渊的名义下达了《皇太子建成齐王元吉伏诛大赦》，其中宣布：国家庶政，皆取秦王处分。这是以皇帝名义下达的赦免令，其实表达的都是李世民的立场。李世民因此获得管理国家的最高行政权力。

有意思的是，在大赦令中划分的时间界限是申时（下午四时左右）以前。很可能，那就是发布大赦的时间。玄武门政变，李世民军队在清晨开始设伏，从战斗打响到最后结束，即李世民全面夺取权力，到申时也已大功告成。

现在我们再看一下之后李世民获得权力的基本过程：

六月七日，李世民正式当上了皇太子。

六月十六日，李渊给裴寂一个手诏表示自己“朕当加尊号太上皇”。

七月，秦王府的主要人马全面掌管军政关键岗位。

八月九日（甲子），李世民即皇帝位。

其实，玄武门事变当天，李世民就获得了军权和行政权，完全控制了朝廷。后来当太子和即位当皇帝，都是走过场、履行手续而已，最最关键的就是获得军权。

现在，我们可以很有把握地说，在杀掉李建成、李元吉之后，李世民的第二步计划就是获得军权，然后才是其他权力。

既然军权如此重要，李渊难道不知道出让的后果吗？那么，李渊是在什么状况下同意出让的呢？他是否可以有其他选择呢？

三　敦煌文献　透露真相

李渊正与群臣在海池泛舟，尉迟敬德出现，他“擐甲持矛”的一身装束把李渊吓坏了，皇帝“大惊”。擐甲持矛，就是全副武装。尉迟敬德擅长用矛，天下无敌，他刚刚从玄武门战场过来，李元吉为他亲手所杀，李建成的头颅也应该是他割下来的。所以，尉迟敬德来见皇帝的时候，很可能是一身血污，满脸杀气。这样的外表，李渊怎能不大惊失色？

李渊大惊之后，问尉迟敬德：“卿来此何为？”这问话应该包含了部分答案，他心中应该是有所猜测。根据《尉迟敬德传》的说法，当尉迟敬德回答是来保护皇帝的时候，李渊的表现是“意乃安”。开始，我读这句话的时候特别不能理解，认为李渊听到两个儿子被杀，还会“意安”，不可思议，一定是史臣乱写。现在明白了，我们从高祖的“大惊—来此何为—意乃安”的整个过程来看，高祖最初怀疑尉迟敬德是来谋害自己的，一听不是，所以才会“意乃安”。

那么，高祖为什么会有这种怀疑呢？看看唐代的相关制度就会明白。我们以贞观时期确实发生的两件事情为例。

贞观元年（627），长孙无忌去见皇帝，忘记解除佩刀，而监门校尉居然也没发现，等长孙无忌出阁门后才察觉。在讨论这个案件的时候，封德彝认为：校尉应该死罪，长孙无忌徒刑两年。后来因为戴胄的强力坚持，没有杀监门校尉。《贞观政要》记录这个事情，是要表彰戴胄坚持法律公平原则。但是，我们从中可以看到，带武器到皇帝身边是很严重的犯罪。监门校尉并不是自己带武器到皇帝身边，只不过是没有发现长孙无忌携带武器而已，即便如此，他也应被判死刑。后来因为皇帝没有降罪长孙无忌而救了他一命。如果像尉迟敬德这样，没有得到许可，携带武器到皇帝身边，会怎么量刑？死刑一定是不可避免的。

再举一个例子。贞观二十一年（647），皇帝去旧未央宫游玩，相关保卫部门没有及时通告，所以一个卫士猝不及防遇到了皇上，身上还戴着佩刀。唐太宗说，这个事情要是交给法律部门解决的话，那就要死好几个人，你赶快离开吧。于是赦免了那个卫士。我们由此便知，一个卫士携带武器出现在皇帝面前，相关人员都会被处死。

我们再回到唐代的法律上。《唐律疏议》有规定，有一种罪行就是阑入大内，凡是不按照合法手续进入皇宫的，无论是溜进去了还是误打误撞迷路进去，都叫阑入。皇帝所在的地方主要是皇宫，也叫大内，如果皇帝在野外，那就是御所，只要是皇帝所在的地方就相当于皇宫，阑入也是不允许的。带着武器进皇宫，或者没有带武器直接到了皇帝身边，这都是犯罪。什么处分呢？是斩刑。唐代死刑分两种，一种是绞刑，一种是斩刑，当然斩刑更严重。

但是，尉迟敬德此后没有受到一点点处分。不仅如此，李世民还把齐王府的所有金银宝物统统赐予了他，使他一时间成为天下首富。这究竟是为什么？历史的迷雾重重，我们还是直言不讳吧。事实是尉迟敬德带了一支军队，用武力把皇上和宰相们全部“保护”了起来。我们当然知道，这个保护的实质，就是囚禁。这是玄武门政变的一部分。然后，尉迟敬德索要兵权，皇帝不得不交出。

以往不管是让位说也好，夺权说也罢，都没有仔细研究尉迟敬德的行为，所以李渊在玄武门事变中曾经遭到囚禁的事实很少有人提到。我们现在不仅明确李世民夺权的结果，而且知道他在杀了太子、齐王后，如何从皇帝手中夺取了所有的权力。

皇帝既然失去了人身自由，他除了交权，别无选择。对于唐太宗李世民来说，尉迟敬德的功劳实在太大了。

于是，我们现在也可以重新为玄武门事件定性，李世民在玄武门事变中不仅杀死兄弟，而且逼迫父皇交出了最高权力。确切地说，尉迟敬德代表李世民，在海池边囚禁了当时的皇帝李渊，逼迫李渊交出兵权。玄武门政变的性质再清楚不过了，李世民针对的不仅是兄弟，还有父皇。

也许有人会问，玄武门事变的许多细节都被后来掩盖了，为什么尉迟敬德囚禁皇帝的这段文字保留了下来？开始我也觉得奇怪，后来发现，这些文字都是记载在尉迟敬德传中，于是恍然大悟。玄武门事变的许多细节需要掩盖，但对于立功的尉迟敬德，他的功劳也需要表白，如果一字不记，等于抹杀了尉迟敬德的功劳。为了一种平衡，只好模糊记录，结果给我们今天留下了探究真相的线索。

这可是天大的秘密，谁都未曾说过的。今天我在这里这么讲出来，难道没有受到什么启发，都是如此推测出来的？不是，我还是受到了别人的启发，只是作者已经不可考了。

这是一篇唐代的小说，是它给了我们重要的提示。

1900年，敦煌莫高窟的一个洞窟被打开，里面珍藏了九百多年前的文献被发现。这就是敦煌藏经洞。这些中国的国宝后来流落到世界各地，其中英国、法国、俄国都是重要的收藏地。英国的敦煌文书是斯坦因带去的，所以他们的编号都用S。而S.2630号文书，是一篇唐代人写的小说。小说没头没尾，但是内容很重要。在中国，学者王国维是第一个研究这篇小说的人，他将它命名为《唐太宗入冥记》。这个古代小说故事虽然不完整，大概的意思还清楚的。玄武门事变以后，李建成和李元吉的鬼魂不散，到冥世阎王殿告状，最后阎王决定抓李世民的灵魂来冥世与李建成等对质。其中，有一个冥世的判官叫作崔子玉，他是辅阳县县尉，一个往来于人间与冥世的人。他看到自己的皇帝来到冥世，知道升官的机会到了。他开始跟唐太宗讨价还价，唐太宗不得已只好跟他搞交易。崔子玉说可以替唐太宗回答问题，但需要唐太宗给他报酬。回答什么问题呢？即“武德七年（玄武门事变发生在武德九年，小说作七年），为什么杀兄弟于前殿，囚慈父于后宫”。唐太宗一看这个问题，立刻傻了，“闷闷不已，如杵中心”，心中像长了块木头。他说回答不了。最后，崔子玉替唐太宗回答了这个问题，大约是大义灭亲之类。于是李世民给了他一个蒲州刺史兼任河北二十四州采访使的大官。小说中，唐太宗的灵魂战战兢兢，因为心中有鬼。最后不得不接受崔子玉的敲诈，顺利通过冥世的拷问。

这个小说的创作年代不清楚，但肯定属于唐代。小说应该是经过了多人不同时期的修改，大概在武则天时期已经成形。小说认为李世民有罪，其中特别清楚地说到他“囚慈父于后宫”。因为杀兄弟的事情记载比较多，软禁父亲的记载一个字都没有。这里的提示告诉我们，唐朝就有这种李世民囚禁父皇的说法。

如果用这种观点来看玄武门之变后尉迟敬德出现在高祖李渊

面前的一幕，很多不清楚的地方就豁然明朗。尉迟敬德全副武装地来到李渊的所在地，应该不是一个人，而是带着一支军队前来。李渊连同他的一班大臣，立刻丧失了人身自由。因为人身自由已经丧失，当然也丧失了控制局面的可能。他们只能按照李世民的要求办事，否则肯定有生命危险。

李渊显得很乖，要什么就给什么。不是他喜欢这样，是因为他不得不这样。已经成了李世民的阶下囚，哪里还有讨价还价的本钱呢？这样看来，李渊退位是形势所逼。高祖确有识时务的一面，但不是我们通常说的主动让权。

高祖被囚禁一个小时与一年，在本质上是一样的。李世民的皇帝位置是从父亲手里强取的，对此，他和父亲都心知肚明。虽然父子二人暂时和平共处，李渊也不愿意挣扎出更大的悲剧，但是，两人的心里是打上结的。李渊还活在人世，他一直默默地在旁边看着李世民治理天下。这对于李世民来讲，其实是另外一种压力。他应时刻提醒自己，父亲在看着。压力即为动力，这是他取得贞观之治的另外一种动力。

李世民终于当上了皇帝，虽然费了很大的力气。治理天下，千头万绪，他最急迫的是什么呢？他应该从哪里开始自己的统治呢？

第十讲　天下和解

李世民通过玄武门之变当上了皇帝。他权力的获得完全是通过暴力夺取的，不仅杀了兄弟，而且囚禁了父亲。李世民与朝廷的矛盾持续多年，从中央到地方，派系分布十分广泛。如今，李世民胜利了，但是胜利者如何面对旧有的矛盾？李世民如何开始他的皇帝生涯？

一　派系斗争　恶性延续

天下治理，千头万绪，李世民要从什么地方开始呢？

李世民开始拥有治权的第一天，就以皇帝名义向全国发布了命令，一方面宣布秦王治理庶政，另一方面宣布李建成等人的罪行，同时也宣布对于余党不予追究。他做出了一个和解的姿态。那么，天下是怎样的一番反应？

当时，各地纷纷都有反应。比如，益州，就是今天的成都，立刻发生了一起大案件。大赦诏书是派遣益州行台仆射窦轨的儿子亲往送达的。益州行台尚书是李世民，仆射是窦轨，窦轨是李世民的老部下，当然是李世民的死党。但是窦轨的手下兵部尚书韦云起[1]，那是一个行伍出身、隋朝时就沙场留名的将军，他们兄弟似乎跟李建成的关系更好。韦云起与窦轨两人平时就有矛盾，现在窦轨有了报复的机会。还有一个叫郭行方[2]的，窦轨也不喜欢。窦轨把这些人召集来开会，说有诏书到。韦云起来了，问诏书在哪儿？窦轨把诏书藏在袖筒里，不给他看，只是说：你要谋反啊。不等韦云起申辩，窦轨立刻命令左右将他抓起来。士兵就把韦云起和他的弟弟等人抓住，一起杀掉了。郭行方一看，拼命逃跑，窦轨就在后面追。那逃命的人，当然用尽一切力量，跑回了长安，没有被追上，保住了性命。朝廷的诏书要求既往不咎，而窦轨却乘机杀害了许多人。这说明秦王与原太子的斗争，虽然因为李建成的死已经基本结束，但是这个斗争在京城之外还在持续燃烧。

无独有偶，幽州也发生了事端。

幽州大都督庐江王李瑗[3]，因为没有什么军事才干，所以朝廷派遣将军王君廓担任他的副手，当时官名叫作长史。庐江王是李建成的人，两人关系密切，在对秦王府的斗争中，李瑗成为李建成很重要的同盟军。李瑗因为知道自己不懂军事，平素里对王君廓十分倚重，凡事都与王君廓商量，还说好了要做儿女亲家。李世民当然知道幽州大都督与李建成的关系，所以玄武门事变之

① 韦云起（？—626）：隋朝法律官员。唐时因弟弟庆俭、庆嗣属太子建成一派，被窦轨借机杀死。

② 郭行方（生卒年不详）：唐代军将。平息眉州叛乱有功。与韦云起一同和窦轨结仇。窦轨借机报复，杀死韦云起。郭行方逃回长安。

③ 李瑗（588—626）：李渊的堂弟，唐庐江王。官至幽州大都督。与李建成、李元吉兄弟合流，玄武门之变后阴谋在幽州起兵，未遂被杀。

后，专门派崔敦礼[①]作为敕使前往幽州，召李瑗回长安。李瑗知道出大事了，可能李建成已经失败，但是详情不明。面对朝廷的使者，他万分慌张，于是找王君廓商量怎么办。王君廓希望通过出卖李瑗立功，于是劝他起事，说：大王要入长安，没有保全的可能。现在你拥有一支几万名士兵的军队，为什么要听任别人摆布？于是，王君廓与李瑗抱头痛哭。李瑗说：今天我就把性命托付给你了。接着采取行动，把崔敦礼关押起来，还招来燕州刺史王诜一起商量。王君廓见李瑗中了计，心里乐开了花。

李瑗手下的兵曹参军，认为王君廓这个人不值得信任，应该早日除掉，让王诜执掌军权。李瑗对于这个说法即便认可，也没有执行能力。但是，他们的议论却被王君廓知道了，于是王君廓抢先采取行动。他先去找王诜，王诜刚刚洗浴出来，手握头发来见王君廓，还没有弄清楚怎么回事，王君廓便手起刀落，砍了他的脑袋。然后王君廓提着王诜的头颅出来对士兵说，王诜和都督李瑗一同谋反，现在王诜已经被我杀了。你们是跟随李瑗造反引来灭族之灾呢，还是跟我一起立功取富贵呢？大家同声响应。于是，一千多人赶到监狱，先释放了敕使崔敦礼，然后一起去找李瑗。李瑗身边几百人身穿盔甲要出来搏斗，王君廓说：李瑗谋逆，你们要跟他吗？大家一听，全散了。李瑗大骂王君廓，说："你这个小人出卖我！"王君廓上前勒死李瑗，传首长安。王君廓因此立功，接替李瑗，成为幽州都督。

王君廓的阴谋之所以能够得逞，也是利用了李建成与李世民的旧有矛盾。

---

① 崔敦礼（596—656）：唐初著名的外交家。曾多次出使安抚西北少数民族，并随李世勣抗击北边入侵的游牧部落。

不仅是益州和幽州，其他各地都程度不同地发生了此类事件。比如，李世民当了太子以后，再次重申原来大赦的内容，对于原来的东宫、齐王府官员不予追究，但是各地抓获东宫或者齐王府官员的时候，还是将他们押往长安。

李世民在玄武门事变之后，很想实现和解。道理很简单，矛盾只会让统治出现问题。但是，与此同时，两个阵营的矛盾斗争已经持续了很长时间，在秦王府官员看来，仇恨这个习惯已经养成。就在玄武门事变的当天，就有人主张对两宫人员进行彻底清算，他们大概有一份一百人左右的清算名单。秦王府内部分成两派，多数人主张斩草除根，要清除这些余党。尉迟敬德是最坚决的反对派，他反对继续追击。他的观点很鲜明：罪魁祸首既然已经伏诛，如果继续追击，会造成社会的不安。他的原话是："罪在二凶，既伏其诛。若及支党，非所以求安也！"史书记录他的观点时，用了一个"固争"的词汇，表示态度十分坚决。那么，他固争的对象是谁呢？应该就是决策者，当然就是李世民。尉迟敬德能在如此关键时刻想到安定，真是难能可贵。当时大家已经杀红了眼，恐怕李世民和身边的重要谋臣们都忘记了形势已经改变这个大局。

李世民既然经过尉迟敬德的坚持，决定不再追杀，于是以皇帝的名义下诏大赦天下。这是六月四日的事情。但是，随后发生的益州、幽州事件表明，要天下特别是官场接受这个诏书，立刻实现和解是很困难的。派系斗争的习惯在恶性延续。

李世民要实现天下和解，应该怎么做？这是作为新的国家实际领导人面临的重大考验。

二　安定天下　争取民心

旧有的矛盾还在继续，如果不和解的话，究竟会乱到什么程度，那是不可预料的。原来李世民是秦王，现在他掌管了大权，很快就要君临天下了，他要全局考虑，所以必须和解。很快，李世民采取了一系列的措施，安定天下，争取民心。

第一条，就是立刻宣布停止佛教、道教的改革。武德九年（626）四月的时候，唐高祖李渊采取了一个新政策，就是淘汰佛教和道教的僧人。淘汰的比例非常高，天下诸州，每州只留下一个寺院，长安只留下三个寺院，剩下的全部拆掉。每一个寺院里保有一定的人数，其他人一律还俗。这个政策，非常重大。有多少人受影响呢？现在这个数字难以精确计算，但是根据隋朝留下来的数字，度牒当和尚的人一共是二十三万六千二百人，还不包括道教中人，也就是说这几十万的人，再加上道教教徒，总得有三四十万人。这些人都成了李渊改革政策的受害者。他们哪里愿意还俗，当和尚的好处多着呢！现在，新的统治者李世民即位，上来就宣布，关于淘汰僧尼的事儿免了，一切恢复旧制度。就是说原来四千多座寺院，要砍掉百分之八十，现在都保留下来。这事儿有什么意义？为什么要放弃宗教改革的政策呢？改革不是有益于国家的吗？在这个国度里，除了政府是一个非常完整的、发达的组织系统外，最具全国性的组织就是佛教和道教。在那个时候，能够强烈影响社会舆论的，就是佛教和道教。李世民现在急需的不是什么国家的长远发展，他现在最最需要的是舆论支持。

这个政策一经宣布。几十万的佛教和道教中人都成了李世民新政权的天然拥护者，这是可想而知的。

第二条，令百官上书言事，对于国家政策各抒己见。这是针对政府各级官员的政策，让他们各自陈述，实际上就是给他们机会。政府系统，是这个社会上最强有力的系统，利用这个系统，各级官员拥有很大的社会影响。他们对于新政府的态度、立场，当然十分关键。但是，李世民没有简单地给大家封官加赏，而是要他们陈述治理天下的看法，应该是包括对已经存在政策的批评和对未来执政的建议。新领导人表示出谦虚的倾听姿态，这对于那些有想法的政府官员而言，是一个很好的机会。所提意见直达天庭，若被采纳，便可能有直线升迁的机会。在传统的政治系统中，为什么总有这样的呼声，要求广开言路呢？因为这个系统太讲等级，直接批评或建议的机会比较少，所以新的国家领导人的这个政策当然会受到百官的欢迎。

第三条，划清跟老政府的界限。李世民宣布从即日起，释放所有后宫豢养的那些鹰犬，就是皇帝的那些奇珍异宝，下令各地不许再进贡了。这有两个意义：第一，跟过去的政权划清了界限，那都是李渊时代的做法，我们现在不再这么做了；第二，减轻了民众的负担，各地献珍宝，让皇帝吃得高兴或者玩得高兴，但却凭空增加了老百姓的负担。这一举措，人民群众是相当欢迎的。

第四条，释放宫女三千人。这是贞观之治很有名的故事。不让寂寞的宫娥在深深的庭院中度过残生，而让她们出宫各谋生路，去过自由的日子。这是人性化的表现，同时表示新统治者不需要更多人伺候，体现了减少社会负担的决心。

在这四项政策中，前两项是针对具体人群的，后两项是具有普遍意义的。前两项所针对的两类人群，绝对是很重要的，是稳定天下最关键的部分。而争取普遍的人心，当然也意义巨大。重点与普遍相结合，匠心独具。李世民上台的亮相十分漂亮，既有全局视野，又能重点突出。

三　大度能容　化敌为友

天下和解的重心，当然是原来的对立派。既然皇帝的诏书宣布大赦，原来对立的人马一概不予追究，但仅仅不追究就够了吗?

因为新政府不断释放和解信号，很多原来东宫、齐王府的军官都主动从隐藏之地现身。比如，薛万彻也在李世民的一再示好之后从终南山走出来。李世民实践了自己的诺言，认为他们原来的所作所为都是忠于所守，是义士，一律赦免。

薛万彻是东宫的重要军事将领。他从小在幽州长大，父亲即隋朝的名将薛世雄，后来跟了太子李建成，成为东宫的领兵将军。在玄武门战斗那天，薛万彻很勇猛，而且是他提出攻打秦王府的。薛万彻亲手杀过李世民的人，现在李世民真的既往不咎。薛万彻作战勇猛，史称“勇冠三军”，后来屡立战功，封爵郡公，任大将军，还娶了唐太宗的妹妹丹阳公主。丹阳公主曾经听说李世民背后评论薛万彻，说他太土气。公主因此不太喜欢薛万彻，结婚三个月不肯同席。李世民听说以后，特意请两个人来，李世民做东请客吃饭。李世民专门跟薛万彻打赌，赌注就是皇帝的佩刀。皇帝打赌，吸引了所有人的注意，公主也被吸引。她看到李世民和薛万彻关系密切，根本没有一点瞧不起薛万彻的意思，心里自然高兴起来。没有想到，打赌的结果竟然是唐太宗输了，一把镶金带银的御刀由皇帝亲手交给了薛万彻。公主立刻为新婿骄傲起来。于是一场婚姻有了良好开端。其实，唐太宗是有意输的。唐太宗做思想工作的细致可见一斑。

薛万彻是东宫的武官，也是当时著名的将军。唐太宗不但不予追究，还予以重用，这不仅有利于当时天下的和解，也有利于未来天下的治理。薛万彻在后来打败突厥、扫荡吐谷浑、进军辽东的多项重大战役中都立有显赫功勋。所以，李世民的和解政策，不仅收到了眼前的实效，让天下英雄从对薛万彻等人的礼遇上更加信任新政府，也让国家收到长远治理的实效。所谓千军易得，一将难求。从对薛万彻的任用上我们看到，和解政策，不仅仅是既往不咎，而是因材录用。这比大赦诏书中的一切不问，其实是大大进了一步。

同样的问题还表现在对待东宫的文臣上，代表人物就是魏徵。

魏徵是东宫李建成手下的核心成员，他的官职是太子洗马。洗马是东宫司经局的首脑，从五品，专门管理东宫的图书，经常要跟太子讨论学问文章。在李建成和秦王李世民斗争的过程中，魏徵是主张对李世民采取极端手段的人。在玄武门事变的时候，秦王府的人有一份东宫、齐王府左右的百人名单，准备杀掉。后来因为尉迟敬德的坚持，没有实施。我猜想，魏徵应该在这个百人名单中。

玄武门事变后，魏徵没有逃。他就留在长安，准备等死。玄武门事变后，李世民召见魏徵，对此记载最多的是《资治通鉴》，时间是六月十二日。李世民一见魏徵，对他大加指责，说：你为什么离间我们兄弟？听了李世民咄咄逼人的问话，“众为之危惧”，大家都为魏徵感到恐慌。没有想到，魏徵“举止自若”，很坦然地回答说：如果前太子早些听从我的话，就一定不会有今天的灾祸。魏徵竟然如此说话，当场的大臣们一定吃惊不小。但是，李世民的举动却很反常，他不但没有继续追问，反而“改容礼之，引为詹事主簿”，礼遇魏徵，还重用他。为什么呢?《资治通鉴》说，李世民平素就十分看重魏徵的才干。

这段对话，让我费尽心思去理解。李世民为什么开始气势汹汹，后来忽然改变了态度？魏徵为什么态度有些傲慢，但不回避他的责任？他凭什么敢于直言说自己劝前太子杀李世民，而李世民又放过了他？

这是两个武功高手的对话，不仔细琢磨，真是看不懂其中的玄妙。

要想了解这个简短对话的玄机，首先必须明白李建成与李世民斗争的两个根本问题：第一，李建成与李世民的斗争，本质上是对最高权力的争夺，是你死我活的斗争，所以他们两人才是关键，其他人都是附庸而已。追究属下的责任其实没有任何意义。因为这样的斗争，不是别人可以挑拨就能发生的。这是斗争的性质。第二，这场斗争的胜败决定于手段，简单地说，最后的结局决定于谁先下手。先下手为强，是基本道理。李世民先下手，结果胜利。李建成没有先下手，所以失败。

我们再来分析李世民与魏徵的对话。

李世民来势汹汹，让大家很害怕：“你为什么离间我们兄弟关系?”

魏徵呢?根本没有回答这个问题,让李世民的凶猛态度落了空。为什么魏徵不回答这个问题呢?大家记住刚才说的第一条,这场斗争的本质是最高权力的斗争,实际上与别人无关。李世民的这个问话是要搅浑水,是要探魏徵的底线。比如,如果魏徵回答没有离间,或者说你们的关系我离间不了。那都会围绕第一个问题展开。而那是很危险的一个问题。所以,魏徵不回答李世民的问题,直接进入第二个问题,就是这场斗争的手段问题,那就是谁先动手谁胜利的问题。魏徵说,我也曾建议采用同样的手段,但是太子没有听我的话,所以有今天这个结局。

魏徵这么说,表达了两个态度十分重要。第一,我对这场斗争有清醒的认识;第二,我对秦王殿下很钦佩。

魏徵直接进入关于斗争手段的问题上,表达魏徵在这个问题上,甚至比秦王还有先见之明,比秦王更早认识到采取绝对手段的必要性。就此而言,李世民是占下风的。因为同样的手段,魏徵先李世民已经想到了。作为谋臣,这其实就是最重要的才干。

但是,魏徵没有因此骄傲,而是用这条信息表示对李世民的钦佩。为什么?魏徵说自己的正确意见没有被前太子采纳,就是说我这个人在前太子那里其实也不是很受重用。正确意见,现在已经被事实证明。不被采纳,当然是怀才不遇的表现。如果不是前太子,而是秦王殿下呢?我的正确意见当然会采纳,因为事实上你就是采用了和我一样的政策。我如果在您的手下,当然就不会怀才不遇了。

魏徵一方面表达了自己的才干,另一方面表达了对李世民的臣服。你们说为什么李世民忽然改变了态度?就是因为他听出了魏徵的心声。很多人当场还在为魏徵担心呢，哪里想到魏徵和李世民都已经交心完毕。魏徵用不屈不挠的态度表达了心悦诚服，李世民能够透过魏徵的态度看到魏徵的心曲，当然也是高人。这是两个武功高手的对话，观众还没有看清招式，两人已经握手言和、谈笑风生了。

这番历史的会话，绝对堪称一景。

这么一分析，大家可不要因此小看了魏徵。魏徵用不卑不亢的态度赢得君主的尊重，因为魏徵富有智慧，深明李世民心理，所以后来魏徵总是比别人更能劝解李世民。两人是真正的高手，他们两人能沟通的问题别人甚至无法理解。

李世民重用魏徵，是贞观之治最精彩的一笔。李世民从此获得重用仇敌的美名，魏徵也得以施展才华为国效力。贞观之治的美名，如果没有魏徵，简直无法想象。在决定任用魏徵的同时，李世民宣布原来的东宫旧党韦挺、王珪也一并召回任用。

在《资治通鉴》中，叙述不杀魏徵之后，就是李世民政府宣布广开言路和杜绝天下贡献、释放鹰犬的新政。没有人说是谁出的主意。我很怀疑，这就是魏徵献给李世民的第一道礼物。天下和解，重在争取人心和官僚队伍的支持。魏徵是一个了不起的政治家，这样的主意完全有可能出于他的思考。

四　魏徵出使　天下归心

魏徵献给李世民的第二个礼物就是出使河北。如果说魏徵的前一个礼物还不能肯定的话，那么这第二个礼物则是实实在在的。

出使河北为什么重要呢？因为河北一直是唐朝的问题地区，也是最有可能发生危险的地区。此前有窦建德，然后有刘黑闼，刚刚又发生庐江王李瑗事件。加上不断地有河北的地方官把前东宫和前齐王府的人押送到长安，弄得人心惶惶。所以，安定河北几乎就等于安定天下。

为什么要派魏徵出使河北呢？因为只有魏徵是最佳人选。虽然不少人担心放虎归山，但是李世民力排众议，起用魏徵。

魏徵本人就出生在河北。窦建德控制河北的时候，他也当过窦建德的大臣。李建成镇压刘黑闼的时候，就是因为听从了魏徵的建议瓦解了刘黑闼的军心。魏徵在河北素有威望。不仅如此，魏徵还是原东宫的核心人物，现在来宣布和解政策最有说服力。既然魏徵等文臣、薛万彻等武将都归顺了李世民，原来两个阵营的冲突也就消失了。李世民收编两宫人马，不仅使和解政策得到了彻底执行，也为今后治理天下增添了生力军。

魏徵出使河北，确实完成了天下和解的使命。魏徵在河北期间，正好遇到地方官押解前东宫的人去长安，魏徵坚持就地释放。他说：这个事儿我们要对太子负责。你想想，这个人被一路押往长安，就像一路游行一样。走到哪儿，人们都知道，这是前东宫的人给抓住了。即使押到长安被太子放了，他这一路上带来的坏影响是很难消除的，这样做不利于和解。魏徵敢于承担责任，就地把人放了。回去后李世民对他大加赞赏，因为这个事情做得很有胆识。河北果然就没有出什么事，对李世民稳定天下来讲，这是很重要的一环。

武德九年（626）十月，李世民即位当皇帝的两个月之后，天下和解的政策已经发生效力，李世民的一颗心安定下来。十月，李世民下诏，封前太子李建成为息王，封李元吉为刺王，虽然名号不是很好听，但是他们还是获得了王的资格。这表示李世民还是承认他们为自己的兄弟。十六年以后，李世民有所改动，追封李建成为皇太子，追封李元吉为巢王。那是后话，有另外的背景。李世民还决定李建成和李元吉以亲王的礼仪正式埋葬。改葬那天，李世民在宜秋门上，哭得很伤心。根据魏徵等人的请求，原来两宫的旧臣都被允许到墓地送葬。魏徵这些东宫旧人，也算对死去的主公有了交代。李世民的宽大，让大家更有决心为新朝廷努力工作了。

天下和解政策，至此完美闭幕。

在这个过程中，我们看到了一位心胸宽大的新皇帝。史书记载，因为李世民的上台新措施，“政令简肃，中外大悦”。皇帝不仅胸怀宽广，而且思维敏捷，有办法，有手段，干净利落。这让天下信心大增。

和解天下，当然大得人心，不过坚决的顽固派还是怀疑到底的。李艺就是这方面的代表。李艺来自幽州，是河北北部最著名的战将。后来跟了太子李建成，封为燕郡王，镇守泾州。李世民当然知道他的背景，虽极力安抚，但他还是不信，最后还是走上反叛的道路。李艺在贞观元年（627）正月谋反。这能否证明和解政策的失败呢？不能，因为李艺的谋反太不得人心，朝廷的镇压军队还没有到达，他就被自己的部下瓦解了，最后在逃亡突厥的路上被随从杀掉。

天下和解政策臻于完美。不过，这只是玄武门事变的善后。对于李世民来说，与治理天下相比，此举不过是牛刀小试。

◇唐太宗像

他与这个时代不期而遇。这个时代因他而登上历史的顶峰，他因这个时代而名垂千古。

◇赤金走龙

赤金走龙为道教投龙仪式中所用法器，投龙致祭是道教科仪之一。唐代道家兴盛自初唐始。李氏皇族奉李耳为祖，道家勃兴。李世民青壮时勇武矫健、英姿勃发，对丹药养生殊不在意。但当生命流逝，走入晚年，长生的诱惑也腐蚀着他的理智，他开始沉迷丹道之术。

◇昭陵六骏之『特勤骠』

『特勤骠』又称『特勒骠』，摹李世民平刘武周时所乘坐骑。御制颂词：『应策腾空，承声半汉；入险摧敌，乘危济难。』『昭陵六骏』为唐贞观十年（636）太宗纪念开国战争中所骑六匹战马而刻。六骏造型生动，英姿飒爽，栩栩如生，千百年后观之依然可感其神韵流动。

◇『青骓』

御制颂词：『足轻电影，神发天机；策兹飞练，定我戎衣。』摹李世民平王世充时所乘坐骑。马四蹄腾空，全速飞奔，战场之激烈，尽在眼前。六骏外形皆由著名唐代画家阎立本所画，再由雕刻家阎立德依形复制，刻于石上。

◇『什伐赤』

御制颂词：『瀍涧未静，斧钺申威；朱汗骋足，青旌凯归。』摹李世民平王世充、窦建德时所乘骏马。六骏石刻边有赞美诗，为唐太宗作，由唐代书法大家欧阳询书写于原石上角。

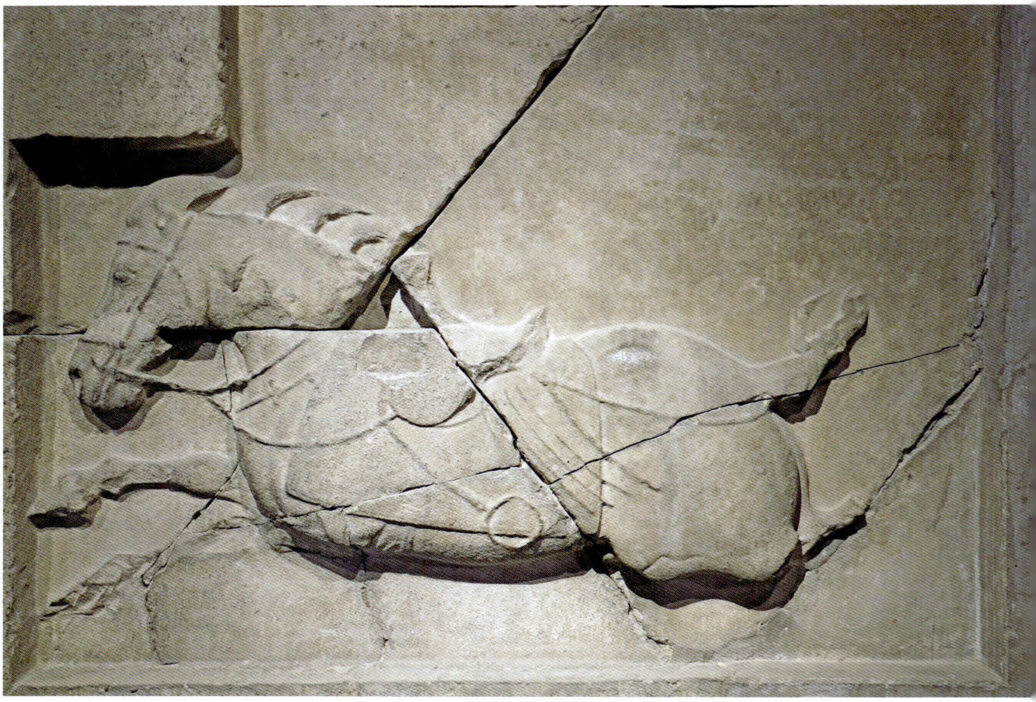

◇『白蹄乌』

御制颂词：『倚天长剑，追风骏足；耸辔平陇，回鞍定蜀。』摹李世民与薛仁杲作战时所乘战马。『昭陵六骏』以上四骏现藏于西安碑林博物馆。

◇『飒露紫』『拳毛騧』

飒露紫颂词：『紫燕超跃，骨腾神骏；气詟三川，威凌八阵。』

拳毛騧颂词：『月精按辔，天驷横行；孤矢载戢，氛埃廓清。』

二骏流失国外，现存于美国宾夕法尼亚大学考古学与人类学博物馆。

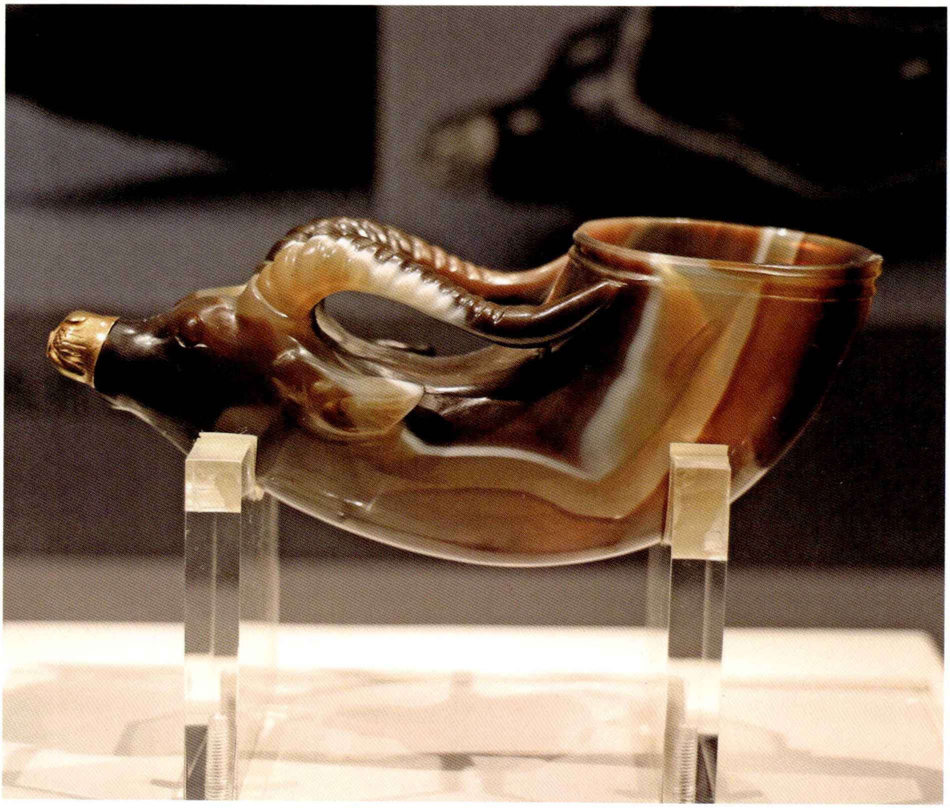

◇兽首玛瑙杯

已发现的唯一一件唐代俏色玉雕，制作工艺极为精湛。《旧唐书》开元十六年（728）记载：『大康国献兽首玛瑙杯。』图中这件珍贵的玛瑙杯也很可能是作为文化交流的『使者』从西域来到中国。它是大唐强大与包容的见证者。

◇彩绘胡人骑马斗豹俑

骑马胡人英姿飒爽，身手矫健。面对一只凶猛的猎豹扑跃上马，胡人在马上侧身抵御，做出反击。胡人、猎豹、骏马三者动静结合，相得益彰。想必原有鲜卑血统的唐朝贵族，在战场或狩猎之时，风度英姿该更有过之而无不及。

◇彩绘胡人骑马带犬狩猎俑

骑士身体侧向左方，左手半握作持缰状。马鞍后蹲坐着一只猎犬，傲娇可爱。胡人右臂高高举起，似正向侧面方向做出行猎指示。从中可一窥唐代贵族出猎时的英姿与风采。

◇三彩载乐骆驼俑

唐代的开放，迎来了世界各地的人们。他们心怀对大唐盛世的浪漫想象，载歌载舞，带来精美的奇珍异宝、美妙的异域文化。国家繁荣是唐太宗对玄武门之血最好的洗涤剂，也是贞观君臣共同努力的方向。

◇三彩骆驼俑

西域行旅远道而来，他们最爱的骑乘便是骆驼。当驼队满载充满异域风情的珍宝行囊进入长安，大唐盛世的气氛里，东西璀璨文明的差异与相同在这里汇聚，相互碰撞、融汇出一片通向盛世的壮丽风景。

◇伎乐纹八棱金杯

八个棱面各有一位乐工，分别执各种乐器。一场歌舞盛会的热闹氛围恍若眼前。晚年的太宗见到四方来朝、国泰民安，是否依然会想起那干脆利落射穿兄长喉部的精准一箭？

◇鎏金龟纹桃形银盘

盘形为桃，盘心金龟。以桃与龟为主题的神话传说众多。道教将桃作为延年益寿、长生不老的贡品。龟在古代也往往与长生不老、预知未来等灵性相关。这件器物令人想见唐人在日常生活中对国运久远、人寿绵延的美好祝愿。

◇瑞兽葡萄羽人纹镜

羽人是中国古代传说中生有羽翅的仙人，渊源很早，在历史演变中逐渐成为得道仙人的代名词。晚年的唐太宗也开始沉迷丹药道术，他是否也做着长命百岁、帝业永恒的梦？

◇三彩三花马

隋末沙场的烽烟已经消散，太宗的六匹战马早已作古并被刻上了浮雕。长安城里到处可见的贵族少年，骑乘的已是这样的华丽骏马。太宗的生命行将走入尾声，贞观的遗产又会由谁来继承？

第十一讲　贞观路线

唐太宗年号“贞观”，历史上称这一时期为“贞观之治”，这是一种至高评价。那么贞观之治是怎么开始的？贞观路线是如何确定的呢？确定贞观路线之后，唐太宗又采取了哪些措施？唐太宗在具体治理国家的过程中，是如何考虑老百姓的利益的呢？贞观之治的治国核心究竟是什么呢？贞观之治究竟是怎样一个治世效果呢？

李世民刚刚接手天下，在天下和解的问题上，处理得有条有理，层次分明，充分显现出一位卓越的国家领导人应有的胸怀和气度，和新的领导集体处理危机的能力。这不仅解决了当时的难题，而且团结了已有的力量，为今后治理天下打下了人才基础和政策基础。史书对此有很高的评价。

天下大乱之后，人心不一。能否治理好国家？这是一个方向性问题。用什么方法治理？这是一个路线性问题。千头万绪，该从什么地方开始呢？这是一个切入点问题。

贞观之治，可以说经过了三个阶段，即定策、实施和见效。

一　王道霸道　治国之辩

天下到底能不能治理好？究竟怎样治理天下？贞观之初，朝廷有一次大辩论，这次辩论决定了贞观时代的政治路线。

李世民是在戎马生涯中闯荡出来的。按他自己的话，他从前是不读书的，喜欢宝马、良弓和鹰犬。可是，当上皇帝后就不能这样了，还必须学习，寻找治国的经验教训。于是，他开始努力学习。聪明的李世民，把与大臣们的讨论，也当成是一种学习的方式。

大概在武德九年（626）十月，即李世民即位之后的两个月，面对天下乱局，对治理前景不敢掉以轻心的李世民和魏徵、封德彝等有过一次重要的讨论。

唐太宗引起话题：天下大乱之后，恐怕治理起来不会很快就见成效的。

魏徵应对：不是这样的，乱后的社会容易治理，就像饥饿的人容易吃饱一样。

唐太宗说：善于治理的国君，取得天下大治恐怕也要百年之后，现在大乱之后，能指望很快达到理想的境地吗？

魏徵答：一般人如此，但是圣人治理天下，上下同心，三年成功已经算是晚的了。这个话孔子说过。

于是，唐太宗被说服了。

这时，封德彝跳了出来。封德彝是仆射，说话是很有分量的。封德彝说：上古以来，人心日益恶化，秦代用法律，汉代王霸之道杂用，不是不想治理好天下，但是做不到而已。魏徵是个书呆子，如果听信魏徵的，恐怕会导致国家败坏混乱。他主张加强统治力度，用严刑峻法。不少人支持他的观点。

魏徵坚决反驳："易代不治"，就是说一个时代有一个时代的统治方法，因此，大乱之后常有大治。历史上的黄帝、颛顼[①]、商汤[②]、周成王[③]，都是在大乱之后达到大治的。如果上古以来人心不断恶化，那么现在哪里还有人类，不都成了鬼魅了吗？封德彝虽然辩论不过魏徵，但反对魏徵的意见。朝臣中多数人其实也不同意魏徵的观点。

这是贞观之治历史上最重要的一次辩论，是事关国家基本政策的思想交锋，也可以说是一次思想解放运动。这个争论代表了唐初的两种统治路线。两种路线，一是王道，一是霸道。前者为仁政，以怀柔治理天下；后者强调法律镇压，用强力统治天下。这两种路线，核心问题是国家与百姓的关系问题。

所谓王道，即强调国家与百姓之间应该和谐共处，当国家政策对头的时候，百姓会积极响应。同时，国家是矛盾的主要方面，国家是源，百姓是流。国家的统治者应该以身作则，引导百姓向善。问题发生的时候，国家应该主要从自身寻找原因，而不是把责任推给百姓。

---

① 颛顼：传说中的古代部族首领，号高阳氏。居今天的河南省濮阳县。他任命手下的两位官员，一位负责祭祀天神，一位掌管民生事务。

② 商汤：商代的开国君主，后世明君的典范。他率领商民反抗夏朝末代暴君桀，史称"商汤革命"。

③ 周成王：西周国王。父亲周武王去世后，以幼年继承王位，由他的叔叔周公旦辅政。在此期间，征服不顺从的邦国，修建东都洛邑（今河南洛阳），大规模分封诸侯，巩固了西周的统治。

所谓霸道，即强调人心不古，风俗恶化，面对如此社会，除了用强力镇压以外别无他法。国家只能采用强力，而且是迫不得已的。不是统治者没有良好的愿望，而是人心恶化不给统治者以机会。很显然，如果国家治理得不好，那也不是国家的责任，而是老百姓自身出了问题。

这种问题的讨论，看起来像是历史学的讨论，其实是对现实问题的反思，即对现实社会的治理朝廷到底有没有信心。主张王道者有信心，而主张霸道者信心不足。当时在王道与霸道的路线之争上，同意霸道的占绝大多数，只有魏徵一人坚持王道。那么为什么坚持霸道的人占大多数呢？贞观路线最后究竟是怎样确定的呢？

这个背景说起来还是挺复杂的。为什么坚持霸道的人很多呢？为什么只有一个魏徵在力顶千钧呢？这涉及北周以来，在中国北方的一个统治集团，叫作关陇贵族。前文讲唐朝起家的时候提过，就是像李渊的祖父李虎一样的那一批将军，跟着宇文泰建立了北周。这拨人都是军事贵族，是靠打仗起家的。他们不重视文化重视武功，建立了北周、隋朝还有唐朝。所以历史学家就把他们命名为关陇贵族。关陇贵族的特点就是能征善战，所以这些人迷信武力，崇尚强权。封德彝的观点就是关陇集团传统的代表。

可是他们不了解，隋朝为何灭亡。隋朝就迷信在武力上，征打辽东，爆发动乱无数，还不知悬崖勒马。因为这是关陇贵族的一套惯性做法，一直到唐初武德时期还是这样。武德时期为什么河北成了一个大问题呢？窦建德被打败活捉，本可以不杀，结果杀了，所以刘黑闼立刻以给窦建德报仇为名号召起兵反唐。就是因为朝廷不会用怀柔的手段。刘黑闼第二次起事，不是魏徵劝太子李建成请兵镇压吗？后来在镇压的时候，李建成接受了魏徵的建议，攻心为上，这是比较高明的。是攻心为上，而不是杀人为上。他把刘黑闼的部下俘虏了，又释放了。然后刘黑闼很快就失去了支持者，不攻自破。攻心为上，还是杀人为上？这不就是王道还是霸道的区别吗？

贞观之初的这场辩论，魏徵一个人抵抗的是关陇贵族多少年的传统，应该说是力挽狂澜。在很多人反对的情况下，唐太宗从谏如流，决定采纳魏徵的建议，采取王道，即以德化民的统治手段和路线。

在这个问题上，李世民自身有一个变化过程，初始是信心不足，后来受到魏徵的启发，开始倾向于王道路线。这种变化十分重要。因为唐太宗后来功成名就和贞观之治的历史地位，都取决于这次政策从霸道向王道的转变，在魏徵的主张下发生的转变。不仅仅标志着唐太宗个人思想的转变，也是关陇集团传统政策的转变。魏徵精通儒家《春秋》公羊学，因为他的坚持，贞观的王道路线得以确立，儒家思想最有代表性的政治实践也因此得以展开。

这就是贞观定策。确定正确的路线是十分重要的，否则就会丧失方向。一个人没有方向都会无法正常发展，一个国家更是如此。思想指导行为，正确路线确定之后，就是如何实行的问题。李世民代表的贞观统治集团，后来果然就按照这条路线走下去。

二　开源节流　与民休息

贞观时代，国家刚刚从战乱中走出来，国力不足，社会贫困。除因战争死亡外，由于各种原因带来的户口流失也十分严重。贞观时期，最多时天下户口只有三百万户，而隋朝的时候是八百万户。采取怎样的措施才能扭转这个局面呢？李世民一班人，选择了开源节流的总体方针。有几件事情，可以看作是有代表性的措施。

释放宫女

李世民掌控权力后，刚刚当上皇太子时，就宣布释放宫女三千多人。贞观二年（628）九月，李世民再次释放宫女。李世民说：

> 妇人幽闭深宫，情实可愍。隋氏末年，求采无已，至于离宫别馆，非幸御之所，多聚宫人，皆竭人财力，朕所不取。且洒扫之余，更何所用？今将出之，任求伉俪，非独以惜费，兼以息人，亦人得各遂其性情。

这次释放宫女，可不是为了安定人心，皇帝把话说得很清楚，一是为了节约费用，二是为了繁衍人口，三是为了顺从人的情性。后一点十分重要，这表明皇帝对民情人伦的重视。“各遂其性情”，就是顺应人性，让宫女们结婚生子，以享天伦之乐。

降封宗室

战争时期，皇帝给宗室很多利益，最重要的就是封爵。亲王之下有郡王，郡王之下是县公。当时因为封王很多，消耗了国家很大一部分财力。而开源节流，就是要减少国家开支，这样就可以滋养民力。李世民显然意识到皇室封王过多过滥的问题，有一次他跟封德彝商量，说：我们今天封王的情况怎么样啊？封德彝说：有史以来我朝是最多的。李世民说：这合适吗？封德彝说不合适，不能“示天下以公”啊。意思是说：李家当了皇帝，国家那么多收入都被你们一家用了，这不是太自私了吗？李世民当即拍板了：削减封王。一人得道，鸡犬升天，这本来就是帝制下的常态。但是，分封过多，违反了李世民“养民”的目标，所以他决定减少封王，主要的办法就是降低郡王，除了确有功劳的以外，一律降等为县公。这样，国家的负担一下子减轻很多。

身为皇帝，也有公私问题。皇族的利益是私，国家利益是公。通常，我们会看到，皇帝对于公私问题最不容易立场分明。损公肥私是主流，因为一己之私而破坏公共利益，最后天下崩溃。这样的事，遍及史书。但是，唐太宗把主次关系看得十分清楚。他没有彻底取消宗室的分封，那样做会出问题。他这是以身作则，从自己家开始，给天下、给臣下做出了榜样。皇帝如此，别人还有什么可说的呢？

合并州县

地方官向有“十羊九牧”之说，十个老百姓由九个官管。贞观元年（627）二月，李世民决定合并州县，划分全国为十道。州县的分割、合并，各个时期都发生过，武德时期、贞观时期都有过。李世民因为“民少吏多，思革其弊”，贞观元年二月，开始了省并州县行动。省并州县，有利于统治，有利于节省民力。李世民考虑更多的显然是后者。省并州县，就会有一批州县官员失业。而总体上，州县官员的数量就会大量减少。拿俸禄的人少了，国家财政负担大幅度减轻，民众的负担也就减轻了。

精简机构

贞观元年（627），唐太宗对房玄龄说："官在得人，不在员多。"命玄龄并省，中央留文武官计总六百四十三员。"当须更并省官员，使得各当所任，则无为而理矣。卿宜详思此理，量定庶官员位。"精简机构，向来是最难办的事，但是因为李世民坚决主张，房玄龄、杜如晦就能够全力以赴，所以顺利完成。房玄龄、杜如晦被后世称为名相，有成语"房谋杜断"流传千古。但是，你看《杜如晦传》，杜如晦在唐太宗即位之初的贞观四年就去世了，为什么留下如此大的名声呢？房杜名相，一是帮助李世民夺得天下，贞观元年表彰功臣，两人都居第一等。二是改革机构，《杜如晦传》所谓："至于台阁规模及典章文物，皆二人所定，甚获当代之誉，谈良相者，至今称'房杜'焉。"为一个时代制定了制度，这是莫大的功劳。

精简机构，合并州县，不仅为唐太宗时代节约了政府开销，降低了政府运营成本，也为唐朝制定了基本的制度，为唐朝后来的繁荣发展打下了良好的基础。特别是这种制度建设，实际上是隋朝以来一直在努力的一个方向。既要承接南北朝的制度，又要完善新制度。从隋文帝以来，经过隋炀帝、唐高祖，都在进行着这个方面的努力，最后到唐太宗时代可以说基本完成。

避免战争

战争是最消耗国力的一件事，不仅要消耗财力，还要牺牲生命。在当时，人力是最重要的财富。益州大都督窦轨奏称獠民造反，请求发兵讨伐。此事遭到李世民的训斥。李世民说：獠民依阻山林，有其风俗，地方长官如果能够抚以恩信，自然率服，怎么可以动辄就大动干戈，渔猎其民如同禽兽，这哪里是为民父母啊。有些地方军事官员，希望打仗，特别是针对弱小族群的战争。只要有战争，他们就可以从中受益。打仗不仅可以立军功，还可以通过物资调配发大财。他们当然没有国家观念，对他们而言，个人升官发财才是重要的。这不符合李世民养民的宗旨，他当然要坚决制止。

有的时候，李世民也会被地方官吏所蒙骗，几乎上当。比如岭南的冯盎[①]，很早就归顺了唐朝，但是很久没有朝贡了。于是，周边的各州就纷纷上报，说冯盎叛乱，前后十多次。李世民渐渐信以为真，决定派兵前往镇压。将军也选好了，岭南周边的十几个州也准备好作战。这时，魏徵出面反对。他认为冯盎叛乱，证据不足。李世民说：这么多州屡次报告，还不是证据吗？魏徵说：如果他要叛乱，应该分兵据险，攻打州县。这么多年都在告状，但是谁见过岭南的兵马啊？李世民说：那为什么不入朝呢？魏徵说：天天告人家叛乱，皇上也不派人抚慰，人家当然不敢来朝了。李世民一听，还是魏徵说得有道理，于是派人出使，安抚冯盎，冯盎立刻派出儿子朝贡。李世民高兴了，说：魏徵让我派遣一个使者，顶得上十万大军。这功劳太大，不能不赏。

地方军事长官喜欢打仗，这里有地方利益问题。李世民能够从上进行全面控制，节省的不仅仅是人力、财力，还获得周边民

① 冯盎（？—646）：唐代初期掌控岭南地区的封疆大吏。隋朝灭亡后，自立为岭南地区总管。622年，归降唐朝。太宗听从魏徵的建议，充分信任冯盎。冯盎平定岭南叛乱，对唐中央政权忠顺不渝。

族的欢迎。不仅作为皇帝的李世民坚持以国家大局为重，魏徵这些大臣也一样能从国家利益出发进行思考。朝廷之上，正气蔚然成风。

北方的突厥到了贞观时期，连续受到沉重打击，先是雪灾，然后是饥荒。而颉利可汗[①]反而增加税收，从而激化了内部矛盾。他又兴兵攻打其他民族，导致更严重的危机。从贞观元年（627）开始，突厥没有力量捣乱了，就不断有大臣建议李世民乘机进攻突厥。李世民都予以拒绝。一方面与突厥有盟约，另一方面要打有把握的仗，节约人力物力也是必须考虑的。

积蓄力量

开源与节流，意义都是一样的，就是积蓄力量。积蓄力量也可以分为两种，政府仓库的积累和社会积累。唐太宗十分重视社会积累。隋朝的教训很明显，这一点唐初的领导人非常清楚。隋朝的教训虽然很多，但是从社会和谐的角度看，主要就是严重的两极分化。当时民间贫困，政府富有，隋末的农民暴动频起，并不是因为国家贫穷，恰恰相反，是因为国家的仓库不肯为百姓打开。著名学者周一良先生在很早就有一个很重要的研究，他认为隋末的农民起义，几乎都是因为饥饿引发的，而打开一个地方政府的粮仓，正好武装一支农民军队。野心家随时都会出现，但是，没有民众的支持，野心家的野心只能隐藏着。那么，民众为什么会支持野心家？因为政府的政策制造

① 颉利可汗（？—634）：东突厥可汗，启民可汗第二子。620年继承汗位。娶后母隋朝义成公主为妻。多次入侵唐朝。贞观四年（630），唐太宗出兵，颉利可汗兵败被擒，东突厥灭亡。死后，陪葬昭陵。

了饥民，制造了暴民，也就制造了野心家实现野心的社会基础。根据唐太宗的说法，隋朝留下的粮食，可供五六十年之用，但隋炀帝反而因此亡国。所以唐太宗的观点是："凡理国者，务积于人，不在盈其仓库。"唐太宗明白，藏富于民比藏富于国还重要。老百姓真正富裕了，安居乐业了，社会和谐了，这个世界就太平了。

唐太宗经常宣布减免赋税，这是进行社会积累的一种方式。

贞观二年（628），唐太宗在全国推广义仓制度，平时积累粮食，专门用于饥年赈灾。这是一种专项粮库，以社会救济为目标。自然灾害难保不发生，关键在于政府要采取措施有备无患，减少灾害带来的损失。《旧唐书·食货志下》记载为：

> 自是天下州县，始置义仓，每有饥馑，则开仓赈给。以致高宗、则天，数十年间，义仓不须杂用。

义仓制度，在稳定社会方面发挥了积极作用。

唐太宗重视人口的增加，除了释放宫女以外，还有其他举措。李世民刚刚即位，东突厥颉利可汗就率领军队大兵压境。李世民表现得很英勇，最后双方结盟，突厥退兵。这是八月的事情，九月颉利可汗就贡献马三千、羊万口。李世民不接受，而是要求突厥放归唐朝人口。到贞观三年（629），唐朝人从塞外等地返还的人口，一共有一百二十万之多。整个贞观时期的户口数只有三百万，每户五口计算，那么一百二十多万口相当于二十多万户。这一下使全国人口总量增加了很多。

三　夜不闭户　路不拾遗

到贞观四年（630）的时候，房玄龄报告，“府库甲兵，远胜于隋世”。与此同时，社会财富积累也到了相当程度，社会治安良好。这一年，天下判死刑的人只有二十九人，刑法几乎停止。夜不闭户、路不拾遗的和谐景象出现。旅行者不用携带粮食，随处可以购买。这一年，唐朝出动军队，解决了东突厥问题，颉利可汗投降。同一年，西北各族君长共奉尊号“天可汗”给唐太宗，从此以后，唐朝皇帝拥有了一个新的称号——天可汗[①]。唐朝给西北各国发文件的时候，都要钤上“天可汗”的大印。

唐朝的这些现象，可以概括为：第一，社会治安良好；第二，社会道德水准提高；第三，消灭外敌，赢得国际信誉；第四，社会与国家都有了相当的财富积累；第五，基本制度都建立了起来。

贞观四年（630）的这些成就，成了贞观之治最有代表性的一组经典镜头。

唐太宗还很感慨地说，真希望封德彝能够看到这些。因为封德彝在跟魏徵的辩论后，在贞观元年（627）已经去世。事实证明了魏徵的正确。

我们总结贞观时期治理天下的业绩，可以很清楚地发现，唐太宗是如何开始，怎样一步一步前进的。

---

① 天可汗：唐代西北各族君长对唐太宗的尊称。我国古代西北各族君长称“可汗”，为表示对太宗的拥戴，故尊他为“天可汗”，后来成为西北各族对中国皇帝的尊称。

首先，唐太宗从自己的身边推行王道路线——释放宫女。宫女是伺候皇帝、皇后的，专门从事后宫的各种劳作。减少宫女的意义很多，我们已经交代，但是宫女的问题，几乎是最贴近皇帝、皇后日常生活的。其次是减少分封，削减皇室的费用。这是皇帝家里的事情，减少本家族的供应，以节省国家财力，节约民力。在大我和小我之间，国家是大我，家族是小我。唐太宗不是损大我以肥小我，而是削减小我滋养大我。然后精兵简政，压缩中央政府官员；合并州县，压缩地方官员。我们可以清晰地看到唐太宗推行王道的线路，正是一个由近及远、由此及彼的过程。

也许有人会说，唐太宗压缩的还是别人，其他的小我，而他自己的费用有什么压缩呢？大家都知道太宗的皇后是长孙氏，长孙氏的节俭是有名的。“后性尤俭约，凡所服御，取给而已。”

唐太宗自己的故事也有许多，这里讲一个故事。

有一年除夕，唐太宗决定“奢侈”一下。他让宫中点起蜡烛，燃起明灯。宫中一片灯火辉煌。唐太宗心里很高兴，陪同萧皇后一起观赏。萧皇后[①]是隋炀帝的皇后，从突厥归来。唐太宗大约有炫耀的意思，很自豪地对萧皇后说：你看这些灯火，比隋炀帝时候怎么样？萧皇后笑而不答。李世民很着急，希望有一个自己满意的答案，就追问萧皇后。萧皇后无奈，便说：一个是亡国之君，一个是开基之主，当然会大为迥异。这样的回答，更让李世民不满足。你就说说，隋炀帝是怎么做的？萧皇后说：隋炀帝的时候，每到除夕，殿前要设置火山几十座，每座山都由沉香

① 萧皇后（566—648）：南梁孝明帝萧岿之女，隋炀帝皇后。因生辰不详，被寄养在贫困的舅舅家里。后嫁与隋炀帝，生二子。隋亡，投奔东突厥可汗之妻隋义成公主。东突厥灭后，老死于长安。

木堆积而成，燃烧以后，再用一种叫作“甲煎”的油料喷洒，火焰好几丈，香闻几十里。一夜之间，要用沉香木二百多车，甲煎二百多石。炀帝的住处是不用膏火照明的，用的是一百二十枚夜明珠，明晃晃的，如同白昼。陛下房间里用的是柴木，燃的是膏油，只觉得烟气熏人。

李世民是怎么回答的，没有记录。但是，李世民与隋炀帝，同是皇帝，在奢华方面，根本无法相提并论。李世民要达到隋炀帝这样的奢华水准难吗？当然不难。这叫作非不能也，是不为也。

李世民的贞观路线，为什么是一个由近及远的过程？这就是典型的儒家政治。政治是什么？孔子说就是行得正，“政者正也”。对于统治者来说，其身正，不令自行。人民群众的眼睛是雪亮的，如果统治者自己没有起到表率作用，天天纸醉金迷，却号召人民艰苦奋斗，这样的命令又有谁会执行呢？百姓不信任统治者，这天下如何能治理好呢？

第十二讲　皇帝纳谏

太宗纳谏，是贞观之治的一道风景线，最为后世推崇景仰。唐太宗李世民从谏如流，大臣们对他也是知无不言，积极进谏。向皇帝进谏的内容，上到军国大事，小到君王的一举一动，有的进谏还会涉及李世民的私生活。可是很多的逆耳忠言连一般人都很难接受，作为威武严肃的唐太宗李世民为什么能够从谏如流呢？李世民纳谏究竟需要克服怎样的障碍呢？大臣们又为什么会敢于向掌握生杀大权的皇帝进谏呢？

一　大我小我　取舍艰难

皇帝纳谏，是要善于听从臣下的规劝，改变自己的主张，难度来自多方面。

第一，人性的弱点。一般来说，帝王纳谏之难，大概有两个方面的原因。从人性的一般意义上说，纳谏有颜面、尊严的问题。愿意听表扬，不愿意听批评，这是人之常情，也是人性的弱点。平常人有这样的弱点，帝王更如此，听到表扬就欣欣然，听到批评就觉得有失颜面。

第二，权力的弱点。从政治环境来说，君臣之间，势若天隔，如果君主总是听从大臣的意见而改变自己的主张，似乎有损君主的权威。人们一般相信，权力的高低与人的能力大小成正比，权力的不平等使上下之间的沟通非常艰难。如果君主曲己从人，会被认为是能力弱的表现。而向上提不同意见，是古今为官的难题。

第三，公私纠葛。不论是皇帝还是大臣，他们都是担当公职。于是，在每个人身上，都会出现一种内在矛盾，公职的要求可以叫作大我，个人的利益和情感可以叫作小我。皇帝作为国家的代表，当然要考虑全社会，考虑政府信誉，考虑国家利益。但是，皇帝也是人，所有人的弱点他都具备，比如个人的荣誉感等。因为皇帝拥有最高的权力，他的公私冲突最不容易解决。因为职位越高，越容易自我膨胀。因此，帝王如果不能摆正自己的公私关系，公共权力会成为阻挡一切言论的万里长城。

既然君王纳谏有难度，那么唐太宗是怎么做到的呢？就唐太宗而言，他也是凡人，有人性的弱点，他又是皇帝，也难免有权力的弱点。唐太宗能够虚心纳谏，名载史册，是因为他拥有克服这些弱点的大魄力。这魄力来自两个方面，一是强大的动力，二是超凡的能力。

二　君臣同心　以史为鉴

唐太宗纳谏的动力，我以为，有三个方面的因素需要考虑。

第一，李世民的皇帝宝座是夺取而来的，是逆取，不是顺接，是不合法的。他父亲健在，天下人无不知晓。加上之前血腥的玄武门之变，他的心理压力是很大的。他只有把天下治理得更好，才能够改变历史和民众对他的负面评价。这就是说，玄武门之变，成了李世民必须治理好天下的巨大压力，压力转化为动力，使得他有更迫切的求治需要。治理天下，需要更多人的智慧，纳谏就成了动员臣下群策群力的重要途径。

第二，李世民和他的大臣都经历了隋朝，隋朝是中国经历魏晋南北朝的长期分裂后最重要的一个统一王朝。他们都是隋朝灭亡的见证人。隋炀帝如何把一个强大的国家毁于一旦，大家都亲眼所见。其中，隋炀帝护短拒谏是大家共同的认识。避免重蹈隋朝的覆辙，当然要反其道而行之。贞观君臣经常坐而论道，隋朝的灭亡是他们经常谈论的话题。君臣由此站在一个历史的最高点上反思历史的教训。正如太宗所说，隋朝故事，耳闻目见，教训深刻。

贞观三年（629），太宗谓侍臣曰：

> 君臣本同治乱、共安危，若主纳忠谏，臣进直言，斯故君臣合契，古来所重。若君自贤，臣不匡正，欲不危亡，不可得也。君失其国，臣亦不能独全其家。至如隋炀帝暴虐，臣下钳口，卒令不闻其过，遂至灭亡，虞世基等寻亦诛死。前事不远，朕与卿等可得不慎，无为后所嗤！

这就是君臣一体的理论。一是君臣共治天下，二是君臣利益共同。这个结论哪里来？就来自对刚刚过去的惨痛历史的深刻反思。前车之鉴，后事之师。所以唐太宗跟大臣们说：在纳忠谏、进直言这个问题上，咱们一定要慎重啊，否则就要沦为后世的笑柄。

贞观君臣都很注重从历史上汲取经验教训，所以特别重视对历史的研究和整理，中国二十四史中，《晋书》《梁书》《陈书》《南史》《北齐书》《周书》《北史》《隋书》这八部史书基本上都是在贞观时期完成的，占中国古代正史总数的三分之一。魏徵还担任《隋书》的主编。这些史书的编写，就是为了满足当时政治的需要。历史的车轮行至唐初，中国历史的种种基本问题都已经展现出来了，向历史学习，确实可以获得很重要的经验教训。在当时条件下，这几乎是获取治国经验的唯一道路，因为当时的世界各国，互相了解非常有限，可以借鉴之处也不多。

贞观君臣重视对历史经验、教训的汲取，他们站在了历史巨人的肩膀上，所以能够高瞻远瞩，创造辉煌。如果政治家缺乏历史感，不知道自己的时代在历史长河中的位置，不知道未来将走向何方，能指望他创造未来吗？

第三，李世民以军事起家，无数的征战使他成为一名卓越的军事将领。在战场上，指挥权虽然是高度统一的，但是谋划战略战术时，却往往要倾听各种不同的建议。比如在洛阳围困王世充，两军相持之时，窦建德率领大军突然逼近，李世民的军队进退两难。最后，在多数人都是主张撤退的时刻，李世民采纳郭孝恪和薛收的建议围城打援，从而赢得巨大胜利。鼓励大家提出不同的见解，让自己有机会衡量其中利害得失，李世民因此有很多成功的经验。所以，他当了皇帝以后，积极纳谏也就有了良好的基础。

在考虑权力弱点的时候，通常我们都会忘记另外一个重要原则：吸取别人意见是更高能力的表现，承认自己的不足，是更强自信心的表现。李世民当皇帝是在取得过许多胜利之后，他跟一般的皇位继承人不同，他作为一名功勋卓著的帝王，不用担心臣下与自己争锋。他的能力和自信历史已经证明了。所以他在克服别人难以克服的人性弱点和权力弱点上，拥有了先天优势。有一次，李世民问魏徵：什么样的皇帝是明君，什么样的皇帝是暗君？魏徵的回答是一句千古名言：兼听则明，偏信则暗。其实，唐太宗已经从兼听中获得很多益处了。

明太祖朱元璋因为是农民起义出身，来自下层，当过和尚，也当过"强盗"，加上文化水平比较低，所以有很强的自卑感，常常怀疑大臣在讽刺自己。他能很好地纳谏吗？他的障碍显然更多。清朝皇帝，入关之初，意气风发，努力学习，但是怀有很强的民族自卑感，因为怀疑汉族大臣瞧不起自己，所以后来文字狱大行其道。

那么，唐太宗就没有遇到哪个进谏者，直言不讳，让自己忍受不了，下不来台，甚至龙颜大怒的时候吗？在这样的时刻，唐太宗是如何克服自我，解决具体的冲突的呢？

三　从谏如流　理性行政

克服自己的心理障碍，不能靠外在的力量，这需要自身的能力。唐太宗在这方面确实出色，至今我们仍能感受到他的宽容和自信。

贞观四年（630）的六月，李世民发了一道命令，说以后朝廷总需要去洛阳为政，因此要修建洛阳宫。有一个大臣叫张玄素的提了意见，说是修建洛阳宫，非天下急务，陛下有很多重要的事情要做啊。于是，张玄素开始细数隋朝的历史，这是贞观君臣经常讨论的问题。他们经常拿隋朝做例证——隋炀帝兴了多少土木啊，修长城，修宫殿，修运河。他整天地修，最后隋朝灭亡了。这些宫殿哪儿去了？他用得上吗？用不上。所以皇帝应该珍惜民力，注意节俭。

唐太宗当时非常不快，张玄素的上书和说法，涉及对皇帝的评价。所以李世民问道："你说我不如隋炀帝，那比夏桀[①]、商纣王如何呀？"那时，他肯定是怒火中烧。张玄素从容回答：如果这宫殿非要修下去不可的话，那最后一定是同归于乱。他改变了角度，不是涉及对皇帝的评价而是突出国家的存亡时，李世民也就理解了张玄素的苦心。原来张玄素不是要为自己盖棺定论，而是确实替国家担忧，唐太宗于是承认自己考虑不周，最终改变了态度，并且赏赐了张玄素，马上下令停止修建洛阳宫。

贞观八年（634），中牟丞皇甫德参上言："修洛阳宫，劳人；收地租，厚敛；俗好高髻，盖宫中所化。"皇上很恼怒，对房玄龄等说："皇甫德参想让国家不役使一个人，不收斗租，宫人全是光头，是什么用意？"

皇甫德参是个县丞，最多是八品官。当时，官分九品，八品当然是很小的官员。他也能主动谏议，而且言辞激烈。开始皇帝受不了，以为不符合事实，是讪谤——讥笑毁谤，要将他治罪。魏徵解释说，自古以来，上书皆言辞激烈，否则不会引起君主的注意，看起来如同讪谤，其实不是。皇帝明白了，下令赏赐皇甫

① 夏桀：夏朝末代国君。暴虐荒淫，激起商汤起义。兵败，死在今安徽巢湖地区，夏也随之灭亡。

德参。过了几天，魏徵又说，近来皇帝纳谏，心胸不如从前豁达。李世民立刻知道魏徵说的是什么事情，干脆提拔皇甫德参当了监察御史。

对于皇甫德参的进谏，李世民感情用事，发火了。他认为皇甫德参的话言过其实，总不至于让国家不收税吧。如此不负责任地攻击国家，攻击皇上，不是诽谤是什么呢？但是，经过魏徵的解释后，皇帝不但没有处分皇甫德参，而是两次嘉奖，一次赏赐绢，一次提升为监察御史。在这个过程中，李世民的心理发生了怎样的改变呢？是什么让他做出了这样的改变呢？

第一，魏徵的解释有一定道理。进谏者言辞激烈，不是为了攻击皇上，而是为了引起皇上的注意。这样，理性地理解对方的动机，从而化解了所谓攻击的问题。他既然没有这样的动机，自然不该从这个动机出发去处理他。第二，通过魏徵的再次进言，太宗明白了一个更大的道理，纳谏本身比具体采纳意见与否更重要，因为纳谏能证明帝王的胸怀，能证明君臣关系的良好，能保证宽松的气氛等。这样，唐太宗的认识有了飞跃，他不再局限于进谏的言辞，而是超脱出来，发现纳谏的真正意义。

理性地对待具体问题，这很重要。充满自信，这对于当权者尤其重要。唐太宗也有暴露人性弱点的时候，但是他用自己的理性和自信，虚己怀人，从容纳谏。还记得慈禧的话吧："谁让我一时不痛快，我就让他一辈子不痛快。"如果唐太宗如慈禧一般处理问题，那么他就不会成就如此伟大的功业。

很多时候，我们的语言沟通有障碍。在这件事情上，我们都看到唐太宗是如何克服人性的弱点，首先一定要从动机上善意地理解，其次就是要超脱地看事情，包括纳谏的具体事情。只有超脱出来，才能看到事情的原貌，才能发现更重要的方面，这时看问题会更真切，就不会太急躁，太感情用事，或太自以为是。所以，我觉得唐太宗纳谏如流，跟他的心理素质是有关系的。他虽然经常会动感情，但是对待朝臣还比较理智。这是贞观时代最重要的一个特征，即理性行政。俗语云，伴君如伴虎。李世民贵为一朝天子，臣子进谏，若惹恼了圣上，搞不好是要掉脑袋的。自信豁达若李世民，是如何鼓励臣下进谏的呢?

一是唐太宗经常发布要求大家献言献策的命令，四品以上都要提，不提还不行。皇帝让提意见，也不能无中生有乱提，可提不出来怎么办呢？将军常何[①]没文化，对这事一筹莫展。他家有个房客叫马周[②]，是一个文人。常何就求他，说你帮我给皇帝、朝廷提点意见。马周满腹经纶，哗哗哗写了二十多条。这意见以常何的名义呈上，皇帝一看，常何的文章写得真不错，问题提得也好，就对常何说，真是没想到，原来你深藏不露啊。常何就实话实说，那根本不是我写的，那是我们家房客马周写的。皇帝赶快派人请马周，派人去了，不到，再请，还不到，再接着请，李世民非要尽快见到这个人。后来马周来了，跟皇帝深夜恳谈。马周做事漂亮，提出了不少建议，改善了长安的环境。后来他官越当越大，一直官至中书令，就是皇帝的秘书总长，成为宰相。

二是强化谏官功能。谏官是专门给皇帝提意见的官员：包括谏议大夫、左右拾遗、左右补阙等。谏议大夫官职为正五品上，

① 常何（588—653）：唐初重要武将，最初是太子建成的部将，玄武门政变之前被秦王李世民收买，事变当天协助李世民杀死太子建成和齐王元吉，成为李世民登基的重要功臣。

② 马周（601—648）：唐初文臣。孤贫好学，尤精诗传。在长安是常何家房客，代常何起草奏疏，被唐太宗赏识，授予官职，因辅佐有功，官至宰相之位。

他的责任是“侍从赞相，规谏讽喻”，就是跟在皇帝身边，提出赞同或者反对意见。魏徵就是谏议大夫。贞观元年（627）春正月，李世民下令：“自今中书、门下及三品以上入阁议事，皆命谏官随之，有失辄谏。”就是说皇帝跟宰相们讨论问题的时候，谏官都要跟着的，也要一起参加讨论。谏官参与朝廷的最重要会议——御前会议，能够了解朝廷的重要政策，所以可以随时提出意见。隋炀帝取消谏官，而唐太宗如此重视谏官，真有天壤之别。

三是强调各个部门要各尽其职。不同意见一定要充分表达，特别要求官员尽职，要动脑子。反对上下雷同，包括对皇帝的命令制敕的意见，也不能保留自己的意见。唐太宗认为，人人照顾面子，谁也不说真话，日积月累，就会出大问题。难违一官之小情，顿为万人之大弊，最终会导致国家祸乱。

相关制度的建设，是保证纳谏理性能够延续下去的重要措施。强化谏官功能，强调官员各尽其职，都是制度设置，而从制度上保证或者鼓励进谏显然是更长远的措施。那么，唐太宗纳谏如此，到底取得了什么样的效果呢？

四　下情上达　广开言路

皇帝纳谏是下情上达的一个渠道，从而为国家决策提供更广阔的背景和资料，使得决策更有针对性，更符合国情。张玄素谏止皇帝修建洛阳宫，就是让皇帝知道民间还是很困苦，应该重视节约民力才对。

贞观六年（632），天下治理初见成果，周边民族和其他国家纷纷入贡。农业连年丰收，还出现了许多祥瑞之兆。于是不少大臣纷纷要求封禅泰山，告功于天。皇帝祭泰山，是古代一种最重大的仪式。秦始皇以来，几乎成为皇帝治理天下成功的标志性活动。唐太宗也很高兴，因为这是自我肯定的一种表达方式。但是，魏徵坚决反对封禅。太宗不断追问，魏徵最后回答，天下虽然已经取得很大成绩，但是还远远不够，如同病人的疾病已经去除，但因患病太久，体力还没有恢复，所以不堪如此剧烈的活动。太宗点头称善，于是停止了这一计划。

太宗君臣通过这种充分讨论，不仅商议了封禅活动是否举行的问题，还明晰了国家现有的国情，从而更有利于制定正确的方针政策。

唐太宗很欣赏一句话："天下者，非一人之天下也，天下人之天下也。"他十分强调君臣共治。如何实现这一点呢？除了上下尽职尽责以外，皇帝纳谏就是臣下效劳的重要途径。由于皇帝纳谏，贞观时期形成了群策群力的局面。这对于国家的正确决策有着非常积极的意义。一方面减少了国家治理的成本，另一方面提高了治理的效率。同时，臣下的正确意见被采用，也鼓舞了大家积极献计献策的热情，大臣们的价值也得到了体现。

皇帝纳谏，还树立了朝廷和皇帝的威信，增强了民众对于政府的信心。

贞观初年，有一次太宗请客，黄门侍郎王珪在座。当时，太宗身边，有一美人在侧。这个美人是庐江王李瑗的夫人。前面说过，玄武门事变之后，身为幽州都督的李瑗，被自己的部下王君廓所骗，准备起兵造反，结果被王君廓杀掉。王君廓当了幽州都督，李瑗的家室被籍没入宫。唐太宗于是向王珪等人介绍这位美人说，庐江王李瑗，贼杀她的丈夫，把她抢到家中，这样的人，怎么能不倒霉呢？王珪一听，立刻避席，表情严肃地说，陛下以为庐江王做得是对呢还是不对呢？唐太宗说，这种做法怎么能对呢，真是明知故问。于是王珪引用古代齐桓公[①]的例子，说："善善而不能用，恶恶而不能去。"意思是皇帝明知什么是对的，什么是错的，但是却不能改。李瑗用非法的手段抢了人家的夫人，您现在把这个美人留在身边是对还是错啊？显然也不正确。唐太宗可以辩护，因为毕竟他没有杀人夺妻。按照法律规定，罪人的家属没入掖庭，李世民把她安排在自己身边，这当然比在掖庭劳动好多了。可是太宗没有自我辩护，而是"称为至善，遽令以美人还其亲族"。就这样，他把这个美人送回家去了。这其实是很难言的问题，涉及皇帝的私生活。为什么王珪这些人敢于说这样的问题？因为他们有更重要的理由在，什么理由呢？所谓帝王无私，即帝王的所有事情都是公共的事情，都涉及国家的形象。国家的形象比私生活当然重要得多。老百姓听说这事会怎么想？所以贞观时期，大家都很注意帮助皇帝树立一个很崇高的形象，那就是朝廷的形象，就是国家的形象。

再举个例子。

贞观八年（634），唐太宗要娶一位新的妃子，是郑仁基的女儿。郑氏大约十六七岁，容貌出众，无人能比。长孙皇后长期身体不好，而皇帝的后宫还有一个空缺。于是，在长孙皇后的积极努力下，太宗与郑家准备结婚。诏书已出，策使未发。策使就是

① 齐桓公（？—前643）：春秋时的齐国国君，姓姜，名小白。夺取了政权后，任用管仲改革，国力富强。以"尊王攘夷"为号召，多次召集诸侯会盟，成为春秋第一位霸主。

奉皇帝命令到郑家正式宣布婚礼的使节，一般都要由宰相充任。皇宫也已整洁如新，一派喜气洋洋。正在此时，魏徵听到传闻，说郑氏女早已经许配给陆爽，赶快向皇帝报告。魏徵说："陛下为人父母，抚爱百姓，当忧其所忧，乐其所乐。自古有道之主，以百姓之心为心……此人主之常道也。今郑氏之女，久已许人，陛下取之不疑，无所顾问，播之四海，岂为民父母之道乎？"太宗闻听，大吃一惊，立刻下令停止，策使也不派发了，令郑女还旧夫。皇帝结婚这样的大事。哪能说停就停呢？于是众位大臣纷纷出面表示反对。左仆射房玄龄、中书令温彦博[①]、礼部尚书王珪、御史大夫韦挺等都说："郑氏女嫁给陆氏的事情，并不确定，皇帝的结婚大礼已经进行，不可以中止。"那个陆爽也上表说："父亲在世的时候，确实与郑家有往来，也有赠送资财的事情，没有涉及婚姻的事，外人不知，所以乱说。"有了当事人陆爽的强证，大臣们于是纷纷劝进。太宗现在疑惑了，问魏徵曰："群臣可能顺旨，陆氏为什么要这么说呢？"魏徵说："我猜想，他把陛下等同于太上皇了。"太宗问："怎么讲？"魏徵说：太上皇平定京城后，得到辛处俭的女人，很是宠幸。处俭当时是太子舍人，太上皇不大高兴，将他贬官。辛处俭每每心怀恐惧，担心自己性命不保。陆爽可能认为陛下现在虽然可以容他，恐怕日后暗中谴谪，所以反复表明心迹，这倒不奇怪。太宗明白了，于是下敕："今闻郑氏之女，先已受人礼聘，前出文书之日，事不详审，此乃朕之不是，亦为有司之过。授充华者宜停。"承认自己不对，放弃这个婚礼。当时社会上莫不称叹。

---

① 温彦博（575—637）：唐朝初年文臣。山西人，字大临。李世民儿时朋友。隋朝罗艺部下，后来归降唐朝。贞观时，一心为公，官至宰相。

对于男人而言，美女是巨大的诱惑，作为拥有权力的人，即使在这方面有所逾越，也往往被视为人之常情。在制度上，为了保证皇帝子嗣繁衍，所以规定皇帝拥有比较多的嫔妃，这在当时被认为是合情合法的事情。李世民聘郑氏女，朝廷礼仪已经准备好，婚礼已经进行一半，大臣们都积极支持，李世民内心也是希望的。但是，当魏徵提出异议之后，李世民立刻改正，这是为国家的信誉而放弃个人的意愿。这种事情，就是常人也难以办到，而拥有最高权力的君王却能如此，所以令人感叹。

皇帝代表国家，皇帝的形象其实就是国家的形象。孔子说，民无信则不立，意思是说国家的信誉对于民众的支持最重要。这样的事情，不如有些具体事情那样容易进行量化判断，但是无形的信誉，对于国家的意义无比重大。

皇帝纳谏，在朝廷上树立了正气，臣下畅所欲言，君臣关系和谐融洽。这是一种光明的政治局面，即使贞观时代社会并不富裕，尽管当时也有权力腐败，尽管也存在着一定的权力斗争，但是谁也无法否认，贞观时代政治的基本面是正大光明的。千百年来，贞观时代最具魅力的地方，正是它融洽的君臣关系。这种光明、健康的君臣关系，来自纳谏，也体现在纳谏上。

因为良臣上谏，风气蔚然，那些没有真本事依靠拍马钻营的人就没有了市场。贞观七年（633），唐太宗巡幸蒲州，刺史赵元楷让父老乡亲穿着统一的服装夹道欢迎，又专门整修了皇上的驻地，修葺了漂亮的楼宇，暗中还准备了羊和鱼，准备送给皇帝身边的人。太宗知道了，叫来赵元楷，说你的所作所为是亡隋弊俗，你准备了这么多的东西，做了这么多的事情，都是你掏的钱吗？你让老百姓增加了多少额外的负担啊！必须马上改正。赵元楷羞愧难当，几天不吃饭，死掉了。拍马是为了骑马，逢迎领导是为了利用领导，赵元楷的这种伎俩，千百年来屡屡灵验，但是在李世民这里撞了南墙。也只有在贞观时代，赵元楷这样的官员可以羞愧而死，换个年代，像他这样的官员说不定还大行其道呢！

皇帝心胸开阔，亲君子远小人，正派的大臣也心情舒畅。君臣之间相互信任，同心同德治理天下。在两千多年的君主时代中，哪个朝代可以跟贞观相媲美呢？

第十三讲　良臣魏徵

谈到贞观之治，人们首先称颂的是唐太宗的文治武功，其次津津乐道的就是魏徵对皇帝的直言上谏。魏徵先是参加了李密的瓦岗军，后来几经周转归顺了唐朝，进入太子李建成的东宫任职，又陷入太子之争的旋涡中，最后李建成被杀，魏徵被唐太宗收服并重用。他对唐太宗的进谏也成了一段千年佳话，作为君臣关系的典范永载史册。那么魏徵究竟是如何向皇帝进谏的呢？我们后世人从中可以获得什么启示？他对贞观之治究竟有着怎样的影响？

贞观之治的主角是皇帝李世民，而最具风采的大臣当属魏徵。自古以来，谈到贞观之治，人们首先表扬李世民，其次肯定的就是魏徵。不论是李世民还是魏徵，因为共同对创造贞观之治做出了杰出贡献，君臣关系作为典范载入史册，千古流芳。

一　性情耿直　经国之才

魏徵，河北巨鹿人。早年跟随李密，李密投降唐朝以后，魏徵随他一同来到长安。当时，李密的部下在河南、河北还有许多人，魏徵自告奋勇前往招抚，于是出使河北。李世勣等人纳表投诚，就是魏徵说服的结果。但是，李世勣刚刚投降，就被窦建德打败，不得已投降了窦建德。魏徵当时正在李世勣的军队中，无奈一起归降窦建德。后来李世勣找机会逃回唐朝，魏徵却因为在窦建德的本部，一直到武牢关之战，窦建德的军队被打垮，他才有机会逃归长安。接着，被太子李建成收归东宫，官为太子洗马。

魏徵曾写过一首《述怀》诗："中原初逐鹿，投笔事戎轩。纵然计不就，慷慨志犹存。"可见他有远大的政治抱负。但是隋末大乱，真主难求。归唐以后，本来以为可以施展才干了，没有想到又遇到皇室内部的斗争。在李世民与李建成的对峙中，魏徵当然忠心地站在太子一边。太子主动请行剿灭刘黑闼，就是魏徵的主意。在河北，太子实行安抚政策，除刘黑闼之外，他人一律赦免，很快就瓦解了刘黑闼的军心，最后土崩瓦解。这也是魏徵的计策。

但是，魏徵建议太子对李世民采取极端手段，却没有被采纳。李世民因此占了先机，取得玄武门政变的成功。玄武门之变后，李世民不计前嫌，重用魏徵。于是魏徵的满腔抱负，几经辗转，终于在贞观时代得到淋漓尽致的发挥。

《旧唐书·魏徵传》说魏徵其貌不扬，素有胆智，每每进谏，触怒龙颜，他却面不改色。魏徵有经国之才，性情耿直，无所屈挠。太宗和他议政，往往欣然接纳他的意见。魏徵也感激太宗的知遇之恩，总是知无不言，言无不尽。

魏徵的成功，有如下几个方面的因素应该重视。

第一，他来自民间，深知民间疾苦，更能了解百姓心思。

第二，他博览群书，对《春秋》公羊学最有研究，对于"以德化民”的理论和实践，有很高的热情和很强的信心。

第三，他性格刚直，不屈不挠。

第四，他有胆量更有智慧，不仅有进谏的热情，还掌握了进谏的技巧。

贞观十九年（645），魏徵已经去世两年多，李世民御驾亲征辽东失败而归。面对惨痛的结局，他非常懊悔，说：如果魏徵还在，他一定不会让我征辽东，我也就不会有如此惨败。

其实，太宗御驾亲征，很多人是反对的，但是最终没有人能够说服太宗。失败的时候，太宗想起魏徵。大臣们可能也会想到魏徵，因为魏徵给人们留下的最深刻印象就是在关键时刻力挽狂澜，扭转乾坤。

魏徵进谏，是一千多年以来的一段佳话。我们可以用三句话概括魏徵的进谏：敢于进谏、善于进谏、能够进谏。

二　触怒龙颜　面不改色

魏徵敢于进谏，历史上已经留下定论。魏徵为什么能够进谏，在《旧唐书》或者其他史籍中都有记载，大概有两方面的因素。第一，魏徵这个人有治国之才。第二，魏徵性格刚直，有性格方面的因素。还有第三条，就是对唐太宗的知遇之恩。玄武门政变之后，作为东宫的一个重要官员，李世民非但没有杀他，还重用他，这就是知遇之恩。士为知己者死就是这个意思。所以他把自己豁出去了，不管皇帝高兴不高兴，只要对国家好对人民好，这意见我非提不可。

上面只讲了三个理由，其实还有第四个理由，今天我在这里强调的，就是制度性的理由，魏徵是在尽职尽责。李世民一开始任命魏徵在东宫做官，后来很快让他做了谏议大夫，正五品。我们前面已经说过，唐朝的谏官包括谏议大夫，还有左右拾遗、左右补阙等。谏议大夫平时在门下省办公，也参与门下省的工作。魏徵是谏官中最重要的谏议大夫，谏议大夫的任务就是负责给皇帝进谏。担任这样的职务，他不进谏谁进谏啊？这是他的职务要求的。

后来，魏徵很快又成了秘书监，从三品，是负责管理图书、资料的文职。唐朝的宫廷藏书最早是在魏徵的手中丰富起来的。他做秘书监的时候，还参与朝政。这是唐朝官制的一个特点，就是你本来有具体职务，然后给你加一个衔，叫参与朝政。唐朝的重要会议大约有几种，一个是行政办公会议，就是部长级会议，叫“八座议事”，就是六个部的长官尚书加上左、右仆射一起开会。比它再高的就是政事堂会议，政事堂在门下省，这是一个宰相会议。宰相有很多人，凡是有“参与朝政”这种职衔的人都可以参加宰相会议。第三个更高级的就是皇帝的御前会议。有了“参与朝政”这个头衔，既可以参加宰相的政事堂会议，也可以参加皇帝的御前会议。所以魏徵一直未曾离开提意见的职位。贞观七年（633），他当了门下省的长官，叫“侍中”。门下省的工作就是审核皇帝的命令，看它对不对，对了就发给尚书省执行，不对就驳回起草诏令的中书省。为什么魏徵的意见总是那么多呢？因为一直到死，他都是门下省的长官或负责人。

贞观元年（627），右仆射封德彝为检点使，检点府兵。当时兵力不足，封德彝提了个建议，要把十八岁以上的中男，也检点入军。在唐朝，不同年龄的人有不同的叫法，为国家承担的责任也不一样。始生为“黄”，即刚一出生的孩子叫“黄”，黄口小儿就指这个年龄。四岁为“小”，四岁了，就是小孩了，在户籍册上都要注明。到了十六岁，就是“中男”，是半大小伙子了。二十岁为“丁”，就是成年人了，要承担国家的兵役。现在既然形势所需，皇帝就同意了封德彝的建议。敕书发出三四次，魏徵坚持不签署。不但不签署，还要上奏，提出自己的反对理由，大概就是中男身体还没有长成之类。封德彝也不示弱，说中男也有长得很强壮的。太宗于是大怒，继续出敕，魏徵还是不签署。唐太宗没有办法，只好把魏徵和门下省负责人王珪都招来开会。太宗声色俱厉地说：“中男要是身形矮小，自然不会点入军中。若体貌魁伟，当然可以征发。你这么固执，简直不可理喻！”魏徵正色说道：“竭泽取鱼，非不得鱼，明年无鱼。”魏徵是从国家更长远的利益来看待这个征兵问题。你不能把年轻人都点了兵，都点了兵，赋税怎么办？以后再需要征兵怎么办？你不能把人力一下子用完啊。国家治理要有长远规划，不能只看眼前啊。道理很简单，一讨论就明白了。皇帝就立刻下令，禁止下发这个文件。最终，皇帝被魏徵说服，并奖赏魏徵和王珪。

魏徵敢于如此坚持，因为他站得高、看得远，所以他的话才有说服力。

有人也许会说，魏徵担任门下省的官员，是太宗任命的，主要还是太宗用人得当。这么说虽然也不错，但是门下省这个机构，可不是唐太宗发明的，那是历史长期发展的产物。门下省审核诏书，也不是始于唐太宗。唐朝特别是太宗时期的理性行政十分突出，除了太宗本人的开明以外，在制度的设置上最能体现理性精神的就是门下省这个机构。在决策阶段努力减少错误，对于国家健康发展的意义是不言而喻的。错误的决策不算错误，错误的决策实施了才是真正的错误。凡是大面积的国家错误，一定是在决策阶段就出了问题，并得以贯彻执行，最后造成重大后果。加强决策阶段的讨论，就可以从源头上尽量避免错误。

三　寓贬于褒　有理有节

魏徵不仅敢于提意见，而且善于提意见。他能把道理说清说透，还善于因势利导，充分利用表扬的方式达到帮助皇帝改正错误的目的。

贞观七年（633），蜀王妃的父亲杨誉在官衙内竞婢犯法，相关的官员都官郎中薛仁方把杨誉扣押起来调查，但是还没有最后提出处分。杨誉的儿子是千牛卫士，在皇帝身边负责安全保卫工作，于是向皇帝申诉说：“按规定，五品以上官员没犯特别罪行不能被扣押，但是我父亲因为是国亲，所以受到非法待遇，不知道要被扣押到什么年月。”皇帝一听，不禁大怒，说：“知道是我亲戚，还故意刁难。”他自尊心大受伤害，命令将薛仁方杖一百，解除所有官职。杨誉儿子告状，明显是在挑拨，普通官员哪里敢专门跟皇帝亲戚作对。皇帝感情用事，竟然听不出这里面的问题。还是魏徵出来讲话了，他说：“城狐和社鼠都不强大，只是因为它们有所凭恃，所以清除起来很不容易。何况世家贵戚，从来号称难治，汉、晋以来，朝廷对他们都没有办法。武德的时候，他们就已经很骄纵，自从陛下登基以来，刚有所收敛。薛仁方既是国家的公务人员，能为国家守法已经难能可贵，怎么可以随便妄加刑罚到他的身上，让这些外戚的私心得逞呢！这个口子一开，今后一定万端争起，到时候您必然后悔，可是那时就来不及了。自古以来，能禁断这样的事情，只有陛下一人而已。防微杜渐，是国家正常的方法，怎么可以水未横流，便欲自毁堤防?”唐太宗听后，马上接受了魏徵的意见。

我们看到，魏徵批评皇帝的做法，是以表扬为前提的。“自古能禁断此事，唯陛下一人。”这样说，有利于皇帝改正错误，不会让皇帝发生误解。寓批评于表扬之中，容易让领导接受，毕竟领导只有接受之后才能改正错误。同时，魏徵提起武德时期外戚横行的往事，那是因为唐太宗对此亲身经历过，感触良深，所以更容易对眼前的问题有所认识。防微杜渐，在政治中当然重要，但是人们要么放松警惕，要么缺乏认识。魏徵进谏，从立意到证据到劝说角度，都有完好的搭配。既有利于国家未来发展，又有利于皇帝思考，最后有利于皇帝改正。当唐太宗表扬魏徵的时候，魏徵都一定强调，是皇帝引导求谏，所以才敢于进谏。魏徵这样强调，一方面是事实，另一方面是为了突出皇上。这种突出，当然不是拍马，而是给皇帝以鼓励，保证皇帝在正确的方向上继续前进。

给领导、给皇上提意见，是为了什么？如果是为了显示自己的能耐，显示自己比领导高明，那方向就反了，结果也常常会适得其反，那样往往会陷于意气之争。关键在于把事情做好，不是为了显示自己，而是为了共同的事业。这样就能够找到合适的表达方式，这样才算是善于提意见。

皇帝纳谏是着眼于国家的大局，大臣提意见也该着眼于此，只有在大局上君臣一致，才会修改具体做法上的不一致，才能够接受不同意见，选择更好的方法把事情做好。否则就成了朝廷里的勾心斗角和争权夺利，成了朝廷黑暗的一部分。

魏徵被誉为良臣，这是有来历的。

> 贞观六年（632），徵乃拜而言曰："臣以身许国，直道而行，必不敢有所欺负。但愿陛下使臣为良臣，勿使臣为忠臣。"太宗曰："忠良有异乎？"徵曰："良臣使身获美名，君受显号。子孙传世，福禄无疆。忠臣身受诛夷，君陷大恶。家国并丧，独有其名。以此而言，相去远矣。"太宗曰："君但莫违此言，我必不忘社稷之计。"乃赐绢二百匹。

在这里，魏徵辨明良臣与忠臣的区别。良臣当然有忠臣的禀赋和特性，但是两者下场完全不同。忠臣虽然获得美名，但是身死国灭，君主担当大恶之名。良臣是与君主、国家同荣，子孙传世，福禄无疆。这是魏徵的心声，他不愿意得一己之名，而是希望与君主、国家共同荣光。我们很高兴地看到，魏徵的一生证明，他的这个愿望确实实现了。

四　明察秋毫　防微杜渐

魏徵经常提意见，这不是一件容易的事。如果对一个问题缺乏了解，能提出正确的意见吗？不能。所谓没有调查就没有发言权，能够进谏是一种水准，不是什么人都可以随时提出有见地的意见的。魏徵是能够经常提出独特意见的人，没有比较充分的准备，这是谁也做不来的。这就是“经国之才”的体现。

魏徵善于从长远来观察眼前，善于因小见大，重视防微杜渐。

关于征兵问题，封德彝的想法是只顾眼前利益，而魏徵坚持长远利益；关于李泰的问题，魏徵则看到防微杜渐的必要性。

贞观十年（636），因为皇帝很喜欢越王李泰（后来转封魏王），而李泰企图用皇上来压制大臣，特别是魏徵等，他就向皇帝反映，大臣轻蔑亲王。皇帝对众大臣动怒：我要告诉你们，以前的天子是天子，现在的天子是不是天子？以前的天子儿是天子儿，现在的天子儿是不是天子儿？他还说，当初隋文帝的时候，亲王多厉害啊，所有的大臣都遭受过亲王的侮辱。我自然不会让我儿子这样，不会纵容他们，但是你们敢如此不尊敬他！皇帝龙颜大怒，房玄龄等吓得战栗拜谢。只有魏徵颜色不改，凛然而谏，指出没有人敢于轻蔑越王。按照儒家的理论，大臣跟亲王是一个级别的，大臣是为国家做工作，皇帝礼待大臣是应该的，大臣如果有什么地方做得不对，也不容许亲王来侮辱他们。隋朝的例证是负面的，不足挂齿。魏徵的声音甚至比皇帝还大。他说，如果我们现在处于无道的时代，别说亲王，谁都可以横行霸道，可是我们现在是一个开明的时代，有一位有道明君在指挥我们，我们怎么能容许这样的事情发生呢？太宗听了魏徵的话，立刻服气了，说，魏徵“言语理到，不可不服”，我那是私爱，他讲的是公法。于是下令三品以上的大臣，见亲王不必下车行礼。结果房玄龄等人受到太宗的责难，魏徵获得奖赏。魏徵能把道理说透，当然能够服人。

魏徵还能看到常人所看不到的地方。

贞观十五年（641），朝廷遣使者到西域册立叶护可汗，为了节约成本，又让使者顺路到各国购买马匹。魏徵又出来提意见了，说这样做是得不偿失。西域可汗册立是大事，使者专门前往说明朝廷重视。结果使者又去买马，会让西域各国误以为册立可汗是顺路的，可汗是不被重视的。以后朝廷在西域的威信势必受到影响。只要跟西域关系良好，马匹还不是小问题吗？西域甚至会主动来奉献骏马的。“陛下惠及四海，则不求自至，求而得之，不足贵也。”唐太宗只注意节约成本，让册立可汗的使者一身二任，没有魏徵看得全面，没有看到这种“节约”的害处。一经指出，太宗立刻明白了，马上命令停止购马。

我们常说艺高人胆大，魏徵因为总能站得高看得远，能在别人没有感觉的地方发现问题，所以总给人以特别的印象，好像是胆量大，敢说话。其实，能够看清楚问题的各个方面，注意从不同角度提出看法，这是一种发现问题、研究问题的立场，是发现发明的基本模式。

五　耻君不如尧舜

魏徵是贞观时期的重臣，对贞观之治多有贡献。他做事认真，有责任心，办事能力强。他还善于写文章，抒发心中的远大理想，所谓“耻君不如尧舜”，就是这种理想的写照。综合魏徵的贡献，以下几个方面最为重要。

第一，贞观定策，魏徵是设计师。太宗曾经对长孙无忌等人说过："朕即位之初，有上书者非一，或言人主必须威权独任，不得委任群下；或欲耀兵振武，慑服四夷。唯有魏徵劝朕'偃革兴文，布德施惠，中国既安，远人自服'。朕从此语，天下大宁，绝域君长，皆来朝贡，九夷重译，相望于道。凡此等事，皆魏徵之力也。朕任用，岂不得人？"这段话证明，李世民即位之初，关于如何治理天下问题争论不休。很多人上书建议使用霸道之术，而只有魏徵依然坚持以德化民。这件事我们前面已经讲过。太宗的这段话表明，这是一次多方位的辩论，而魏徵与封德彝的辩论不过是辩论双方的代表。

所以，我们说贞观定策，魏徵受到唐太宗的支持而取得胜利，魏徵实际上就是贞观之治的设计师。这样说，并不会掩盖唐太宗的光辉。设计与实施，毕竟是两回事，魏徵有设计能力，并没有实施能力。贞观之治的全面领导者当然是唐太宗李世民。

第二，魏徵是唐太宗的帝师。在贞观群臣中，对唐太宗影响最大的人，就是魏徵。

唐太宗说："贞观以前，从我平定天下，周旋艰险，玄龄之功无所与让。贞观之后，尽心于我，献纳忠谠，安国利人，成我今日功业，为天下所称者，唯魏徵而已。古之名臣，何以加也。"对于臣下的功劳，唐太宗说法很具体，贞观以前房玄龄功劳最大。贞观以后，魏徵功劳最大。具体的功劳是帮助皇帝，尽心尽职地献计献策，帮助我安邦定国，成就我今天的事业，为天下人所称赞，只有魏徵一人。比起古代名臣，魏徵一点都不差。

唐太宗有一次对魏徵说："玉虽有美质，在于石间，不值良工琢磨，与瓦砾不别。若遇良工，即为万代之宝。朕虽无美质，为公所切磋，劳公约朕以仁义，弘朕以道德，使朕功业至此，公亦足为良工尔。”李世民把自己比喻为玉石，而魏徵为良工。很简单，唐太宗这个说法，就是很明白地承认魏徵是自己的思想导师。他自己是玉石，而魏徵是玉工，这个比喻就是说，唐太宗自己虽然有一定的基础，但是不经过魏徵，就不会有今天的成就。他的话，相当于说：我是魏徵培养出来的，没有魏徵的指导，就没有我的今天和今天的成就。

我们这里用唐太宗自己的话来证明魏徵的作用，但是作为皇帝，能够如此坦诚地承认臣下的作用，特别是把自己的成长归功于自己的大臣，这是很不简单的。想一想，不要说皇帝，就是普通的小干部，都很难做到这一点的。但是，唐太宗这个意思反复多次表达，说明他对这个问题的认识是一贯的。

贞观七年（633）的时候，魏徵取代王珪成为门下省的长官侍中，并被册封为郑国公。不久，因为身体欠佳，魏徵请求辞职。太宗说：“朕拔卿于仇虏之中，任卿以枢要之职，见朕之非，未尝不谏。公独不见金之在矿，何足贵哉？良冶锻而为器，便为人所宝。朕方自比于金，以卿为良工。虽有疾，未为衰老，岂得便尔耶？”太宗的意思很清楚：你见我有错，从来都是尽力提意见。你没有看到金矿吗？如果没有采矿和锻炼，有什么贵重可言？我就如同是金，你就是良工。身体虽然有病，但还没有衰老，哪里可以偷闲呢？魏徵见太宗如此挽留，也就放弃了。这里，唐太宗把自己比喻为“金”，把魏徵比喻为“良工”，还是在强调自己是魏徵培养的这一观点。

不仅太宗这样看，在其他大臣的眼中，魏徵也确实每以培养帝王为己任。王珪有一个著名的说法，魏徵“每以谏诤为心，耻君不及尧舜”。

贞观二年（628），房玄龄、魏徵、李靖、温彦博、戴胄与王珪共同管理国政，一次大家陪同皇帝赴宴，太宗对王珪说："你见识精准，善于言谈，从房玄龄以下，都评论一番。你也说说自己与大家谁更贤能。"王珪回答说："一心为国，知无不为，我不如房玄龄。每以谏诤为心，耻君不及尧舜，我不如魏徵。文武之才兼备，出将入相，我不如李靖。奏事详明，办事公允，我不如温彦博。处理繁重事务，条理分明，我不如戴胄。如果说抨击丑恶，弘扬道德，嫉恶好善，我跟各位相比，也有一日之长。"太宗表示赞同，大家也认为符合自己的想法，是确切的言论。

大臣之间，相互品评，实事求是，这种景象多么惬意。而太宗和大家都同意王珪的说法。这就是说，不仅李世民认为魏徵是自己的导师，大臣们也认可魏徵的这种角色，承认魏徵经常以皇帝为自己的工作对象。他对自己君主的要求是很高的，是以尧舜为榜样的，如果自己的君主不如尧舜，他会感到羞耻的。

就唐太宗而言，魏徵是他十分需要的。具体说来，唐太宗认为魏徵最大的意义就是防止自己犯错。太宗曾经对魏徵说："卿罪重于中钩，我任卿逾于管仲，近代君臣相得，宁有似我于卿者乎？"贞观六年（632），太宗巡幸九成宫，宴请近臣，长孙无忌说："王珪、魏徵，往事息隐，臣见之若仇，不谓今者又同此宴。"太宗说："魏徵往者实我所仇，但其尽心所事，有足嘉者。朕能擢而用之，何惭古烈？徵每犯颜切谏，不许我为非，我所以重之也。"春秋时期，齐桓公与兄弟争夺国君位置，当时的管仲正在对方阵营，有一次短兵相接，管仲向齐桓公射了一箭，射中腰带钩，险些让齐桓公丧命。后来，齐桓公却大胆任用管仲，成就了一番霸业。唐太宗认为自己任用魏徵，也可以与齐桓公任用管仲媲美，是君臣佳话。贞观六年的时候，九成宫宴会。长孙无忌很感慨：当初与王珪、魏徵侍奉前太子李建成，那时候就是仇人一样，哪里会想到今天同赴宴会啊。太宗也说：当初确实是仇敌，但魏徵当时尽心尽力，也是精神可嘉。我能用魏徵，不比古人差。而魏徵能够不顾情面地提出深切的意见，不让我犯错误，我所以重视他啊。一个大臣，因为他能及时地防止皇帝犯错误，能够以批评皇帝为己任，已经难能可贵。更加可贵的是，这样的大臣却因此受到皇帝的重用。

贞观八年（634），太宗决定向全国各地派遣大使，检查工作，不合格的官员可以就地免职，所以使者的名称叫作“黜陟使”。这是监督地方工作的重要举措，而畿内道（以长安为中心的京畿地区），还没有合适的人选。唐太宗很重视，问房玄龄等：“此道事最重，谁可充使？”右仆射李靖说：“畿内事大，非魏徵莫可。”李靖这么一说，太宗立刻不高兴了，脸色忽然阴沉下来说：“我正准备去九成宫，这事也不小，怎么可以在这个时候派遣魏徵出使？我每次出行都不要跟他分离，因为他能看到我的是非得失。你们能改正我吗？为什么要说出这样的话，太没有道理。”我们看，魏徵对于唐太宗有多重要，以至于大发雷霆。最后呢？最后派李靖充使畿内道。

贞观十七年（643），魏徵病重，皇帝带领太子再次来看魏徵。看见魏徵病情如此严重，皇帝抚摸着魏徵失声痛哭。有一天，皇帝夜里睡梦中见到了穿戴整齐的魏徵，太宗猛然醒来，有人来报告，郑国公魏徵去了。君臣之间，竟然如此感应。魏徵去世，唐太宗感到损失巨大。太宗说出了一段响彻千古的名言：“夫以铜为镜，可以正衣冠；以古为镜，可以知兴替；以人为镜，可以明得失。朕常保此三镜，以防己过。今魏徵殂逝，遂亡一镜矣！”说了这番话以后，太宗哭了很久。魏徵是唐太宗知道得失的一面镜子，现在魏徵去了，以后谁来提醒皇帝的政策得失呢？太宗对此真的没有把握。

君臣情感如此，如何不令人感动！

没有人是天生的皇帝，更没有人是天生的好皇帝。所有的皇帝，都有自己的成长史。帮助皇帝成长的就是他身边的大臣们。唐太宗成长为一个伟大的政治家，千古传颂，对他帮助最大的就是魏徵。唐太宗很幸运遇到了魏徵，魏徵更幸运遇到了唐太宗。他们相辅相成，共同创造了贞观之治，共同为中国创造了一段永远值得骄傲的历史。

唐太宗身边当然不只是魏徵一个人，在唐太宗身边，敢于直言的是多数，是主流。大家都从各自的角度帮助皇帝，最后成就了唐太宗，也成就了贞观之治。除了魏徵之外，在帮助唐太宗这个问题上，还有一个人很重要。她说话很少，十分谨慎，但是在很多情况下，是无人能够替代的。她就是长孙皇后。

第十四讲　长孙皇后

她是众多后宫故事中的一个奇迹。贞观之治，盛极一时，唐太宗除了依靠手下的一大批谋臣武将外，也与他贤淑温良的皇后是分不开的。唐太宗创造了贞观之治，她成就了唐太宗。自古以来，后宫都是波涛汹涌，瞬息万变。但是在贞观时期，唐太宗的后宫，却一直是风平浪静，井井有条。她究竟是一个怎样的女人？她死后为什么铁骨铮铮的唐太宗失声痛哭？她究竟有着怎样的聪慧？她作为大唐皇后到底对贞观之治有着怎样的影响？

贞观时期，唐太宗治理天下，长孙皇后掌管内廷。那也是一条看不见的战线。长孙皇后自始至终以自己的方式支持唐太宗，是太宗的贤内助和方面军。在唐代的皇后中，长孙皇后绝不是最有权力的，但却是最受尊敬和爱戴的。后来的武则天，早期都笼罩在长孙皇后的光环下，一路跟着长孙皇后东施效颦。长孙皇后贤淑、优雅、智慧、大度，用现代最流行的一个说法就是“知性女人”。

一　知性女人　皇后楷模

高高的宫墙挡住了人们的视线，在深宫之内，究竟是怎样的一番景象？大部分人会把深宫看作危险的场所，只有武则天这样的人才会把深宫看作是人生的转折点。其实，看上去风平浪静、不缺吃不少穿的后宫，从来都是阴晴不定、瞬息万变、波涛汹涌的战场。凡是资源集中的地方，永远是争斗激烈的场所，这是历史给出的铁律。

贞观时期，后宫在长孙皇后管理之下，一直是风平浪静。不是这里改变了性质，不是这里缺少了资源，只是因为长孙皇后掌控有力。那是一种柔性的力量，看不见、摸不着，但无处不在。这是长孙氏的力量，也是长孙氏的智慧。

长孙氏勤奋读书，一年四季保持不变。读书使她增强智慧，积累知识，增广见闻。她生活简朴，需求不多。无欲则刚，这是人所共知的。她树立了一个俭朴的榜样，在那个时代特别重要。不但自己俭朴，她要求太子也这样做。有一次，太子的奶娘跟皇后说，东宫的用度不够，皇后就不高兴，说：太子应该关心自己是不是德立名扬，哪有空关心用度够不够这种事儿？她胸怀大度。我们都知道后宫关系复杂，但是她处理得很好，唐太宗跟别的宫女生了孩子，宫女因为难产而死，皇后就把这个孩子一直养在身边，像自己亲生的一样，没有半点嫉妒心，树立了当时一个很高的道德水准。别的妃子生病了，她就会把自己的药品拿去给人家用。这些举止，史书称为“下怀其仁”，即下面的人都感怀她的仁德。这就如同将军仁爱，战士乐死一样。

这些，都显示出长孙氏的不同凡响，但是更卓越的是她的自我定位。

长孙皇后的自我定位是什么呢？就是以唐太宗为准绳，以皇帝的大业为目标。她自己和自己管理的后宫，都是皇帝大业的一部分。这就是说，长孙氏始终是唐太宗的一个方面军。这是什么？这就是很标准的母仪天下。从这个意义上讲，长孙皇后与其他大臣一样，也是李世民的部下。只要是部下，就有如何处理上下级关系的问题。稳定后宫的一个重要意义是不要对朝廷治理天下形成干扰。

长孙皇后是怎么做的呢？

> 后廷有被罪者，必助帝怒请绳治，俟意解，徐为开治，终不令有冤。

在上级和下级之间，有几种相处的方案可供选择。一是让下级作出牺牲来满足上级的心愿。这是我们日常生活中最常见的，也是百姓最痛恨的。二是欺上瞒下。这一般是主意大的人才敢采取的方案，通常也是坏人才会这样干。三是让上下级都不满意。这不可能是一种选项，但确有这样的结果。欺上瞒下者往往如此。四是让上下级都满意，这是最佳方案，但是难度最大。

我们看长孙皇后的这个记载，这不是一个个别事件，而是皇后处理同类事件的一贯做法。这是一个三方关系，后廷的人、皇后和皇帝。后廷中的人犯了大错，皇帝发怒的时候，皇后的方法是“助帝怒”，并请求亲自来处置，决不轻饶。她不是顶着皇帝的怒火，而是顺着皇帝的思路。等到皇帝过了愤怒期，她才开始慢慢调查处理，最后决不能让后廷的人受冤。长孙皇后的最后行为，大家容易理解，毕竟事实更重要，即使是小人物，也不该受冤枉。那么前一阶段的行为，助帝怒，这不是很有问题吗？通常我们对此认识模糊，以为事实最重要，只要有理，就什么都不怕。其实，凡事都要长远考虑，事情过后，领导者依然是领导者，而人人都是讲颜面的，也就是讲尊严。在下级面前，领导的尊严很重要。为了照顾领导的面子而牺牲别人、牺牲真理是错误的，但是在不影响事实处理的前提下，顾全领导人的面子是有必要的。这是配角必须考虑到的。

我们看长孙皇后，她不仅是皇后的楷模，也是所有干部的楷模。有原则，有方法，这样才能当好配角。会当配角，就是能够理解配角与主角关系的实质，所以也就能够当好主角。

看起来，这些都是小故事，都是配角的小故事。其实呢，都牵涉贞观之治的大问题。贞观之治是中国难得的理性行政时代。不仅皇帝理智大度，皇后也如此，大臣们也如此。大家围绕皇帝工作，千方百计不让皇帝犯错误，所以李世民成就了中国皇帝的最高业绩，贞观时代就拥有了理性行政的美名。

皇后病重期间，太子建议皇后赦免囚徒，度人入道。这是常见的争取人心和舆论的方法，也是佛教的功德表现，当时称作“修福”。皇后说：死生有命，非人力所加。我向来不作恶，如果善行无效，那为什么还要求福呢？至于国家大赦，那是国家大事，怎可因我而乱天下法事呢？

这段言论，凸显皇后的理性精神。对于生死，抱着自然主义的立场，反对有意追求什么修福长寿。对于大赦呢？她坚决采取不干涉态度，因为那是国家大事，不能因我而乱法。

后宫问题众多，稳定是绝对的大局。古来乱局，因中央与地方关系搞不好而造成重大问题的有，但是涉及皇权稳定的问题，多来自内宫。皇帝妻妾众多，不仅争风吃醋，更有争夺继承权的问题。长孙皇后十分自信，从容不迫地管理后宫，为保证李世民全力以赴地治理天下，起到了十分显著的辅助作用。

纳谏的唐太宗和理性的皇后，真是一对难得的男女主角，他们的价值观如此接近，难怪会为后世称道。长孙作为皇后，她思考的问题仅限于后宫吗？不，在很多问题上，她都是唐太宗的高参。

二　政治顾问　皇帝高参

长孙皇后如果仅仅把自己管理的事情做好，那么她的历史地位也是有限的，至少没有我们今天评价的那么高。不论是在历史事实还是唐太宗的认识中，长孙氏绝不仅仅是一位优秀的后宫管理者。实际上，长孙皇后一直是李世民的高参，特别是在重大问题上。

长孙皇后去世，李世民称："顾内失吾良佐，哀不可已已。"他说皇后"每能规谏，补朕之阙"，以后入宫"不复闻善言"。李世民承认皇后能够弥补自己的过失。这很重要。皇后的很多话，在李世民听来都是"善言"。长孙皇后是李世民最信任的人，他们从小同甘苦、共患难，相互的信任历经考验。所以，李世民是很听从长孙皇后的劝告的。

李世民究竟在什么事情上听从皇后的话，历史记载有限。我们从皇后的角度看看，她是如何充当皇帝顾问的。

首先，顾问以不问为前提。长孙皇后这个皇帝的顾问，经常是皇帝问而不答，这给人以强烈印象。皇帝有所问，她就是不回答。皇帝一再问，她就说这是皇帝的事情，我可不能妇人干政。

李世民然后就百般解释你没有干政嫌疑，皇后才会说出自己的看法。这是为什么？皇后真的没有意见吗？是在扭捏作态吗？都不是。经过这么一个过程，是让李世民确认是否真的需要皇后的意见。这是一个意见再筛选的过程。皇后只回答李世民确实需要回答的问题，换句话说：皇后只回答重要的问题，只回答唐太宗确实拿不定主意的问题。什么小事都问你，你就是秘书，只有大事才问你，你才是顾问。

其次，长孙家的利益，皇后很坚持。在这个问题上，皇后一改以往的习惯，不是回避而是坚持。这当然是因为她是长孙家族最有权势的人，她也自认为对长孙家族有一份责任。对此，两件事最突出。

皇后和长孙无忌有个同父异母的哥哥，叫长孙安业。早年曾有虐待继母和弟弟妹妹的不良记录。按照当时人的看法和习惯，后来有了势力的皇后和长孙无忌，一定会报复他们的哥哥。贞观元年（627），长孙安业参与了李孝常等人的谋逆阴谋，要杀皇帝搞政变。这当然是重大的政治案件，按照律法，这属十恶不赦之条，一定要杀头。当时也是重要大臣的长孙无忌没有说什么话，可能他的愿望是希望他的这个同父哥哥依法处置。但是，皇后出面了。她对皇帝说：

> 安业之罪，万死无赦。然不慈于妾，天下知之，今置以极刑，人必谓妾恃宠以复其兄。无乃为圣朝累乎！

皇后对着皇帝不禁哭泣起来：我们长孙家真是很不幸，怎么会出现这样的事啊。陛下对安业多好啊，没有立什么功劳，却当上了监门将军。他不图报答，反而谋逆，真是死有余辜啊。

皇帝心头立刻乱了。你是什么意思啊？李世民问。

皇后说，我家哥哥干出了这样的勾当，死不足惜，可是天下人会怎么理解啊？人们一定会以为是我们兄妹迫害哥哥，因为哥哥当年对我们不好，这尽人皆知啊。如果这样，不是很拖累朝廷吗？

李世民说：我当然不会让他拖累朝廷，也不能让他拖累皇后。

最后，长孙安业没有被杀，长流岭南。

长孙皇后的这次努力，确实在保护安业的性命，虽然是从朝廷名声出发进行论证，毕竟是保全安业不死。皇后这样做赢得了广泛的同情，因为她没有公报私仇，也没有继续发展家庭内部的斗争。这是让人同情的，也是让人赞许的。“窝里斗”，毕竟是一种丑恶的行径。同样的家庭关系，武则天是怎样处理的？她杀掉了她所有的哥哥，都是以冠冕堂皇的理由。武则天成了皇后以后，一人之下，万人之上，她的哥哥们再不能左右她了。但是，她就是咽不下那口气，非置他们于死地不可。权力是那种东西，即使你远离它，也知道它的强力存在。如果你拥有它，你就会如毒品一样上瘾，而越是过度地运用它，它越会给你快感。长孙皇后拥有一种坚毅的理性，对权力也有这样的理性。在保护安业问题上如此，在阻拦长孙无忌掌权的问题上也是如此。

长孙无忌与李世民是布衣之交，在唐朝统一国家的过程中，在唐太宗夺取最高权力的过程中，功劳很大。李世民当然最信任他。从李世民掌权开始，长孙无忌就担任吏部尚书，后来李世民想让长孙无忌担任尚书仆射，就是贞观时期的宰相。但是，皇后就是不同意。她的理由很简单，就是预防外戚干政。这一点，李世民很不理解。所以，还是让长孙无忌当了右仆射。之后，有一次，朝中议论，说长孙无忌有揽权的倾向，唐太宗当众说：我信任无忌，如同信任儿子。朝中的议论戛然而止。但是，皇后还是很坚持，她让无忌自觉退出。无忌当然想掌权，但是敌不过皇后的坚持，只好申请退出，皇上也就同意了。皇后听后很满意。对于外戚干政的防范，有这么必要吗？何况唐太宗是一个很强势的皇帝，怎么可能放任长孙无忌呢？可能很多人都不能理解，但是，她比任何人都了解长孙无忌，比任何人都了解李世民。

长孙皇后的远见卓识，要到很多年以后才被证实。

长孙皇后对长孙无忌如此防范，而对于另外两个人却是认真推荐，那就是魏徵和房玄龄。李世民对魏徵的纳谏也不是历来心平气和的，有个故事大家耳熟能详。有一次，魏徵在朝堂上给唐太宗提了意见，唐太宗接受不了，怒气冲冲一摆袖子走了。回到后宫，余怒未消。皇后就说，陛下，您这是怎么了？唐太宗说，还不是那个乡巴佬，整天找我麻烦，早晚有一天我会杀了他。说的还是魏徵。这时候皇后是怎么做的呢？她就进到里间，改换了衣服，穿上了朝服，朝服就是正式见皇帝才穿的服装，来向皇帝祝贺。她跪在皇帝面前，皇帝吓了一跳：这是为何啊？她说，我听史书上说，主贤臣忠，只有君主贤能，臣下才能忠诚。魏徵敢于提出很多意见，那是因为他效忠您，他敢于这样，正好证明陛下是贤能的。现在我有一个贤能的夫君，我能不祝贺吗？这是国家、人民之福啊，所以我要祝贺。

史书上没有记录李世民的反应，想来一定是喜上眉梢。注意皇后说服皇上的角度，她是从表扬皇上的立场来维护魏徵的直言。试想，她如果从批评皇上度量狭小入手，那么问题一定会更复杂，甚至完全弄糟。这种方式的成功，是建立在对人性弱点认识的基础上的。让皇上接受意见，还不能让皇上威风扫地，否则就是南辕北辙了。

皇后不仅能提意见，而且善于提意见，这种方式绝不是可有可无的。对于后宫的事情，皇后也向来如此。长乐公主要出嫁了，因为是皇后亲生女儿出嫁，皇帝特别嘱咐要多准备嫁妆。结果朝廷准备的嫁妆十分丰盛，甚至超过了长公主。魏徵出来发言了，说这样于礼不合，于情未安。李世民把魏徵的意见转述给皇后，皇后深有感慨：魏徵真是难得，作为皇帝妻子的我尚且察言观色。过去只听说陛下重用魏徵，不知道理由，现在终于知道了，魏徵是能够“以义制主之情”的人。忠言逆耳利于行，魏徵真是社稷之臣啊。然后皇后命令赏赐魏徵。

我们看到，皇后不仅赞赏魏徵，更能对魏徵进行分析，知其然也知其所以然。能“以义制主之情”，其实，唐太宗也说过魏徵类似的话：魏徵每言，必约我以礼。

我相信，唐太宗对魏徵的信任重用，这其中有皇后的因素存在。此外，皇后处处维护皇帝形象，也如同魏徵等人一样。

太宗有一匹骏马，他特别喜爱，总在宫中饲养，有一天这匹马却无病而暴亡。太宗对养马的宫人非常生气，一怒之下想杀掉他。皇后谏道，过去齐景公以马降罪于人，晏子云：你养马而死，是罪责之一。如果你因马杀人，百姓知道，肯定抱怨你，这是罪责之二。诸侯国听了，必然轻视吾国，这是罪责之三。齐景公这才没有杀人。陛下读书熟知此事，怎么会忘记呢？太宗怒气才解。他还对房玄龄说，皇后拿平常事启发我，真使我受益匪浅。

爱护皇帝的形象，就是爱护国家的形象，是爱护国家的一种重要表现。但是，这个爱护不是护短，不是隐藏皇帝的错误，更不是为皇帝的过错辩护。真正爱护国家的荣誉，爱护皇帝的荣誉，就是减少皇帝犯错。帝王无私，不是说帝王没有私心，而是说帝王代表国家，事无大小内外，都关涉国家，都是公共事宜。

这不仅需要皇帝处处从国家利益、民众福祉出发，也需要大臣们从多个方面共同督促皇帝。长孙皇后对于唐太宗而言，是特殊的臣下，她能发挥其他大臣发挥不了的独特作用。唐太宗和唐太宗的时代，正气占据上风，长孙皇后有着自己的独特贡献。

三 临终遗嘱 深谋远虑

长孙皇后和皇帝情真意笃，贞观十年（636），长孙氏三十六岁的时候去世。皇后临死之际，对皇帝说了一番话，可以看作是政治遗嘱。一是相信房玄龄，二是不要重用外戚，三是要求薄葬。除了第三个问题以外，前两个问题，不仅关系唐太宗的最终名声，也关系后来的政局。

皇后病重的时候，房玄龄正好犯了一个错儿，被李世民停职。皇后觉得这件事做得不当，所以把这件事提出来。皇后认为，房玄龄为人谨慎，忠心报国，最值得信任。对于房玄龄的信任，唐太宗最后可以说是做到了，至少唐太宗让房玄龄安详地离开了人世。贞观二十二年（648），房玄龄去世，这之前，太宗保证了房玄龄没有出问题。因为有很多人想扳倒房玄龄，都被太宗挡住了。保住了房玄龄，就是保住了唐太宗的英名，保住了贞观之治的名声。没有皇后临终前的嘱托，唐太宗是否能做到，真的不敢说。

另外一个遗嘱，唐太宗有一点不明白。怎么在他的时代会出现外戚干政？对于长孙无忌，他既了解又信任。不过，太宗至死也没有忘记皇后的遗嘱。他依然重用长孙无忌，但是也不是没有限制。至于最后长孙家族在高宗时的覆灭，责任不在长孙皇后，也不在唐太宗。从某种意义上说，长孙皇后最担心的后果，后来还是可怕地出现了。

皇后怎么能够洞察到后来的局面呢？

这个世界上，长孙皇后最熟知两个人，一个是哥哥长孙无忌，一个是夫君李世民。只有妹妹才知道，在艰难的岁月里，长孙无忌如何渴望翻身，如何渴望获得权力，扬眉吐气。他的这些渴望已经到了心理扭曲的程度。而在现今的政治旋涡中，特别是在李世民的高度信任的前提下，长孙无忌的这些渴望真的可能实现。这在皇后看来是可怕的，渴望已久的权力一旦获得，就不可避免地走向贪婪，一切恶果都可能发生。于是，皇后才在临死前再度提出这个问题。

为什么皇后不直接对李世民说出来呢？她可以说，我的哥哥我知道，他的权力欲望过于强烈，重用他一定会出现干政局面。如果这样说了，唐太宗真的开始防范长孙无忌，甚至猜忌起来，那也一定是一场悲剧。这也不是皇后所愿意看到的。所以，唯一两全的办法，是让李世民保持与无忌的良好关系，但是绝不重用。

长孙皇后真是用心良苦，但后来悲剧还是发生了。我们能说什么呢？皇后已经尽心了。悲剧属于长孙无忌，绝不属于长孙皇后。

贞观十年（636）六月二十一日，皇后崩于立政殿。宫中女官把皇后编撰的《女则》①一书呈给唐太宗，说：皇后生前把历代妇人参政得失的历史编成此书，自觉文字尚不精练，不敢呈献，不想皇后还没有来得及修完就……太宗打开书卷，不禁失声痛哭。史书记载："上览之悲恸。"准确的理解应该是内心悲伤，放声痛哭。

想一想整日高深莫测的皇帝；想一想唐太宗这个冲锋陷阵、杀敌无数的马上英雄；想一想玄武门下，唐太宗一箭封喉，让他哥哥眨眼间死于马下……总之，如今唐太宗失声痛哭的样子，让人感到落差太大。不过，这正应了那句老话：男儿有泪不轻弹，只是未到伤心处。皇后的去世，确实让唐太宗感到悲伤，心中空空如也，忽然之间丧失了依靠。史书记载，唐太宗说：以后入后宫，再也听不到她的规谏了。

皇后六月去世，十一月埋葬于昭陵。太宗经常想念皇后，不能自已，于是在宫苑之内修建一个多层塔楼，为的是便于自己经常登临，瞭望昭陵。有一次，太宗引领魏徵同登塔楼，让魏徵看昭陵。魏徵说：在哪里啊，我眼睛不好，看不到啊。太宗就用手指示：那不就是昭陵吗？啊？魏徵故意打马虎眼说，啊，是昭陵啊，我还以为你要看献陵呢，要是看昭陵，我早就看到了。魏徵这话，含义很隐晦。昭陵是唐太宗的陵墓，皇后先死，所以先葬，后来太宗死后与皇后合葬于昭陵。献陵是唐高祖李渊的陵墓，他在贞观九年（635）去世，埋葬于献陵。魏徵的意思是：

---

①《女则》：唐太宗皇后长孙氏所写规范女子德行的书，共十卷，摘录汇集历代著名女子的言行，并点评得失，目的在于教育女子遵从传统道德规范。

作为儿子，你不想念父亲，单单想念妻子，这让天下人知道了，可不是一个好榜样啊。毕竟，我们是以孝治天下啊。魏徵的意思，唐太宗何尝不懂？但是他太想念皇后了。在魏徵面前，太宗大概也用不着掩饰，他再一次哭了起来。

这次痛哭之后，太宗下令拆毁这座塔楼。那座思念之楼虽然拆了，但在太宗的心中，思念之楼永远高耸。

第十五讲　以人为本

贞观时代，国力兴旺，政治清明，四海升平，社会稳定，是后世帝王无法逾越的一座高峰，也为帝王治世树立了一个楷模。这一时期，出现了像魏徵、房玄龄、长孙无忌这样一批光彩夺目的大臣，他们的故事和传说永远定格在人们的记忆之中。那么，为什么贞观君臣会给后世带来这样不凡的印象？他们的魅力到底在哪里？李世民凭借什么创造了这个伟大的盛世？

以人为本，是现在的流行语。按照我们一般的理解，就是国家在制定政策的时候，应该充分考虑到人的因素，围绕人来下功夫，重视人性，重视人情，重视人心。人比神重要，人更比钱重要。所谓以人为本，它原本完整的意思是，人民是国家的根本，即“民为邦本”。“以人为本”即“以民为本”，因为李世民的名字中有一个“民”字，唐代人就尽量改用其他字。以人为本，强调治理国家要重视根本——人。

一　民为邦本　社稷次之

以民为本这种思想，也可以叫作民本思想，是中国古代很理性、很先进的一种思想。说这种思想先进，是因为在同一时代，这种思想最重视人民的意义。贞观时期，坚持“以德化民”与“以民为本”相配合，是贞观路线的表现，也是贞观时期治理天下的基本原则。

民本思想，在中国思想史上，以孟子的学说最有代表性，那就是“民为贵，社稷次之，君为轻”，“得民心者得天下”。李世民曾经这样说过：

> 君依于国，国依于民。刻民以奉君，犹割肉以充腹，腹饱而身毙，君富而国亡。故人君之患，不自外来，常由身出。夫欲盛则费广，费广则赋重，赋重则民愁，民愁则国危，国危则君丧矣。朕常以此思之，故不敢纵欲也。

这是什么思想呢？这就是孟子的民贵君轻思想的具体化。他把问题发生的源头归于君主，君主的欲望很多，于是就需要更多的费用。费用从哪里来？只能增加赋税。如果赋税沉重，百姓就会生活艰难，国家就危险了。国家如果不存在了，还有君主吗？当然没有了。

贞观时期的统治者非常重视民众，不仅在思想上重视，还在法律、政治等方面，努力实践这一思想。这是贞观之治得以产生的重要原因。贞观时代是中国历史上社会和谐的典范。在国家与社会之间，国家当然是矛盾的主要方面。社会稳定与否，社会治安状况如何，民众道德水准高下，凡此等等，都与国家政策密切相关。贞观政府，即李世民君臣，有高度的自觉性，他们坚信国家的责任与国家的道义，从一开始就认为天下治乱在于国家的政策。

唐太宗作为贞观时代的国家领导人，是一国的总指挥。他的思想状态，在绝大程度上决定了贞观之治的方向，决定了处理各种关系的基本原则。比如，君民关系，实际上就体现着国家与百姓的关系。而社会是否和谐发展，这一对关系发挥着重要作用。唐太宗说："为君之道，必须先存百姓。"这种民本主义思想在当时很了不起。

有一次，朝堂大臣一起讨论问题，说天下有盗贼，怎么消弭这种刑事犯罪呢？当时就有人主张严刑峻法，唐太宗不同意这种观点，他说："民之所以为盗者，由赋繁役重，官吏贪求，饥寒切身，故不暇顾廉耻耳。朕当去奢省费，轻徭薄赋，选用廉吏，使民主食有余，则自不为盗，安用重法邪！"

李世民在分析具体问题的时候，显然沿用的就是王道主义路线。对于盗贼这样的犯罪问题，他不是归罪于百姓觉悟不高，而是认为他们是不得已，因为赋敛太重，饥寒交迫，所以就顾不得廉耻了。统治者能够如此理解百姓，贴近百姓，他们制定的政策的人性化就能够期待了。社会诸多问题包括犯罪问题，李世民认为，根本的解决之道是减轻民众的负担而不是严刑峻法。严刑峻法是治标的做法，李世民的养民政策是治本的方针。太宗说，要轻徭薄赋，任命好的官吏，这样，百姓的衣食有了着落，才能安居乐业。所以老百姓的富庶、安定才是国家安定的基础，这是任何时代都颠扑不破的真理。唐太宗在一千多年前，就把这个问题认识得很清楚，很到位。

统治者能够如此理解百姓，贴近百姓，就能够期待他制定出人性化的政策。

贞观四年（630），房玄龄向皇帝报喜，说现在国家的甲仗

（军事设施）已经非常齐备了，已经达到了隋朝的规模。唐太宗理应很高兴，但是他说了句意味深长的话。他说隋朝的灭亡不是因为它甲仗不强，隋朝是很富足的，但是隋朝的百姓怎么样？他们生活衣食无着，才造成了社会的动荡。我现在轻徭薄赋，藏富于民，老百姓富庶了，那就是国家安定的真正保障。

贞观十九年（645），太宗征高丽，停驻定州[①]。他亲临州城北门楼，抚慰士兵。有一个士兵病重，不能进来。太宗把他诏至床前，问明情况，下令州县为他诊治，所以将士们都欣然跟从。等大军回驻柳城，太宗下诏搜集前后战亡士兵的尸骨，杀鸡宰羊亲自祭祀，为死者伤心痛哭，在场者没有不流下眼泪的。那些观看祭祀的士兵，回到家乡述说此情此景，死者的父母都说，我儿战死沙场，天子哭祭，死而无憾。

这些言行，都是贞观时代的一个个小镜头，都闪动着以人为本的光辉。

在古代中国，贞观时期的社会和谐是最典型的，成绩也是最显著的。这与唐太宗的朝廷贯彻民本思想是有密切关系的。唐太宗的民本主义思想，来自他的读书学习，来自他的现实感受，也有来自魏徵等人的影响。

以人为本，是一种治国理论，在当时的世界，应该说是一种很高级、很先进的理论。这种理念表明了政府很理智地认识到国家的基本问题，重视国家的基础建设，重视国家的长远利益。利用这种理论，就可以更广泛地动员社会力量，为国家建设服务。

以人为本，源远流长。每朝每代都在说，但说来容易，做到

---

① 定州：今河北定州市，唐代北部重要军事及物资重镇，储备大量布帛、粮食，用于针对北方少数民族作战的需要。

却很难。

二 审慎行刑 重视生命

唐太宗的贞观时代，以人为本，不仅是一种国家建设理论，也是一种政治实践。我们以贞观司法问题为例，看看以人为本思想的落实情况。

减少死刑

我们先从法律制度入手，考察以人为本在贞观时期的落实情况。因为法律制度涉及所有人，是否以人为本，通过法律最容易检验出来的。

隋朝的时候，隋文帝的法律开始还比较公允，后来变得严峻起来，到隋炀帝时已经十分严苛，是典型的严刑峻法，法律甚至规定偷盗一斗米即可杀头。一条人命不值一斗米。

唐高祖武德时期修订隋朝的法律，主要是恢复隋文帝前期的法律。唐太宗即位，也开始让长孙无忌等人修订法律，以人为本的思想得到一定的体现。根据唐太宗的指示，取消了五十多种死刑，犯这种死刑的人改为断右脚。后来有人反映这样的刑法也太残酷，唐太宗反思后，认为肉刑早就取消了，现在等于恢复，确实有问题，决定改为流刑。再后来又经过房玄龄的修改，《旧唐书·刑法志》说，在唐太宗时期，死刑比古代减少了一半。

为什么要减少死刑的数量？因为重视生命。人是最重要的资源，人死不能复生，所以要尽量减少死刑。

慎重执行死刑

贞观五年（631）八月，河内人李好德得心疾，按现在的说法就是精神病，一旦发作，就胡言乱语，有自大妄想狂的症状。但是在当时，这就是严重的罪行。于是，李好德被抓进监狱。大理丞张蕴古认为李好德有精神病，不应该承担法律责任。太宗也决定不再追究。张蕴古说服了皇上，很高兴，跑到监狱里告诉了李好德，还跟李好德一起下棋。结果，这个情况被御史发现，并告发，说李好德的哥哥跟张蕴古关系密切，这是有意放纵。皇帝勃然大怒，认为张蕴古出卖自己，泄漏禁中语，立刻下令斩张蕴古于东市。手下的人行动迅速，立刻执行。

事后，唐太宗后悔了。张蕴古有罪，但罪不至死，现在就这样被杀了，是错误的。但是，人死不能复生，如何改正已经发生的错误呢？他决定给张蕴古恢复名誉，让他的儿子做官。但是，这些就够了吗？不够。关键的问题是如何防止这样的错误重犯。当时皇帝怒不可遏，而喜怒哀乐是人之常情。李世民平时不怒自威，现在龙颜大怒，谁敢阻拦？就是有人敢于阻拦，能拦得住吗？防止皇帝发怒显然不可能，可能的只有不执行皇帝做出的错误决定。

于是，一个在当时很高明的计划出台了。凡是死刑犯，下达死刑命令的时候，不能立刻执行。京畿地区，要反复五次上奏，地方的要反复三次上奏。这就是三复奏和五复奏制度。这种制度，就是面对死亡处决，要尽力谨慎，要给皇帝留下反悔的机会，给生命留下可能的机会。

贞观时代的理性行政精神再次得到体现。《旧唐书·刑法志》

记载："自是，全活者甚众。"很多生命因此得到保全。这很令人感慨，这是用制度来限制君王因自己的喜怒哀乐而犯错误的生动例证。对于一位皇帝，对于这个时代的最高统治当局，他们能做出令世界瞩目的成绩，是因为他们的理智能够限制情感，是因为他们能够实现自我克制。张蕴古一人冤死，换来众多人的再生。张蕴古没有白死。

限制执行死刑

李世民的贞观时代，还有一系列限制使用死刑的规定，目标都是尽量减少死刑的宣判。比如，当时规定，宣布死刑是要讲究日子的，在如下的日子里，不许进行死刑宣判，当时不称宣判，而是称奏决。

首先，从立春到秋分，不得奏决死刑。这样，半年就过去了。

其次，大祭祀，每月的第一天和第十五天（朔望）、上下弦、二十四节气、雨日、夜里、假日和祭屠日等不许奏决死刑。祭屠日，也叫祭屠月，指一月、五月、九月，这几个月不能屠杀生命。所以在唐代，奏决要查日历，限制很多。

这些制度保障，是古代慎刑精神的表现，与此同时，充分表现出对生命的重视。

避免对生命的伤害

把原来死刑变为断右脚，人虽然没有死，但劳动力大受损害，于是再改为流放。

有一次，唐太宗看了一本医药方面的书，叫《名堂图》，上面画着人体结构图。唐太宗看了以后，很动感情地说：人的五脏六腑全长在后背上，我们现在的刑法却有杖背这一条。唐代的刑法有五刑，就是笞、杖、徒、流、死五种刑罚。笞是一种小的尺子，杖是长一点的棍子，多粗多长都有规定。怎么打法，犯什么罪打多少下，唐代的法律上都有规定。这笞和杖在此前是打大腿和后背的，太宗看了这医书后，下诏不许再杖背，只能打大腿。这仍然是着眼于生命。生命不要轻易去剥夺，也要尽量减少伤害。本来要你受点皮肉之苦，结果打成残废，说起来是个人的损失，从根本上看，也是国家的损失。

改革法律制度，基于重视人的生命。犯罪的人毕竟是少数，所以轻重无所谓，这种想法就是轻视生命。法律涉及所有人，特别涉及民众。唐太宗时期修改法律，摈弃了隋朝时的严刑峻法，在中国法制史上被大书特书，不仅在于法律条文的系统化，还在于他的重民思想在法律上得到了落实。

这个制度里表现出的以人为本，当然不可以单单看作是李世民的个人作用，贞观君臣都在贯彻理性行政，这是一个时代的基本精神风貌。

三　四百死囚　按时归狱

在贞观时代，皇帝重视司法制度，是因为在日常的生活中，与生命关系最密切的就是司法。李世民以人为本，不仅表现在他对司法制度的改革上，也表现在亲临司法实践的过程中。在贞观时代，皇帝亲临司法实践，主要有两种情况：一是每月听刑部的汇报，主要是了解监狱犯人的情况；一是每年的皇帝录囚。皇帝要亲自过问犯人的情况，有的时候，他要到监狱去视察，而视察的重点是死刑犯。这种视察可不是走过场，他要了解司法的情况，还有听犯人申诉。对于罪犯而言，他就有机会遇到皇帝，可以最后一次喊冤。如果以前被冤判，这时可以喊冤，而且有规定，只要向皇帝喊冤，这个案子就立刻可以重审。

贞观六年（632），唐太宗到监狱里视察，那年全国有近四百名死刑犯，都集中到大理寺的监狱。唐太宗一个一个地询问，大家都说犯了死罪，死有余辜，不冤枉。认罪态度良好，法官的审判也很公平。所以唐太宗就有点受感动，就跟这些死囚说，我跟你们立一个君子之约，现在是冬天，放你们回去，来年秋收之后，咱们再在这里集合。四百死囚就离开了监狱，都回家过了一年。第二年的秋后，一个不少全都回来了。这是太宗时期有名的“四百死囚来归狱”的故事。我们现在经常会问这样的问题，假如生命剩了最后几天，你应该怎么怎么过？大家说一定好好过，一天当一年过。其实唐太宗那时候就做了这么一件事。给了死囚们最后一年的机会，这一年他们过得一定很好，而且也可能认识到了生命的价值和尊严。所以第二年一个不少全部回来。这事儿当时也感动了唐太宗，把所有的人都赦免了。

这不仅是珍惜生命的故事，也是顺应人性的故事，还得了人心，典型的“双赢”。不是所有的皇帝都会如此重视死囚犯的生命，也不是所有的皇帝都有唐太宗这般的自信，所以，只有唐太宗才能精彩地导演这出人性悲喜剧。“怨女三千出后宫，四百死囚来归狱”，这是贞观时期创造的一个奇迹。

再讲一个唐太宗自信的故事：

贞观三年（629）三月，皇帝录囚。有一个人叫刘恭，脖子上有纹路，是胜利的“胜”字，看上去怪怪的。他自己就用这个来吹牛，说“当胜天下”，我这个天命不得了。民间到处有这样的人夸夸其谈，自命不凡，结果引起了官方的注意。这家伙被认为有谋反的嫌疑，于是被逮捕入狱。唐太宗在录囚的时候，问罢这个案件，就把这人给放了。他说，如果他真有天命我杀他不得。如果他没有天命，那我杀他干什么？天命大家都知道，古代是讲究迷信的。虽然天命难测，但是有的时候确实会产生心理暗示作用。唐太宗释放了一个吹牛大王，彰显他的高度自信，而且还挽救了一条生命。

贞观时期的刑法制度，体现了皇帝的最高司法决定权，其实也是死刑慎重的表现，是重视生命的体现。这样的好处，是所有死刑都要经过皇帝的批准。这样，皇帝重视生命的观念就可以发挥作用。

有一年，河北卫州发生一起杀人案，案情上报皇帝，结果发生了乾坤大逆转。一个叫杨贞的卫士要经过卫州，到长安来值班。他就在卫州的一个叫板桥店的小旅馆里过夜，第二天再出发。就在这天晚上，这个小旅馆发生了案件。旅馆的老板被人杀了，一检查，发现杨贞身上的佩刀有血迹。于是，大家就怀疑是他杀了老板。地方官府一顿严刑拷打，打得杨贞只好承认老板是他杀的。卫州当然要判他死刑，但是没有处死权，就把这个案件上报中央。唐太宗看了这个案宗，觉得非常奇怪。杨贞这个卫士路过卫州，他跟这个老板素不相识，他没有杀人动机啊。所以这个案件很不合理，派人重新调查。一调查便查出来，跟杨贞没有关系，他是被人嫁祸了。是老板娘有问题，老板娘跟她的情夫一起杀掉了老板，然后嫁祸杨贞。于是案件大白于天下。如果皇帝不重视人的生命，此事的结局就是杨贞白白做了替死鬼。恰是碰到唐太宗这样的皇帝，冤案便没有继续下去。

生在贞观时代，即使是一个普通卫士，似乎也很幸运。因为有一整套制度在发挥着保障作用，这些关于生命的故事出现在贞观就有了必然性。那么贞观时期的制度是不是就很完美了呢？当然也不是。比如，对于重大的犯罪行为“十恶”，处决就不论任何时间。还有什么“官当”等条规，证明法律面前不是人人平等的。但与同时代的世界其他国家相比，我们仍对贞观时期重视生命的司法制度满怀敬意。

四　官员守法　以身作则

制定法律时，充分考虑生命的价值，减少死刑，这是重视生命的一种体现。但在日常的司法实践中，如果执法不力，稍微偏差，也可能置人于死地。贞观时代，皇帝带头重视生命，不仅如此，很多官员也能以身作则，敢于执法，甚至敢于抗上执法。

有一年考核官员。唐代跟我们今天一样，有各种各样考核官员的制度。在任职履历中你曾做很高的官，升迁就容易。于是，有的官员就伪造履历。唐太宗就委任一个叫戴胄[①]的官员去调查，果然查出有人伪造履历。唐太宗说官员都可造假，这天下怎么治理？非常生气，要将其处死。戴胄当场就跟唐太宗顶撞，说这个

① 戴胄（573—633）：贞观名臣。担任过司法、户部等重要官职，一心奉公，敢于负责。

人是犯罪了，但罪不至死。唐太宗说，究竟是我说了算还是你说了算？这件事严重了，今天我们最怕问这种话。下级跟上级一提意见，上级就说了，这个事你说了算还是我说了算，你权大还是我权大？戴胄就跟他辩论，皇帝更生气了，说：你为什么总是用法律的名义来限制我？让我言而无信呢？这涉及权大还是法大的问题，是至今仍然存在的难题。请看戴胄的看法：法律是国家的大信，皇帝一时发怒，说出的话、做出的承诺那是个人的小信。小信应该服从大信。一番话很有道理，皇帝只好服从。戴胄的传中说，他执法时挽救了很多人的生命。这种法官敢于守法，特别是敢于抗上守法，这是政治清明的原因，也是政治清明的结果。

贞观时期，敢于负责的官员真的很多，除了戴胄，崔仁师①也是一个代表。

贞观元年（627），青州（今山东潍坊、淄博一带）发生了一起谋反案。当地州县逮捕造反的党羽，装了满满一监狱。皇帝派崔仁师前往审讯。崔仁师到达以后，脱去这些嫌犯的刑具，让他们饮食洗浴，安慰大家不要害怕。最后，只把十多名首犯定罪，其余人都释放了。归来以后，有人对崔仁师说，人都是贪生怕死的，那些定罪的人看到别人都释放了，肯定不甘心，一定会说你审讯有问题的。崔仁师回答说：审案最主要的是公平宽恕，不能考虑自己的得失，更不能明明知道有冤情而不理。即使万一有重大遗漏，我一人能顶替那么多人死，我心甘情愿。后来，皇帝派使者到青州处决，再审核的时候，没有一个人认为自己冤枉，都说崔公公平，愿意就死。

① 崔仁师（592—652）：唐太宗的宰相。曾为著名的司法官员，公开支持魏王李泰当太子，后遭受迫害。

这是贞观时代的故事。隋朝正好也有一个故事与此可以对照。

贞观四年（630）的时候，魏徵给唐太宗讲了一个隋朝的故事，是他亲耳所闻的。有个地方发生了盗窃案件。皇帝命令于士澄前往追捕，只要有疑问，一律逮捕，然后就是酷刑伺候。两千多人，都承认自己是贼。皇帝最后命令，同日处斩。大理丞张元济觉得很奇怪，一个盗窃案，怎么会有这么多人参加？于是去了解。其中六七个人在案发之日，还在别的地方囚禁，刚刚被释放出来，又被逮住一顿酷刑，只好自诬为盗。张元济于是深入追查，两千多名盗贼中，有九名确实形迹可疑。而他的同僚告诉他，其中四个人他们认识，肯定不是盗贼。这就是说，真正犯盗的只有五人，两千多人都是冤枉的。但是，有关部门因为皇帝已经下令处斩，也就如此执行了。太宗很感慨，说道："非是炀帝无道，臣下亦不尽心……君臣如此，何得不败？"

这就是两个时代的两种风貌。隋炀帝时，官员为了不违背皇帝的命令而宁愿让两千多人冤死。贞观时代，戴胄却为一人的性命而与皇帝争执。崔仁师更是敢做敢当，敢于承担后果。唐太宗奠定的开明时代，自然成就了大臣们的光明磊落，最终得到实惠的是百姓。

隋朝的那被冤的两千人即使不能变成厉鬼，也会导致众多的人对朝廷的诅咒，这些诅咒，会聚合为一股不可遏制的力量将隋朝淹灭。而唐朝贞观时期，那些被释放的犯罪嫌疑人和获大赦的死刑犯及其他们的家属，因为感激，民心欢悦，都会成为唐朝的建设力量，国家得到的是安定祥和。

唐太宗以民为本，跟我们今天所讲的是不一样的，毕竟那还是一个阶级的时代。但是我们必须承认，在古代帝王系列中，贞观君臣的所作所为还是很优秀的。以人为本可以看作贞观时期治理国家的一个很重要的核心性的思想。贞观时期能够建设一个很好的和谐社会，跟这种思想是密切相关的。当然，贞观时期也跟其他时期一样，王道路线不能解决所有问题。比如对外的问题，对于周边的问题，是否通过和平的愿望就能化解一切危机呢？

第十六讲　高昌风云

这是一个地处西域的汉族地方政权，这是唐朝僧人玄奘去印度取经曾经路过的地方。玄奘在高昌有什么样的奇遇？高昌对于玄奘究竟意味着什么？为什么高昌最后会和唐朝兵戎相见？为什么一个人口只有三万的高昌小国，唐朝会如此重视，竟然发兵二十万人去攻打？这样一个悬殊数字对比的背后，究竟隐藏着什么样的玄机呢？

贞观时期是很重视节约民力的，轻易不打仗，能用和平手段解决的问题，绝不采用战争手段，因为战争消耗太大。可是，也不是所有的问题都能用和平手段解决，战争也就不可避免。贞观四年（630），漠北之战，唐朝彻底解决了东突厥问题；贞观九年（635），唐朝派李靖出兵吐谷浑，又解决了青海这个地方的问题；贞观十四年（640），唐朝再次出兵，平定了高昌，这是贞观时期第三次重大战役。我们今天所要讲的，就是唐代高昌的问题。

一　故城高昌　丝路要道

"高昌"是一个古地名，具体的位置就是今天新疆的吐鲁番。汉代叫"高昌壁"，公元317年十六国的前凉时开始叫"高昌郡"，贞观十四年（640）以前是高昌国，唐太宗平定高昌国后改称“西州”。

我们现在去吐鲁番旅游，通常会参观两个重要的故城，一个是交河故城[①]，一个是高昌故城。交河故城在今天吐鲁番市西边，高昌故城则位于今天吐鲁番市的东边，两个故城相距五十公里左右。了解高昌的历史，就要从这两个故城开始。

张骞在汉武帝时出使西域，当时已有交河城，它是车师国[②]的首都，而车师国则属于西域三十六国之一。匈奴与西汉的长期战争，最后把战火烧到了西域。加强与西域的联系，切断匈奴右臂，是西汉的一个重要战略。西汉在吐鲁番地区屯田，就是这个战略最重要的措施。最早屯田的地点是高昌故城（当时叫作“高昌壁”），一边屯田，一边为与匈奴的战争做准备。高昌故城是最早的一个屯田军队驻扎的堡垒。

317年，十六国的前凉政权在高昌设立了高昌郡。从此以后，高昌一直在河西政权的控制之下。与此同时，车师国依然存在。吐鲁番当时有两个政治中心，西部的是交河，东部的是高昌。

439年，强大的北魏消灭了北凉。北凉是匈奴人的政权，但是他们汉化程度很高。北魏占领北凉的武威后，西部的北凉余部不甘心失败，对北魏发动抵抗战争，领袖就是沮渠无讳和沮渠安周兄弟。但北魏毕竟太强大了，北凉余部的抵抗节节败退。最后，兄弟两人利用军队强制敦煌的几万老百姓移民，经焉耆进入高昌。高昌郡的百姓加上来自敦煌的汉民百姓，就成了以后高昌

① 交河故城：位于今新疆吐鲁番市以西，为车师人所建，曾是车师前部王国的国都，距今约2000—2300年，是目前世界上最大最古老也是保存得最好的土建筑城市。

② 车师国：汉西域三十六国之一，在新疆吐鲁番、昌吉、奇台等县地，亦名姑师。

居民的主体。

占据高昌的沮渠氏，一方面因为人多地狭，需要开拓疆土，另一方面因为西部的车师跟北魏结盟，于是与车师展开了长期战争。开始，车师方面取得的胜利多，后来，高昌占据了上风。持续了大约八年的战争在450年左右终于结束。车师的国民一部分逃走，大部分投降，交河故城一带成了高昌的一部分。至此，吐鲁番盆地统一了，出现了一个地方小王国。后来，这个地方就被叫作“高昌王国”。

高昌王国经历过多次政变和战争，城头变幻大王旗，都是汉人担任国王，有阚姓、张姓、高姓。502年，金城（今甘肃兰州）人麹嘉当上了国王，这是麹氏高昌[①]的开始。这个王国在当地统治了一百三十八年，一直到640年，即唐太宗的贞观十四年。高昌国的国王是汉人，高昌国的国民也以汉人为主，说话用汉语，写字用汉字。吐鲁番出土了很多这个时期的历史文物，都是汉字写的。比如说《论语》《孝经》《三国志》等，在那个时候，已经都传播到了这个地区。早先的车师人，今天已经难寻其踪影，大概是汉化融入了高昌国的汉族之中。吐鲁番地处丝绸之路的重要地段，周边有多种民族，应该还有其他民族以零星的方式在这个时期进入高昌，但高昌国民以汉人为主，这个基本情况始终没有改变。

高昌国地方小，人口也不多，但是地理位置却很重要，它是丝绸之路的交通要道，从南疆、北疆走进中原，都是先到高昌，然后从高昌到哈密，从哈密进敦煌。这条路线，就是现在的兰新

① 麹氏高昌：502年，麹嘉据高昌为王，史称“麹氏高昌”，直到640年，唐太宗派侯君集平定麹氏高昌，高昌改称“西州”。

铁路一线。唐太宗的时候，高昌这个地方发生了两件事，跟贞观之治有关系。其中之一，就是玄奘到了高昌。

二　玄奘西行　国王资助

唐太宗时期的高昌国，国王叫麹文泰。麹文泰的名声不大，现在很少有人知道他，可是，麹文泰为高昌王时却做了一件很有意义的事情，即帮助唐玄奘去印度取经。这是唐朝中外关系的重大事件，是和平牧歌式的美好篇章。中亚地区在晚唐之后，逐渐经历了伊斯兰化的过程，印度佛教也因此而一蹶不振。正是因为玄奘西行取经，使得大量的佛教经典得以存留，并以汉文的形式流传下来。这与伊斯兰世界保存了古代希腊文献很相似。唐朝对外关系发达，因为玄奘，中印关系尤为密切，而玄奘取经过程中一个不能忽视的关键人物正是高昌国王麹文泰。

玄奘是河南偃师人，俗姓陈。隋朝末年跟随哥哥出家，天生聪慧，读书过目不忘。他努力钻研佛学，成绩显著。他在国内遍访名师，从河南进入长安，从长安到四川，到襄阳，到江都，再到相州，最后再返回长安。有的时候，他本来去拜别人为师，结果反而成了别人的师父，这说明在佛学上他已经成了得道高僧，但是他自身的一些佛学疑问始终没有办法解决。他所质疑的是，为什么来自释迦牟尼的佛经，其中却有大量矛盾之处。解决这一疑问，需要将各种抄本的佛经进行比对，他决定到印度获得更多的佛经，同时也想得到佛教大师的点拨。此时正好有人告诉他：中天竺的那烂陀寺有一位世界级佛学大师戒贤法师，他也许能帮你解决疑问。

贞观元年（627），玄奘出发前往印度取经，因为没有得到政府的批准，所以他的西行实际上是不合法的，他必须逃避沿路地方官府的检查，这为玄奘的西行增添了很大的难度。在瓜洲，一位老年胡商，把一匹有经验的老马换给玄奘，玄奘自己就一人上路了。

唐玄奘取经的故事，后来演绎成四大名著之一《西游记》，说玄奘经过八十一次劫难终于完成取经。其实，真实的玄奘取经，只经历过一次生命危险，就是在他离开瓜洲，经过玉门关五烽之后，到达野马泉之前。现在这个地方是著名的戈壁滩，叫作莫贺延碛。在莫贺延碛，玄奘迷路了，更糟的是，他失手打翻了赖以生存的水袋。此后，四夜五天无水的日子里，他竟然挺过来了，但已是奄奄一息。幸亏那匹识途老马，当时玄奘已经完全没有了力气，只好信马由缰。老马把他带到了一个泉水边，就是野马泉，而玄奘一直认为那是他祈祷观世音菩萨的结果。玄奘的危险来自缺少旅伴和缺乏旅行经验。若不是那匹识途老马，玄奘可能与许多人一样会成为路鬼，而不为后世所知。

玄奘九死一生，从戈壁滩一出来，两天之后到达伊吾，也就是今天的新疆哈密。从来没有人独自一人穿越莫贺延碛，所以玄奘的出现，立刻轰动了伊吾城。而高昌王麹文泰获得这个消息后，把玄奘请到高昌。在高昌，玄奘受到了前所未有的盛情款待。麹文泰虽然不是佛教信徒，但对佛法极有兴趣。隋炀帝在位时，麹文泰曾经在中原地区游历过许多地方。他十分推崇玄奘的佛学，说他从没有见过比玄奘学问更高的僧人。可能是麹文泰对玄奘太崇拜了，他竟然请求玄奘留下做高昌国国师。玄奘对此无法接受。

玄奘冒死西行，为的是追求自己的信仰，世间的荣华富贵于他而言不过浮云。面对玄奘的拒绝，麴文泰也不后退。他追问玄奘：如果高昌国不让大师西行，大师能成行吗？这实际上是通过威胁来逼迫玄奘。玄奘毫不动摇，以绝食抗争。三天之后，麴文泰妥协了。双方达成了一个妥协方案：麴文泰和玄奘结为兄弟，并且支持玄奘西行，玄奘学成归来要在高昌停留三年。此后，玄奘在高昌连续讲经一个月，麴文泰则为他的西行做了各种准备。

玄奘在到达高昌之前，是靠施舍维持生存的，但在高昌，他简直成了富翁。麴文泰为玄奘准备了如下的东西："四沙弥以充给侍。制法服三十具。以西土多寒，又造面衣、手衣、靴、韈等各数事。黄金一百两，银钱三万，绫及绢等五百匹，充法师往返二十年所用之资。给马三十匹，手力二十五人。"此外，为了玄奘能顺利西行，麴文泰给沿途二十四国国王都写了国书。每书附赠大绫一匹为礼物。他为了寻求西突厥统叶护[①]可汗的帮助。又献"绫绡五百匹、果味两车"。

麴文泰给玄奘提供了他所需要的整整二十年的往返费用。四个小沙弥是他的徒弟，也陪同他留学，服侍他生活起居，还有几十名劳力、金钱、马匹。另外，因为两人是兄弟，从此玄奘有了一个国王做靠山。麴文泰派出一个使者，把玄奘一路送到西突厥可汗那里。这是高昌王的弟弟，一路各国都很照顾。当时的西域，各国都要看西突厥可汗的眼色，因为他是各国国王中的国王，他是西域的真正统治者。而统叶护可汗跟高昌国关

---

① 统叶护（？—627）：西突厥汗国鼎盛时期的可汗。在位期间，北并铁勒余部，西南逾阿姆河，占领吐火罗故地，武功超过历代可汗。

系密切，他的儿子娶的是麴文泰的妹妹。在碎叶[1]，统叶护热情接待了玄奘，并再派一个使者护送，一直到达印度。

有了如此强硬的国际背景，玄奘西行之路的顺利可想而知。从高昌出发以后，到达印度之前，他没有遇上任何麻烦。不仅如此，所到之地，一方面是各国热情的款待，另一方面是玄奘大方地施舍。很多寺院都接受了玄奘的施舍，那是他二十年留学费用的一部分。联想起东晋法显的艰苦取经，这二者真是天壤之别。

玄奘对人类的贡献是伟大的，他是著名的宗教理论家、翻译家、旅行家。他的成功主要是源自他的印度取经，而印度取经对他帮助最大的就是麴文泰。

麴文泰送走玄奘，继续在高昌当他的国王。他想念玄奘，不忘两人之间的三年之约。玄奘在印度奋发努力，也不忘这个三年之约。但世间充满变数，这个三年之约会有什么样的命运呢？

三　兴兵远征　平定高昌

麴文泰送走玄奘，跟中原的唐朝中央政府保持了一段良好的关系。贞观四年（630），麴文泰还偕同夫人一起去了长安。唐太宗高规格地接待了麴文泰，册封了他的夫人为公主。从那以后，双方的关系迅速进入蜜月期，西域所有的动静，麴文泰都及时地向唐朝汇报。

但是，一个巨大的阴影在西域的上空扩散，谁也想不到，这

① 碎叶：古城名，又称素叶水城。唐安西四镇之一。诗人李白出生于此。故址在今吉尔吉斯斯坦北部托克马克附近。

会影响到高昌与唐朝的关系。那是什么呢？问题出在西突厥身上。

在玄奘离开后不久，西突厥统叶护就病逝了。他的继承人彼此不服气，终于分成两派展开战争。这战争一打就是经年累月，从贞观二年（628）打到贞观六年。统叶护在世的时候，西突厥的势力最大。史书记载，西戎如此强大是从未有过的。正因为此前太强大，所以政治遗产的争夺就特别激烈。所有的西域各国也不能幸免，他们必须面对西突厥[①]内部的两派做出选择，当然更多的是无法选择，哪一派控制了自己就只能跟着哪一派走。

西突厥的两派，同时都在争取唐朝的支持。唐太宗当然是哪一派也不支持，就给双方写信，让大家先停战，和平议事。但两派谁也不停手，战争一直持续。直到贞观六年（632），双方的战争告一段落，唐朝开始册封西突厥可汗。不过，好景不长，很快内部战争再次爆发。这个时期，唐朝并没有武装介入西域长期以来的战争旋涡。

到了贞观十二年（638），唐朝最不愿意看到的情形发生了。唐太宗支持的那一派西突厥，势力越来越小，唐太宗不支持的那一派，反倒越来越强大，其领袖欲谷设[②]不仅击败了对手，而且大有统一整个西域之势。欲谷设一派在势力大增的同时，逐渐与唐朝发生严重摩擦。毕竟此前唐朝支持的是自己的对手。欲谷设控制了高昌，并联合高昌一起攻打焉耆。焉耆位于天山南部，跟高昌只隔了一道天山。与此同时，欲谷设阻断了西域与唐朝的往

---

① 西突厥：583年，突厥汗国东西分裂后。西突厥在西域称雄，并控制丝绸之路。

② 欲谷设（生卒年不详）：西突厥首领，自称可汗。控制高昌，称霸西域，与唐朝对立。

来，这就是所谓的阻断贡道。一些中原人过去逃亡西域，现在他们想返回都不允许。攻打焉耆这件事，对唐朝震动很大，因为焉耆和高昌都是唐朝的附属国，唐太宗派使者前往调节，要求高昌把焉耆的人放回去。

但是高昌不同意，因为高昌受控于西突厥欲谷设。欲谷设派了一个手下在高昌就近监督，叫阿史那矩。他名义上是高昌的一位将军，实际就是代表欲谷设控制高昌。唐朝看来也了解情况，唐太宗就点名要阿史那矩到长安来。高昌当然无能为力，只好派个使者到长安来解释。

双方使者的往来，其实就是沟通双方的立场，了解彼此的底细。唐朝的使者到达高昌，麹文泰的立场很强硬。使者问他为什么攻打焉耆，麹文泰的回答是："鹰飞于天，雉窜于蒿，猫游于堂，鼠安于穴，各得其所，岂不活耶！"这个回答的意思是谁也管不着谁。这显然是没有把唐太宗的中央政权放在眼里。

高昌王麹文泰为什么有这么大的胆量，敢于对抗天可汗唐太宗呢？

麹文泰曾经对他的亲信说："吾往者朝覲，见秦、陇之北，城邑萧条，非复有隋之比。设今伐我，发兵多则粮运不给，若发三万以下，吾能制之。加以碛路艰险，自然疲顿，吾以逸待劳，坐收其弊，何足为忧也？"

麹文泰在这里表达了几层含义：第一，他到过隋朝，也到过唐朝，他一直认为隋朝比唐朝强大，而强大的隋朝也没有力量出兵西域；第二，唐朝即使出兵，也不会太多，因为发兵多则军需供应会很困难；第三，如果发兵三万人以下，力量不足以打败高昌；第四，唐兵要过莫贺延碛，会让唐军疲惫不堪，高昌以逸待劳。当然，对于麴文泰而言，他还有一个重要的靠山，西突厥的欲谷设驻扎在可汗浮图城（唐朝的北庭，今新疆吉木萨尔），与高昌互为犄角。西突厥才是高昌最重要的砝码，是高昌抵抗唐朝中央的决定性力量。

高昌王麴文泰的判断都有根据，但是，形势始终是在变化中的。高昌的老百姓，不支持高昌王的政策，所以高昌流行一个童谣："汉家兵马如日月，高昌兵马如霜雪，日月照霜雪，回手即消灭。"这种童谣显然不利于军心，麴文泰据说很生气，派人追查。高昌人是汉人为主体的王国，与中原同文同种，百姓不想开战。虽然常有内战，但是若被西突厥裹挟着与唐朝开战，社会主体是不会认同的。

与此同时，唐太宗的朝廷呢？唐朝应该怎么办？

唐太宗和唐朝中央政府，感到事态严重。第一，高昌的做法，完全违背了封国的义务。它不该对抗唐朝，更不该阻断贡道，也不该攻打同是封国的焉耆。如果此事不管不问，会严重损害天朝的权威。第二，高昌的所作所为，完全是受高昌背后的西突厥指使。如果坐视西突厥的这股势力继续增长，唐朝在西域的形势就会越发严峻，中外的关系将被迫中断，不仅天可汗的威信会受到挑战，更重要的是中国将失信于西域各国。

一切和平的努力都失败了，唐太宗面临是否战争的考虑。

唐朝内部有两种完全不同的观点。主战派认为，唐朝的忍耐已经到了极限，西域的问题不能再任其发展下去，从长远的战略考虑，出兵是迫在眉睫的事情。另一派反对用兵西域，他们的观点是长途出兵，负担太重，为西域付出这么沉重的代价不值得。后一种观点的主张者没有留下清楚的记录，但是从观点上看，符合魏徵的一贯思想。

那么远征军队，是出还是不出？不出，这些问题解决不了，后果严重。出，麴文泰所说的问题确实存在，劳师远征，困难重重。自然环境恶劣，军队供给艰难。出兵少了，可能解决不了问题；出兵多了，国家财政负担更重。

是继续忍让还是迎接挑战？唐太宗决定坚决迎战。

这场战争的关键，不是唐朝讨伐不臣，如果仅仅是高昌，那就太简单了。关键是高昌后面的西突厥，唐朝必须认真考虑的是能否坚决与西突厥开战。如果迎战，就必须做好西突厥参战的准备。西突厥的欲谷设刚刚取得连续胜利。西域的多数国家都被他征服。唐朝平定高昌，要做的最大准备就是全面与它开战。不论是从总体战略，还是从国际政治出发，都要考虑这一点。不战则已，战则必须保证完胜。对于高昌背后的西突厥，尤其不能心存侥幸。

唐朝出兵了。唐太宗发布的《讨麴文泰诏》全篇都是历数麴文泰的罪行，提到西突厥也仅仅是说，麴文泰挑拨了西突厥的内战，结论还是要惩罚麴文泰。这表明，讨伐麴文泰是中国的内政，是皇帝对丧失臣节的麴文泰的讨伐，不是对外战争。言外之意，是不希望外人插手。

但是，如果外人插手，唐朝害怕吗？当然不怕。唐太宗做了打大仗的准备。

吏部尚书侯君集为行军大总管，牛进达、薛万均等为副大总管，还有总管多名。参战的军队除了府兵外，还有多民族的兵种参战，有打先锋的薛延陀[1]军队，还有阿史那社尔率领的突厥兵以及契苾何力[2]统率的铁勒兵。不一而足。唐朝到底出兵多少人？《旧唐书·高昌传》记载："太宗乃命吏部尚书侯君集为交河道大总管，率左屯卫大将军薛万均及突厥、契苾之众，步骑数万众以击之。"现有的资料不完整，大约有几万少数民族战士，汉军另有十五万人，总数二十万是比较可信的。

高昌有多少人口呢？三万七千七百三十八人。这显然不是唐军的主攻目标，唐军的庞大军队是给西突厥欲谷设准备的。结果呢？欲谷设侦察到了唐军的力量，也知道了唐太宗的决心。最后在唐军到达之前，欲谷设提前跑了，一口气向西跑了一千里。西突厥驻扎在可汗浮图城的将军投降。麹文泰听说唐朝大军已经越过大戈壁出现在伊吾，一口气没上来，死了。

战争就是这样，你没有决心打大战，就不要指望轻易取得胜利，要打就应该从最坏处着手，否则就不如不战。唐太宗的中央王朝决心解决西域问题，用绝对优势兵力开赴西域，决心打一次大决战。二十万大军远征，最后大话炎炎的欲谷设只好溜之大吉。

既然欲谷设逃跑了，历史把风光都留给了行军大总管侯君集，侯君集也把唐太宗讨伐有罪之臣的用意很有风度地表现了出来。

侯君集是全军的总指挥，几路人马分别扑向可汗浮图城和高

---

① 薛延陀：隋唐时期北方游牧民族，铁勒诸部之一。由薛部和延陀部合并而成。初属突厥，后归顺唐朝，隶于唐燕然都护府。

② 契苾何力（？—677）：唐初名将，铁勒契苾部人。契苾部主要活动在阿尔泰山及天山一带。632年，率众内属，唐将其部落安置在今甘肃张掖、武威一带。

昌，前者立刻迫使可汗浮图城的守军投降。侯君集的军队，应该是总攻高昌的，但是，欲谷设跑了，可汗浮图城降了，高昌城的结局已经再明显不过了。前面的侦察兵来报告，说高昌城正准备国王葬礼，高昌国的重要人物都汇集在高昌城。将军们纷纷请战，认为这是一个极好的机会，可以彻底解决高昌。总指挥侯君集不慌不忙地说：

不可，天子以高昌骄慢无礼，使吾恭行天罚，今袭人于墟墓之间，非问罪之师也。

我们不用搞什么袭击，因为我们执行的是天罚，是问罪之师，所以要讲究战争礼节，不能在人家葬礼上搞袭击。让他们按计划举行国葬，我们先攻打别的城市。于是先去打高昌国的一个郡叫田地，只用了一个上午，就打下田地。然后会师抵达高昌的首都高昌城。

老国王去世了，新国王麴智盛①给侯君集送来信件，说得罪上国的是先王，现在已经遭受惩罚去世了，我是新国王，什么事情都不知道，请可怜可怜我。侯君集回信：只要投降，一切好说。但是，麴智盛不想就这么投降，于是侯君集展开进攻。在侯君集的大军中，专门有一批能工巧匠，他们先到达哈密，用天山上的树木作材料，制作了很多攻城器械，现在终于用上了。麴智盛没有还手之力，只好投降。

① 麴智盛：麴氏高昌最后一位国王，640年继位后不久，便归附唐朝。

四　控制西域　帝国巅峰

高昌投降了，那么如何处置高昌呢?

唐太宗的朝廷得到胜利捷报当然高兴，但是朝廷上对于高昌的善后有意见分歧。争论再次爆发。唐太宗的计划是把高昌转变为内地一样的州县。魏徵的意见是继续保持高昌国，让麹文泰的儿子继续当国王。魏徵的理由是这样做可以减少国家的费用。最后皇帝没有采纳魏徵的意见，改高昌为西州，改可汗浮图城为庭州，在交河城设立安西都护府，留下兵力镇守。

唐太宗向来对魏徵的意见言听计从，这次为什么没有听从呢?

在这个问题上，还是太宗更具有战略眼光。第一，这次唐朝出兵西域，虽然是用高昌做文章，但是考虑的是整个西域形势。高昌虽然顺利拿下，但是欲谷设的西突厥主力还在，西域的问题依然存在。如果唐朝就这样撤兵，那么西域很快会恢复原样，唐朝的出兵效果等于零。第二，高昌的居民以汉人为主，文化也是汉文化，高昌国实行的是郡县制度，与内地的制度大同小异，体制转轨比较容易。所以，在这里建立州县制度难度不大。第三，西州、庭州和伊州三个州，可以形成互相支援的态势，建立西域东部地区强有力的根据地，为防止西突厥的反扑做好准备，同时也使得这个地区成为进一步经营西域的滩头阵地。

这些问题，显然是唐太宗的国际战略眼光在发挥作用。相比之下，魏徵的意见比较小气，基本上是中原本位的思考，缺乏应有的战略眼光。后来的历史证明，当然是唐太宗的意见正确。欲谷设曾经有过反扑，但是毕竟敌不过唐朝的力量，而另外一派西突厥势力与唐朝合作，唐朝最终成功地控制了西域，改善了丝绸之路的交通。唐朝是丝绸之路畅通的时代，跟唐朝在西域的这些努力是分不开的，而唐太宗平定高昌，则是最关键的一个步骤。

唐太宗经常听从魏徵的意见，那是因为魏徵的意见经常是正确的。这次，没有听从魏徵的意见，是因为这次魏徵的意见不正确。所以，我们可以适当地修改，唐太宗是听从正确的意见而不是听从魏徵的意见。

平定高昌，是唐太宗一生的一个高峰，之后，唐太宗多次谈到要避免骄傲的问题。几年以后，葱岭以东的西域地区，都明确进入唐朝的版图。后来的历史证明，唐太宗平定高昌，确实有远见卓识。

第十七讲　太子危机

贞观后期，宫廷内部发生危机，这是关于太子之位的明争暗斗。唐太宗即位不久就立长子李承乾为太子，按说李承乾应该是大唐皇位独一无二的继承人。但魏王李泰却渐渐受到了唐太宗的特别喜爱，李承乾感到自己的地位受到了挑战。那么，他会采取什么措施，来确保自己的太子之位呢？而魏王李泰面对自己受宠的局面，会不会有夺嫡之心？在太子危机的问题上，唐太宗李世民是什么态度呢？

古代西周确立下来的嫡长子继承制，主要就是明确继承人的唯一性，以保证最高权力的继承不要出现争夺而导致国家震荡。但是，这个制度常常不能被很好地执行。唐太宗的皇位就来自当年的玄武门之变，贞观后期，同样的悲剧在他的儿子们身上再次上演。这不是因果轮回，不是恶有恶报。这是帝国制度的痼疾，争夺继承权的矛盾斗争必然定期爆发。如果皇帝拥有权力，如果皇帝心明眼亮，后世的安排就会顺利、妥当，否则就一定会造成定期的政治震荡。

所有这类政治斗争，都是围绕储君进行的。贞观后期，就是围绕太子承乾展开。太子承乾的一生，可以概括为四个阶段：称职、危机、对策、废黜。

一 太子称职 上下满意

唐太宗的长子，名李承乾。

武德九年（626）八月，李世民即位当了皇帝。同月，册封长孙氏为皇后。两个月以后，就确立李承乾为太子，当时李承乾八岁。史书记载："太宗即位，为皇太子，时年八岁，性聪敏，太宗甚爱之。"因为聪敏，太宗甚爱之。八岁的孩子，虽然未来的道德品行还无从考察，但是聪明与否已表现出来。唐太宗对他的喜爱不是一般的，一个"甚"字表达了他特别地喜爱。

受到父母喜爱的孩子，当然长势良好。没有任何波澜，眨眼就过了十年。贞观九年（635），李承乾当太子已经十年，年纪十八岁。他继续受到广泛好评。《旧唐书》他的本传如此记载：

> 太宗居谅闇，庶政皆令听断，颇识大体。

贞观九年（635）五月，太上皇李渊驾崩，十月埋葬于献陵。太上皇五月六日驾崩，唐太宗就不再理政。十日，群臣请求皇上管理军国大事，唐太宗没有同意，转天命令太子在东宫处理庶政，政务工作交给太子处理。这期间，唐太宗是在为高祖守孝，名为"居谅闇"。这段时间，太子履行军政职责，一直到六月二十五日，正好一个半月。

这以后，唐太宗又开始管理政务，但管的都是大事，"细务"依然委任给太子处理。十月，太上皇入葬。十一月，大功臣李靖已经从青海凯旋，专门给皇帝上奏章，请求皇帝衣常服，临正殿。太宗不同意。也就是说，除重大军国要务由太宗处理外，其他事务还都归太子管，这样一直持续到贞观十年（636）的正月。

从贞观九年（635）五月到十二月，七个月的时间里，因为太上皇驾崩，唐太宗把一般政务交给太子处理，太子就在东宫处理了七个月的国家一般事务。

唐太宗这样做，一方面是因为礼制有这方面的规定，皇帝要居丧尽孝心。另一方面，也是要锻炼一下太子。为什么这样说？因为皇帝是可以例外不遵守礼制居丧的。可太宗不仅居丧，且不听大臣请劝，迟迟不肯全面复出听政。看得出，唐太宗此时对太子承乾已超出喜爱这个阶段，而进入实际能力的培养阶段。

太子承乾在这个阶段表现得如何呢？

《旧唐书》本传说他“颇识大体”，《资治通鉴》说他“颇能听断”。

作为未来的国家领导人，太子承乾这次的表现获得好评。识大体，表明他有大局观念，能够从大局出发来想问题。能听断，说明他不是那种优柔寡断的人，遇事果断。这些都是领袖人物必须具备的基本素质。从此以后，太宗对他就比较放心。每次离开长安的时候，都让太子执行监国使命。

贞观十一年（637）二月，到贞观十二年二月，太宗到洛阳宫，整整一年。这个时候，太子在长安监国；贞观十三年夏四月到十月，太宗上幸九成宫，半年时间，太子监国；贞观十五年正月到十月，太宗在河南，依然太子监国。

以上，我们看得出，太宗对太子的信任是确确实实的。太子的地位巩固，太宗对太子满意。

但就在这个不知不觉的过程中，承乾的太子地位危机还是发生了。

二 魏王得宠 储位危机

李承乾太子地位的危机到底起因于何事，史书记载能查到的说法有：

《旧唐书》本传："承乾先患足，行甚艰难，而魏王泰有当时美誉，太宗渐爱重之。"

《新唐书》本传："时魏王泰有美名，帝爱重。而承乾病足，不良行。"

两本书记载的内容一样，我们看到事情的变化涉及三个方面：

第一，太子身体出了问题，足疾不愈，走路都很艰难。

第二，魏王李泰浮出水面，声誉越来越高。

第三，太宗的倾向性逐渐偏离，表现出了对魏王李泰的偏爱。

而这三方面问题的发展，综合力量导致太子地位出现危机。

太子的足疾，没有证明是人为原因造成的，多半是自然问题。生老病死，人不能免。这样的问题，发生在普通人身上不是大问题，但在太子身上就不同凡响。政治人物，因涉及太多的利益较量，什么事情都敏感，什么事情都可能成为重大变故的源头。

魏王聪明好学，善写文章，影响很大。魏王也因此与很多士人（即那些有很好文化背景的读书人）往来频繁，这些士人对社会舆论有很大的影响力，他们欣赏魏王，赞扬魏王，给魏王营造了很好的声誉。魏王的一些属官，也深谙“一人得道，鸡犬升天”之理，积极为魏王经营，有意结交朝臣，为魏王积累人脉。这里，需要注意的是两个方面。魏王自身的方面，显现出文学才能，受到读书人的赏识和吹捧；同时魏王的属官也开始积极运作，为魏王网罗支持力量。

唐太宗在太子问题上倾向性的表态才是太子地位危机的根本性原因。唐太宗是性情中人，喜怒哀乐隐藏不深，常常溢于言表。史书记载：

贞观十年（636），太宗其他儿子都到外地任职。皇子成年后，都要到地方去做官，这是惯例。可是太宗舍不得魏王，独独把他留在长安。同年，李泰喜爱文学，太宗便下令在魏王府设置文学馆，听凭他自己招引学士。

因为李泰腰腹洪大，行动起来不是很方便，又准许他可以乘着小轿子入朝堂。

贞观十二年（638），批准李泰编撰《括地志》[①]。四年后，此书大功告成。

贞观十三年（639），太宗觉得大臣对魏王无礼，他说，人生之事，生死难料，万一哪天太子有什么不幸。你们怎么知道其他皇子不会成为新的储君呢？怎么可以随便轻视呢？

贞观十三年（639），谏议大夫褚遂良因为皇帝每天特批给魏王府的用品比太子还要丰厚，向皇帝上书。太宗改正。

---

① 《括地志》：中国古代一部大型的地理著作，由唐初魏王李泰组织人编写。它创立了一种新的地理书体裁，为后来的《元和郡县图志》《太平寰宇记》所继承。

贞观十四年（640）春，上巡幸魏王宅第，宣布赦免他的辖地雍州的死囚，赦免延康里当年的租赋，并对李泰的左右大加赏赐。

贞观十六年（642）正月，让李泰迁居宫中的武德殿，因为皇帝经常与魏王谈论天文地理、道德文章，所以就近安置。后来被魏徵劝阻，让他搬回原来的宅第。

我们可以看出，贞观十年到十六年（636—642），太宗开始对李泰偏爱有加。所有这些，都让人生疑，感觉皇帝似有新的安排。于是皇帝要换太子的风声不胫而走。承乾的太子地位，岌岌可危。

与此同时，贞观九年到十五年（635—641），太宗让李承乾主掌过国家一般军政事务，并在自己出巡期间让他监国。

但是，唐太宗有换太子的意思吗？没有。不过，唐太宗的这一系列表现，让人们有了皇帝想换太子的猜想。一旦有了这个猜测，而且肯定不是空穴来风，大家就闻风而动。

皇帝身边的人都是政治动物，对于政治的敏感，对于政治利益的看重，都是可想而知的。他们必须为可能出现的变动提前做好准备。否则，陷入被动就可能丧失一切。朝中大臣都这样活动，或者都存在类似的思想，就会刮起一阵又一阵的阴风。而所有的一切，合起来的力量无不与太子地位有关。

太子危机，于是出现。这是一个长期积累的结果。

三　针锋相对　水火不容

面对太子地位的危机，太子是如何应对的？太宗又是如何应对的？魏王李泰还有朝中大臣都是如何行动的呢？

太子方面

十几年的太子，曾经多次监国，成绩不错，声誉也良好，现在却出现了危机。更严重的是皇帝的心思也可能发生变化。随着李泰声誉鹊起，太宗逐渐偏爱起李泰，这不仅引发了朝中大臣的猜测，更让太子李承乾心理发生巨变，自信心受到重创。因为皇帝的心思转移，他所具有的识大体、能听断的素质，也不能为之凝聚人气。

在太子身边，有两个集团。一个是皇帝派到东宫的官员，他们虽然是东宫属官，是太子的手下，但也有负责对太子进谏和教育的任务，如左庶子张玄素、太子詹事于志宁、左庶子杜正伦等。

太子认为，目前的危机局面，主要来自魏王党的经营。于是他便把主要精力放在跟魏王的斗争上。但是，这些东宫的官员，不能说他们希望太子出问题，但是，他们与太子的策略不同，他们的意见，是要太子从自身做起，严于律己，不要给人落下把柄。所以他们不断地向太子进谏，太子感到他们跟自己不是一条心。

太子身边，还有另外一个亲信团体。这才是太子依靠的对象。他们跟太子同仇敌忾，认同太子的观点，认为现有的问题是由于魏王经营的结果。这些人中，最大的官员是吏部尚书侯君集。因为统一高昌立有战功，他想当宰相，结果不仅没有得到相位，高昌归来不久，还遭遇了官司，有人告发他在高昌军纪有问题。太宗最终没有处分他，但高升的愿望就此成为泡影。他从此怀恨在心。他在女婿贺兰楚石的介绍下，与太子建立了联系，成为太子核心集团中最有威望的人物。其他人物，还有杜如晦的儿子杜荷，太子的叔叔汉王李元昌等。这个团体中，除了侯君集是不得志的人之外，汉王元昌也是同病相怜之人。其他都是贞观元老的后代，年轻而有斗志，却缺乏经验。

本来，威胁太子地位的是魏王，但是东宫内部，太子与宫臣之间的矛盾不断激化，连朝廷和皇帝都很清楚。太子存在着一定的问题，比如有不检点的地方，但不应该完全是太子本身的问题，也许是被后来人妖魔化的结果。比如说李承乾喜欢打仗，天天在东宫里练武，两军对垒，互相厮杀，诸如此类。这些活动如果从正面说，太子习武，实战演练，完全可以说得冠冕堂皇。国家说不定什么时候就需要打仗，需要君主有这样的才干。如果从反面说，那就大不一样。我们现在看到的资料大概都是从反面说的，说得就很严重。比如太子说以后不想当皇帝，到草原上去，当个突厥人的将军。一个有政治头脑的人不大可能说出这样的话，很可能是别人栽赃。

现在看来，太子有尚武倾向。但是，根据唐太宗喜欢与魏王谈文学的情况来分析，唐太宗在对于未来接班人的素质上，有了重文轻武的倾向。太宗的这个心理，东宫大臣应该很清楚，而太子对此浑然不觉。所以，当太子在东宫大比武的时候，宫臣很替他担心。一次，太子在闭门练武，张玄素[①]叩门而谏，太子则当着他的面毁了两面大鼓。这证明，太子与宫臣之间，根本不协调，更谈不上默契。

后来，宫臣对太子的谏议书被唐太宗看到，皇帝表扬了他们。这让太子更不舒服。太子认为这些宫臣有出卖自己的行径。他愤怒了，竟然派人去殴打张玄素。张玄素险些丧命。于志宁[②]在守孝期间，太子也派人去刺杀，结果刺客被于志宁的孝心感动，刺杀未遂。这些东宫的官员没有成为帮助李承乾稳定太子地位的力量，反倒与太子之间形成了无比激烈的矛盾，这势必给太子的地位造成巨大威胁。

太子一方面明明知道有人在窥伺自己，一方面却我行我素，这即使能说明太子性情率真，也暴露太子政治上的严重不成熟。不久，太子同性恋事件曝光，即称心事件，让太子的丑闻天下皆知。这让地位已经危机的太子雪上加霜。太子跟太常寺的一个乐人关系暧昧，太子管他叫“称心”。这是太子很隐蔽的私生活，但是竟然被唐太宗知道了。太宗把称心和相关的几个人都抓起来杀掉了。这个事情首先是太子生活不检点，政治上幼稚，同时证明东宫很不安全。但是，事情发生之后，太子是如何反应的呢？第一，他把这件事记在魏王的账上，他感觉是魏王集团把事情捅出去的。第二，在东宫公开纪念称心，做了衣冠冢，赠官立碑，令人早晚祭祀。他还因此连续几个月称病不上朝。

---

① 张玄素（？—664）：唐太宗时著名谏臣，贞观时曾成功阻止唐太宗兴建洛阳宫乾阳殿的工程。因性情耿直，派他辅佐太子承乾。承乾被废，牵连被免职。

② 于志宁（588—665）：唐初大臣。随李世民平薛举，降薛仁果，是秦王府十八学士之一，常与太宗李世民切磋学问，谈论治国之道。是贞观时期名臣。

这意味着什么呢？这意味着太子对太宗处理称心事件很不满，给人以破罐子破摔的印象，与此同时，太子与皇帝之间有了公开的对抗。

此外，太子采取攻击魏王的策略。攻击魏王采取了两种手段：一是刺杀魏王，二是诬告魏王。称心事件以后，太子开始对魏王展开攻击，就是刺杀魏王。刺杀当然没有成功。可能就是因为没有成功，所以历史的记录中并没有太多的描写。但是，我们如果回到当时，也会为太子难过，因为这样的行动如果成功了，真的就能改变什么吗？

这时，又发生了诬告魏王事件。皇帝得到一封上书，上书人称自己是魏王府的属官，皇帝一看全是攻击魏王的内容，立即派人找上书的人，结果人已经跑了。没有抓住上书的人，此事最终无法判定是谁干的。但舆论却一致倾向是太子派人干的，《资治通鉴》也采用这个说法。这件事情，如果确实是太子干的，证明太子集团十分愚蠢。如果不是太子干的，可能就是魏王的苦肉计。如果是苦肉计，则是十分成功的。同时还能证明一个问题，人心的天平正在倾向魏王。

太子阵营的这些应对，可以说是完全失败的。加上对手的进攻，还有自己的愚蠢。太子应对地位危机的结果是典型的南辕北辙，危机反而深化了。

魏王方面

面对太子地位的危机，魏王党表现得十分出色。

魏王党内部很团结，利益关系一致，大家都以推动魏王高升为目标。在魏王府担任过职务的人，如韦挺、杜楚客等，都出谋划策，十分尽力。实际上后来仍然可以看到的，很多支持魏王的人都是皇帝身边的人，如崔仁师、岑文本、刘洎等。我以为，魏王党最重要的靠山是房玄龄。为什么这么说呢？第一，魏王党中年轻一辈中有房玄龄的儿子房遗爱[①]。第二，唐太宗对魏王的偏爱人人明白，房玄龄最懂唐太宗，又从不自作主张，唐太宗明确表示过要提拔魏王，所以房玄龄肯定是倾向魏王的。第三，贞观十三年（639），房玄龄被任命为太子少师，一个很重要的名誉头衔。但是，当太子准备仪式要正式参拜这个太子少师的时候，房玄龄在犹豫很久后还是没有参加这个仪式。史书记载，说他谦逊，其实他是不想成为有地位危机的这个太子的保护人。

魏王党的动作，就是增加魏王的正面声誉。跟太子阵营的策略相反，我们现在几乎看不到魏王有什么动作。魏王给我们留下的印象，就如同什么也没有做一样。而魏王党一旦行动，则是稳、准、狠。称心事件，是对太子打击很重的一个事件，魏王党告密的可能性极高，但是这也仅仅是太子怀疑而已。这证明魏王党工作做得细，天衣无缝。与此同时，树立魏王的受害者形象。有两件事情达到了这样的目的，那就是诬告魏王和魏王被刺杀事件。

皇帝方面

皇帝开始出于个人的偏爱，让魏王大出了一阵风头。当太子连续出现问题的时候，太宗确实产生过动摇。有一次他对杜正伦说，太子再这样下去，就只好换了。杜正伦是东宫的大臣，对于

---

① 房遗爱（？—653）：房玄龄之子，娶太宗之女高阳公主。任魏王府官员，高宗时以谋反罪被杀。

太子竭尽说服之能事，但是太子还是听不进去。杜正伦想，吓唬一下也许管用，就说你再这样下去，陛下说过，可要换太子了。太子一听，急了，给皇帝上表，认为自己是太子，皇帝不该随便说这样的话。皇帝大怒，把杜正伦贬官外地，因为他不该泄漏皇帝的话。杜正伦被处分，说明皇帝确实动过换太子的念头，但是还没有做出最后的决定。

太子地位危机在贞观十六年（642）达到高潮。这个时候，皇帝犹豫再三却采取了一系列措施挽救局面。贞观十六年八月的某一天，他向大臣征询意见，问当今国家之急务。

大臣褚遂良认为，太子和诸王的定分是天下急务，即确定谁是接班人是天下急务。太子已经当了将近十七年，现在却出现了危机，太子和诸王的地位没有确定。所谓诸王，褚遂良这里的说法是含混的，其实就是指魏王李泰。太宗给天下人留下了很深刻的印象，就是对未来接班人问题产生了动摇。合法的继承人是太子，可是皇帝越来越看好魏王，这当然让大家莫衷一是。

但是，换太子成本太高。太子连续出问题，而魏王表现确实出色，但是因此就可以换太子吗？唐太宗显然下不了这个决心。于是，推出魏徵为太子助阵。这里，除了太宗公开说的魏徵的威信这个因素以外，魏徵的政治思想应该是坚持稳定为上的。这也可以说，魏徵是反对换太子的。太宗决定任命大臣中威望最高的魏徵为太子太师，就是太子的老师，以向朝廷表示维护现在太子的坚定意愿。魏徵称身体有病推辞，皇帝强调此事非同寻常，带病也要完成使命，魏徵答应下来。这是贞观十六年（642）九月的事情。太子太师的名分很高，其实魏徵所发挥的作用有限，因为十六年九月任命，他的病情就越来越重，转年正月就去世了。

任职不足半年。

转年，贞观十七年（643）正月，太宗还跟满朝文武百官说现在流言依然很多，但是朝廷绝不会有什么改变。他甚至说，万一太子因为身体不能继承大统，太子的儿子也已经五岁了，可以让孙子继位。太宗警告，总之诸王不要有什么非分之想。

太宗这么坚定的表态，事情该朝着有利于太子的方向发展了吧，其实未必。

第十八讲　太子废立

贞观后期，最大的问题就是太子问题。唐太宗对魏王李泰是真心喜爱，却助长了李泰的野心，也让太子承乾没有了安全感。大臣们更是人心惶惶，各自煞费苦心地为未来做准备。这一切引发了贞观后期一场巨大的政治震荡。那么承乾的太子地位到底是怎么丢的？最后改换太子，唐太宗为何放弃了他最喜爱的李泰？

一　政治博弈　扑朔迷离

太子危机日积月累，冰冻三尺，非一日之寒。太子阵营的对策又总是不得力，危机越陷越深。太子地位到底能不能保住是一个巨大而沉重的政治问题，压在所有大臣的心头，因为这是朝廷最重大的事情，涉及所有人的利益。承乾是太子，或者承乾将不再是太子，这对于任何一个朝廷中人而言，都可能是天壤之别的结局。

大臣都在进行各种各样的猜测，也在从事相关的活动。这是一个巨大的政治赌局，不参加者肯定就是输家，参加者对输赢又没有把握。

魏王与太子的矛盾人所共知，魏王的野心也是路人皆知。如果魏王夺得太子地位，此前的一切努力就算是有了回报；如果承乾当了皇帝，魏王的下场可想而知。所以，不论太子还是魏王，如今是只能前进不能退后。

对立的双方，从立场上判断，都是没有退路。前进一步是天堂，后退一步是地狱。这样的形势，即使是第三方，也看得真切明白。

最犯难的还是唐太宗。两个儿子之间对立的斗争格局已经形成，而这很大程度上要归因于自己。因皇帝个人的偏爱，引发了一场政治震荡，是他始料未及的，等到发现想要纠正，却木已成舟，无法挽回。虽然太宗立即采取措施保护太子，但效果并不显著。如今的唐太宗，除了苦闷还是苦闷。眼看着悲剧在不久的将来就可能会发生，他束手无策。

贞观十六年（642）六月六日，这是玄武门政变十六周年的纪念日。十六年前的前两天发生了玄武门之变，十六年后，唐太宗发布一个新的命令，追认他的哥哥李建成为太子。这是一个象征意味很浓的政治动作，委婉地表达了太宗对玄武门之变的追悔之意，也表达了他内心深处的一种强烈希望，希望类似的悲剧不要在儿子们身上重演。但是现在朝廷中，这种情形非他一人所能控制。事关两个皇子，事关所有大臣，这是一场政治博弈，结局扑朔迷离。

在对峙双方都没有退路的情况下，局面只能按照内在的逻辑前进，唐太宗良好的愿望根本无济于事。贞观十七年（643）三月，一件谁都没想到的事爆发了，在远离政治斗争中心的长安以外，齐王李祐[1]谋反了。

二　齐王谋反　引发阴谋

李祐是李世民第五个儿子，是阴妃[2]所生。他的爵位是齐王，同时担任齐州都督。他的性格轻佻浮躁。贵为皇帝的儿子，就算不在政治中心，有点政治意识也很正常。作为亲王，他没什么野心，最大的心愿就是保住已有的爵位和利益。

在中国古代这个帝制国度中，皇帝权力太大，所以皇帝的宝座也就最诱人。满怀觊觎者有之，一心巴结者更多。集权的好处多，统一指挥，令行禁止。但事情往往都有正反两面，是双刃剑，集权体制维护成本极其昂贵，要防范所有的人，跟皇帝越亲近的人越要防范。所以众多的皇子反倒是体制内最大的嫌疑人，因此制度对他们的防范力度也最大。

像李祐这样的皇子，要想永保富贵，最简单的办法就是：显示自己没有野心，清心寡欲，与外界无往来；不要建立自己的关系网，更不要拥有自己的势力范围；做些读书、写字等雕虫小技的事情，过寄情山水、颐养性情的生活。但是，齐王没这样做。齐王的舅舅阴弘智跟齐王说：你的兄弟很多，等到皇上万岁之后一定问题很多，你应该找一些壮士实现自卫。齐王跟他舅舅一样脑袋少根筋，他就说好啊，于是就跟一些江湖豪杰联系上了。这

① 李祐（？—643）：李世民第五子，贞观十七年（643）谋反，事败，被赐死于内省，是唯一被唐太宗处死的儿子。

② 阴妃：原为李世民府中婢女，后为李世民生下第五子李祐。太宗朝被封为德妃。

些江湖中人也很高兴能跟齐王这样的显贵交往，他们经常一起骑马打猎，玩得很高兴。说到底，齐王的舅舅真是个成事不足败事有余的家伙。

齐王府的长史叫权万纪[1]，他名义上是齐王的手下，实际是皇帝派来辅佐并监视齐王的，他对齐王有进谏的责任，对皇帝有汇报的义务。齐王跟江湖人士往来，他一边建议齐王断绝这种往来，一边向皇帝汇报。皇帝知道了就写信指责齐王。与此同时，权万纪采取压制的办法，不许齐王出城，而且还赶走了那些江湖人士，不允许他们见面。他把齐王豢养以供玩乐的鹰犬也统统放掉了。

有一天权万纪的家里，掉了几块石头下来，他就怀疑是齐王手下那帮人干的。他觉得自己生命有危险，就赶快向朝廷汇报。后来，唐太宗召两人一起回长安汇报工作，权万纪与齐王的矛盾马上就激化了。齐王认为自己被权万纪出卖，为了泄愤出气，索性领着人马杀了权万纪，然后就在齐州招兵买马，起兵造反。

唐朝立马派兵前去镇压，大军还未到达，齐王就被他的兵曹参军杜行敏给擒住。齐王最后被押送长安，被太宗赐死，同党也被杀掉，其余的人一律不问。齐王造反其实是个很搞笑的事件，他的智商很低，不具备政治斗争的能力。他发动谋反，所在属县，却没多少人听命。他率领人马进攻一个叫高村的地方，村里人高君状在村头对齐王喊话："主上提三尺剑取天下，亿兆蒙德，仰之如天。王忽驱城中数百人欲为逆乱以犯君父，无异一手摇泰山，何不自量之甚也！"待齐王把这个高村攻下来，却没有勇气

---

① 权万纪（？—643)：唐初大臣。先后为皇子李恪、李祐的老师。贞观十七年（643)，李祐谋反，将其杀害。

杀掉高君状。齐王的见识，竟不如一个农夫。

但就是这个搞笑事件引爆了一桩巨大阴谋，而这阴谋的暴露加速了太子废立的进程。

三　太子谋反　自毁前途

在审查齐王谋反的案件时，朝廷发现，齐王手下的一些江湖人与东宫有牵连。太子最信任的一个名叫纥干承基的壮士被揭发出来。原先太子派人去刺杀魏王，就是这个纥干承基办的，他与齐王府的人有联系。按照相关法律，纥干承基应当被处死，可是，纥干承基不想死，他决定抓住唯一的存活机会。为了立功赎罪，他出卖了太子。这是贞观十七年（643）四月的事情，距离齐王事件一个月，纥干承基告发太子谋反。

唐太宗听后非常吃惊，太子谋反，匪夷所思。唐太宗希望这不是真的，他派长孙无忌、房玄龄去调查。结果，事实俱在。

参与太子谋反计划的核心人物是有影响的吏部尚书侯君集。侯君集的女婿叫贺兰楚石，是东宫千牛，即太子的贴身护卫。太子的贴身护卫一共有十六人，是太子的武装亲信。太子通过贺兰楚石认识了侯君集，侯君集从高昌回来，升官希望化作泡影之后，就寄希望于太子。他举着自己的手说，这双好手，现在该归太子你使用了，意思就是愿意帮助太子杀人了。太子能得到侯君集这位大人物的支持，当然高兴万分。不过，侯君集也知道自己参与了一个危险的计划，经常夜不能寐，或者一夜数惊，也曾经想举报，犹豫再三，事情还是败露了。

参加太子谋反计划的另一位重要人物左屯卫中郎将李安俨，他的任务是侦察皇帝的动静，及时报告给太子。这个李安俨原来是隐太子李建成的人，隐太子败，李安俨为他力战，皇帝认为他忠诚，亲自任命他为典宿卫。李安俨是自托于太子，当然是看好太子未来的前途。

汉王李元昌，是唐太宗的弟弟，他因多次违法，被皇帝训斥，心怀不满，也加入谋反队伍。他谋反的动力很有趣，据说他看上了皇帝身边一个擅长弹琵琶的美人，他希望事成之后，太子把那美人赏给自己，太子当然答应了。这样的故事，很有可能是后世人妖魔化的结果。

太子的谋反计划，到底是一个什么样的计划呢？现在看来，真是语焉不详。在史书中搜罗蛛丝马迹，可以肯定这是一个行动预案，就是说在采取行动之前，需要出现某种状况。

第一，是来自侯君集的建议。他跟太子李承乾讲隋朝太子杨勇被废的故事，提醒太子要防患于未然。

第二，杜如晦的儿子杜荷建议太子，说一旦发生变故，太子就谎称生病，待太宗前往探视时，发动政变。

第三，太子听说齐王祐反于齐州，就同纥干承基说：齐州离长安那么远，所以才会失败，而东宫离太极殿很近，翻过墙就到了。

这几项，都与太子的谋反计划有关。侯君集所说，与其是计划，不如说是思想。所有这些，都有两个前提，就是太子地位的最后危急时刻来到。这个计划，几乎就是玄武门事变的翻版，进兵西宫，控制皇上，进而控制国家。

他们的这个计划，是在什么前提下实施，这一点没有资料可以说明。我们可以推测的一个前提是：在太子被宣布废黜的时候，或者前夕。本质上，这个前提依然可看作是出于自保，是在恐惧被废的背景下的一种应急预案。

但到了生死关头，人人又图谋侥幸，借告发他人立功免死。侯君集一开始不承认，他的女婿贺兰楚石出面指证，侯君集才认罪。

太宗亲自审问侯君集。太宗对侯君集说：我担心刀笔吏让你受辱，所以亲自来问你。太宗私下还跟大臣们商量，是否可以免除侯君集一死，结果没有人同意。太宗跟侯君集说：为了你，今后我将不再登凌烟阁[①]了，因为凌烟阁上的功臣图中有侯君集。侯君集追悔莫及，痛不欲生。他要求给自己留下血脉，太宗答应了。他的小儿子和夫人一同流放岭南。太宗亲自过问侯君集案，还有另一个动机，就是他担心别人审问失误，冤枉了这个重臣。此外，其他的人就按照法律该连坐的都连坐，该死的都杀掉了。

说到底，其他人都好办，格杀勿论。最难处理的是太子，唐太宗陷入了巨大的矛盾中。自己当年政变夺权的后遗症如今充分显现出来。侯君集和李安俨都是当年政变的参与者，侯君集是进攻一方，李安俨是防守一方，他们现在又都集合在太子李承乾的身边，阴谋用同样的办法对付自己。真是报应啊！唐太宗现在大概能够体会得到当年唐高祖李渊的心情了，手心手背都是肉，哪一个都舍不得啊！

唐太宗转向大臣们求招。太宗说：按照法律，太子承乾应该

① 凌烟阁：原本皇宫内三清殿旁的一个小楼，贞观十七年（643），唐太宗为纪念开国功臣，命阎立本在其中描绘了二十四位真人大小的功臣图像，由隋唐书法大家褚遂良题字，每人皆有赞辞。是贞观时期君臣关系良好的纪念碑。

被处死，但太子是皇帝的亲生儿子，能不能不处死？可如果不处死，又没有合适的理由，你们说怎么办？谁都不吭气，没有人回答。唐太宗就这样反反复复地追问着，大家还是沉默对之。

我们可以体会一下，此时站在众多大臣面前的太宗皇帝，多么孤独！

终于有人说话了，一个叫来济[①]的大臣说，最好是皇帝不失为慈父，太子可保终年。这是唐太宗最希望听到的答案。这话所有的大臣都不敢说，只有一个小官来济说出来，皇帝肯定是心存感激的，后来来济果然升得很快。最后，太子被免为庶人，侯君集、杜荷、太宗弟弟汉王元昌被处死，东宫主要官员也都免为庶人，参与阴谋的当然都杀掉了，或是赐予自尽。太子谋反案件，终于落下了帷幕。

四　鹬蚌相争　晋王得利

太子承乾被废，新太子的人选会是谁呢？

庶出的有吴王李恪，吴王恪的母亲是隋炀帝的女儿，一般认为他是集两个皇族的血脉于一身，但就从继承皇位来讲，这是劣势而不是优势。为什么？李唐取代杨隋，当时有很多民间传说，都是讲李氏取代杨氏的必然性。如果让李恪当皇帝，不免有恢复隋朝的意思。

李世民当然最好是在嫡子之间进行选择。唐太宗的儿子虽然

① 来济（610—662）：唐初大臣。擅长文学，贞观年间，与令狐德棻等撰《晋书》。唐高宗想立武氏为后，来济反对，后被贬。突厥入寇，来济不披铠甲作战，阵亡。

众多，嫡系的儿子只有三人。现在承乾被废，还有李泰和李治。

事到如今，几乎所有的人都认为魏王李泰当新太子是板上钉钉的事情。岑文本、刘洎等主动出面正式要求太宗确立李泰为太子。岑文本是中书省的中书侍郎，中书省的副长官。刘洎是黄门侍郎，是门下省的副长官。在此之前，给事中（正五品上）崔仁师曾秘请皇帝立魏王为太子，当时因太子还没有被废黜，所以这个建议很危险，有动摇国本的大害。太宗的处置是将其调转为鸿胪少卿，一个鸿胪寺的副长官，从四品上，品阶提升了，地位却下降了。处置并不严重。

魏徵去世以后，门下省的负责人是房玄龄，房玄龄应该是赞成魏王的。不论是中书省还是门下省，都是在皇帝身边工作。他们这种做法，与其说是表达自己的拥戴感情，不如说是为了讨好皇帝。他们肯定会以为皇帝有这样的想法，所以替皇帝说出来。因为此前的这种迹象太多了，那根本就不是暗示，而是明说。

唐太宗也接见了魏王李泰，并且当面说出了要立李泰为太子的话，这是皇帝的应允，虽然没有正式宣布，却是很明确的一种表态。

在李承乾为太子的时候，魏王与李承乾的斗争大家虽然很了解，但是，魏王李泰究竟采取了什么推翻太子的行动，其实没有什么记录，这证明他不仅勇于斗争还善于斗争。除了李泰的好处，以及皇上对他的喜爱以外，几乎没有什么具体的记录。这些，都是李泰取代李承乾的有利因素。

但是，就在人人以为李泰肯定将成为新太子的时候，谁也没想到风云突变。晋王李治成了黑马，异军突起，成为一个谁也没有想到的竞争对手。

李泰和李治，就个人因素而言，毫无疑问李泰更有领袖素质。

李泰当过雍州牧、左武侯大将军，前者相当于首都市市长，后者是三品大将军，有一定的军政经验。他成立文学馆，编撰地理书《括地志》，在读书人中间建立了很好的影响。贞观十七年(643)，李泰大约二十六岁，已经成年。

晋王李治当时也就十六岁，从来没到过太原，政治经验无从谈起，也没什么阅历可言。从这些条件看，理应选择李泰为太子。但皇家的事情就是不能用普通人的眼光来判断，未来接班人的选择，需要更全面的条件。

五　确立李治　保全皇子

后来的事实证明，李治反而更有优势。明明唐太宗已经答应了李泰，为什么又撤销了呢？史书对此记载不详，但有三件事值得我们注意。

青雀入怀

唐太宗有一次跟这些大臣商量立太子之事，说是青雀（李泰的小名）上次扑到我怀里，很动感情地说，如果让他做太子，他当了皇帝以后，就把他唯一的儿子杀掉，让他的弟弟李治来继承他的这个帝业。唐太宗给大家讲这个故事，是因为自己为此深受感动。唐太宗复述李泰的话，实际上是想获得同情，为李泰争取同情。从这番表述中，我们看到唐太宗还是想要立李泰的。但是，拥护李泰的人没有发言，立刻被褚遂良抓住不放。褚遂良的意思是李泰的这个表态不符合人性的常识，因为父子亲过兄弟，而一旦大权在握，不可能杀掉自己的儿子让位给弟弟。他说：

> 陛下言大失。愿审思，勿误也！安有陛下万岁后，魏王据天下，肯杀其爱子，传位晋王者乎！陛下日者既立承乾为太子，复宠魏王，礼秩过于承乾，以成今日之祸。前事不远，足以为鉴。陛下今立魏王，愿先措置晋王，始得安全耳。

褚遂良更严厉的含义是另外两层：第一，现在的局面都是陛下造成，是因为陛下偏爱魏王泰，所以才造成今天的祸乱。用这样的言语直指皇帝，就连魏徵当年都没有过。因为不管皇帝如何偏爱，太子承乾阴谋政变总是大逆不道的。但是，褚遂良不这样说，只是说皇帝偏袒魏王。第二，如果要立魏王为太子，就要事先安排好晋王李治，否则李治就不会安全。

听了褚遂良这段话，唐太宗流下了泪。这证明，褚遂良的话，真正触动了唐太宗内心深处的痛苦神经。这不是唐太宗最后一次流泪。可以说，贞观十七年（643），李世民流年不利，应该是他一生中最痛苦的一年。

褚遂良的这段话，是让李世民改变立魏王泰的一个重要原因。

李泰逼迫李治

承乾这个最大对手出局以后，李泰有点着急，他想逼李治退出竞争。所以他就找了机会跟李治说：咱们的叔叔汉王元昌被赐自尽，他不是跟你关系很好吗？言外之意，你跟谋反的那个家伙很好，说不定你们之间有什么不可告人的事。魏王实际上就是试图逼李治退出竞争。但是这种做法是有风险的，一旦过度，就是逼人太甚。两人接触后，李治表现得非常好，根本没有向皇帝告状。他虽然不说，但是整天魂不守舍、很忧郁的样子。唐太宗看见了很诧异，就问他怎么了，为什么一副愁眉不展的样子。可是，怎么问李治也不说。太宗就更着急了，三番五次地追问。李治只好实话实说。唐太宗觉得李泰太过分了，这不是要逼李治自动退出吗？回头再想想李治，哥哥那么对自己，自己还一直掩护他，皇帝三番五次追问才说出真相。这下，哪个孩子更善良，不是很清楚吗？

这件事对李泰影响很不好。毫无疑问，唐太宗的内心，如今父亲的角色占据了上风，保全儿子们是他最大的心愿。所以，现在选太子，就是要选一个善良的，能够在自己百年之后仍能保全兄弟们的。而李泰和李治，还是李治表现好。看来，李治的年轻和柔弱还真是在关键时候帮了大忙。

李承乾的作用

在这段时间里，唐太宗看望了前太子李承乾，李承乾说了一番话。他说，我贵为太子，还有什么可争的呢？我不过就是想保住太子这个位置而已，还不是被李泰所逼？现在如果立李泰做太子，那大家都上了他的当。他所有的计划，所有的经营就都实现了。

李承乾的说法有一定的道理，但是这种说法也不能自圆其说。试问，用谋反的办法保住自己的位置，这难道是李泰教的吗？你不是因为有谋反计划才被废黜的吗？如果说有人逼迫，那也有皇帝在内啊。李承乾恨李泰是很自然的，他当然不会推荐李泰。在李泰和李治之间，李承乾只能推荐李治，而推荐李治的办法就是否定李泰。

实际上，主要就是上面这三件事，让唐太宗心里那杆秤从李泰身上摆到了李治那边。他后来公开对大臣们说，以后太子有问题，亲王有非分之心，干脆就谁也不用。这要成为一个规矩，让以后的皇子、皇孙们知道，这个最高的位置不是经营得来的，而是皇帝指定的。所谓经营，魏王李泰的经营确实是明显的，但是不能认为李治就没有经营。李泰自己的经营是经营，那么李治的拥护者经营算不算经营？所以，唐太宗的这番话，关于经营与否的问题看起来很有道理，其实根本无法把握。就是后来，哪里没有经营？亲王觊觎太子地位是经营，太子保位不是经营吗？总之，经营是难免的，有高下之分，有明显隐蔽之别，绝对的不经营在任何时代都是不可能的。

但是，立李治，仅仅出于他性格的考虑吗？唐太宗更全面、更深刻的考虑，我们还需要进一步分析。

第十九讲　未雨绸缪

英明一世的唐太宗在他的晚年，最棘手的就是立储问题。立储问题不仅是谁当皇帝的问题，而且是唐朝需要一个怎样的皇帝的问题。它直接关系唐朝未来的走向。唐太宗徘徊在自己的几个儿子之中，犹豫不决，最终他确立晋王李治为太子。事实上，确立李治，唐太宗还是不满意的，但是他为什么选择李治呢？仅仅是因为李治不会对其他皇子构成威胁吗？在唐太宗确立太子的问题上，还有什么因素在发挥作用呢？

唐太宗徘徊在儿子之间，不断地权衡。这么大的一个天下，到底谁更适合当皇帝呢？贞观十七年（643），唐太宗只有四十七岁，但是，他必须为自己身后的世界做出安排。未来世界如何，接班人是关键。

一　储君辅臣　朝野中坚

唐太宗本来倾向于立李泰，这在前文已经说过。后来发生改变，是因为唐太宗发现李治如果继承大位，更能保全其他皇子。而在这个问题上，李泰表现不佳，颇有瑕疵，并被一些人抓住不放。李泰平日里看来工作也不仔细，这个时候就遭到了报应。

治理国家，皇帝和大臣的良好关系是很重要的。唐太宗对此十分清楚，所以他不仅要选择一个未来的皇帝，还要选择一个未来的君臣团队。作为皇帝个人的素质，前面已经说过，当然是李泰强于李治。但是，在立新太子的这个过程中，李泰并没有强有力的支持者，而李治的支持者则力量雄厚。

不是当初有许多人看好李泰吗？其实，当初看好李泰的人，多是因为唐太宗的态度。现在，情况如此复杂，皇帝也在动摇中，谁还愿意来蹚浑水呢？房玄龄是多年的宰相，但他从来唯唐太宗马首是瞻，让他附和唐太宗是容易的，让他独立于唐太宗之外坚决提出自我主张则是不可能的。中书省、门下省的官员们，情形也多是如此。

反观李治的支持者。长孙无忌是一个意志坚强的人，他是拥护李治的坚决派。史书的说法是“长孙无忌固请立晋王治”。一个“固”字充分表达了他的态度和立场。在拥护李治的团队中，长孙无忌当然是最值得依赖的，他是皇子们的舅舅，是贞观重臣。唐太宗过去曾经表示过，无忌与他的皇子们情同父子，是任何人都不能离间的。此外，褚遂良[①]虽然是后辈晚出，但是除了他的才华之外，这个人还以敢于讲真话为名，在能够继承魏徵事业的名单中，褚遂良应当是最出色的。

在我们经常不注意的人物中，属于这个团队的还有李世勣。现在，在唐朝的军事将领中，李世勣是最出色的一个，因为李靖已经老了。李世勣与李治的关系，曾经是上下级关系，李治是晋王，是并州都督，而李世勣是长史，典型的上下级。虽然李治并

---

① 褚遂良（596—659）：唐初大臣。秦王府学士褚亮之子。博通文史，尤精于书法，为初唐四大书法家之一。在太宗立李治为太子的过程中，作用巨大。

不到太原去，但是李世勣在太原取得的所有成绩，都有李治的一份。在传统政治中，这种既有的故吏关系，是最牢靠的关系。李世勣可以肯定是李治的支持者。唐太宗对这个李世勣既有不放心的一面，又有依靠的一面。玄武门之变中，李世勣采取中立态度，不支持。这是唐太宗与李世勣最关键的一个问题。但是李世勣又确实有军事才干，是国家的栋梁之材。唐太宗曾经说过，有李世勣就不用修长城了，因为他就是国家的长城。有一次，李世勣生了病，医生说需要龙须为药引，哪里有龙须啊？李世民就剪下自己的胡须，烧成灰，给他做药引，李世勣感动得痛哭流涕，李世民解释说，这不是为了你，是为了社稷。有一次宴饮，李世民对李世勣说，你最适合托孤，当年你不辜负李密，怎么会辜负我呢。这让李世勣倍加感动，甚至流着泪不肯接受，还把手指咬出了血，最后喝多了酒，彻底醉倒，李世民则脱下自己的衣服为他盖上。可见，李世民还是一贯倚重李世勣的，而李世勣支持晋王李治，这是唐太宗不能不考虑的。

李治的团队中，还有一个人叫马周。前面介绍过，他也是贞观时期成长起来的政治家。他也当过晋王府的长史，当然也是拥护李治的。

总之，李治的个人素质是一个方面，更重要的是李治身后的这支团队。老政治家有长孙无忌，新政治家有褚遂良，军方代表是李世勣。他们比李泰身后的团队更强大，人才综合素质更高。所以与其说是唐太宗选择了李治，不如说是选择了李治身后的大臣团队。

看看李治背后的力量及其表现，我们就知道唐太宗为什么在选择储位问题上要妥协。

李治的团队拥护李治很坚定，并且具有攻击性。我们看褚遂良说魏王李泰不行，直接把唐太宗也放在一起说，他说现在的矛盾都是陛下造成的。因为当时唐太宗是要立李泰的，而褚遂良的说法很尖锐，那意思是陛下过去立承乾为太子已经错了，现在又要立李泰，那也是错的。尤其是，不管是褚遂良还是长孙无忌，都认为李治仁孝，能够保证其他皇子的安全，对于继承大位也最合适，为什么呢？因为打天下的时代已经过去，现在是守成。守成之君只要仁孝即可。

李治的拥护者敢于直接攻击唐太宗，能够充分利用唐太宗的心理，即保全儿子的心理。所以他们在所有的场合几乎都能控制局面。

那么，我们来看看李治被确立为太子的过程。

有一次，唐太宗召开了一次小型会议，只有长孙无忌、房玄龄、李世勣、褚遂良。此外，还有李治。唐太宗表现出极其痛苦的样子，甚至做出自杀的动作，说："我三子一弟，所为如是，我心诚无聊赖。"这个话实在大有深意。三子，指长孙皇后所出的李承乾、李泰和李治，一个弟弟是指汉王元昌。说他们都如此，我活着真是无聊。那么，这些人中，承乾和元昌有谋反计划，李泰有夺嫡阴谋，那么李治干了什么呢？为什么唐太宗也把他放在一起说呢？为什么当面这么说呢？这说明，唐太宗真的不想立李治，对李治同样不满意。他的寻死觅活，其实是要赢得同情心。但是，没有人同情唐太宗，当场的人中，大家把唐太宗抱住，褚遂良把御刀夺下来，直接交给了李治。

这是很有象征意味的，那把御刀竟然是被夺取的，不是唐太宗交给李治的，而是大臣夺取的。然后的对话也很有意味。长孙无忌问皇帝到底要立谁。唐太宗说是李治。于是，长孙无忌说：皇帝已经命令，就立李治，有不同意者，格杀勿论。当场的人中，可能有异议的最多只有房玄龄，在这种情况下，依照房玄龄的性格，他还会坚持异议吗？当然不能。因为要立李泰的，最核心的人物是唐太宗啊。唐太宗的说法更有意思，他对李治说，你赶快谢谢你舅舅吧，你舅舅答应让你做太子了。他不说我让你做太子，他说你舅舅让你做太子，你赶快谢他。李治赶快过来给长孙无忌磕头。这个事就在内部核心会议上定了。

后来，唐太宗还是担心，就又搞了一个民意测验，他跟大臣们说：原太子李承乾谋反，而魏王李泰也居心叵测，让大家举荐太子人选。结果全体大臣都拥护晋王李治。这是等额选举，先否定了承乾和李泰。长孙无忌的凶猛人所共知，谁会不选李治而与长孙无忌对抗呢？太子之位由此确立。我们的结论是：李治当上太子，是长孙无忌等人的强力主张与唐太宗最后妥协的结果。唐太宗最后决定把后世交给李治，除了相信李治能够保全兄弟们以外，更是看中了李治拥护者的团队，就是以长孙无忌为首的这些人。

贞观十七年（643）的四月，唐太宗宣布李治为太子。七个月以后，皇帝还不满意李治，还跟长孙无忌商量，李治还是太仁弱，你看李恪怎么样。吴王李恪像我，能文能武。长孙无忌不同意，那怎么可以呢，这个太子已经宣布了，而且太子仁厚，大家都知道，哪能随便就换呢。皇帝说，你是不是因为你不是李恪的舅舅，跟你没有血缘关系。长孙无忌没听这个，反正是不行。这时候长孙无忌比皇帝好像劲儿还大，皇帝还得跟他商量，结果皇帝的提议被长孙无忌否决了。

二 弥合矛盾 用心良苦

关于太子的确立问题，可能是唐太宗一生中最头疼的事情，叱咤风云的一代帝王，却找不到合适的接班人，把自己的江山社稷继承下去，这对唐太宗来说，的确很头疼。但是紧接着的一些事情，更让唐太宗无能为力，那么这是些什么事情呢？

唐太宗最终选择李治，虽然看中了拥护李治的这批力量，但是他更大的希望是组合所有的大臣力量，把他们都变成未来皇帝的忠诚支持者。在唐太宗看来，这批力量足以能撑起生性仁慈的李治。尽管他不满，尽管他委屈，唐太宗也没有任何的办法，不管怎样，太子的确立，总算了却唐太宗的一大心病。但是，太子之争带来的余波却远远没有结束，由于太子之争，朝中的大臣分成两派，一派是拥护魏王的魏王党，一派是拥护李治的晋王党。当晋王党取胜的时候，他们会不会对魏王党有所动作？唐太宗会如何对待拥护魏王的大臣们呢？所以，宣布新立太子之后，唐太宗对现有的大臣的位置进行了一次重大调整。这个调整的中心内容是把支持李治的大臣和原来支持李泰的大臣集合起来。具体的做法是，先安排东宫的人事，再调整朝廷的人事。

就在宣布李治为太子的当月，贞观十七年（643）四月，唐太宗进行了一系列的人事调整：宣布房玄龄、长孙无忌、李世勣这些人都成为东宫的重要人物，都是太子的老师，或者在东宫担任重要的职务。做了这么一个调整，对这个调整的方向我们看得很清楚：精诚团结，共辅太子。

这是一个全部重要大臣都在内的名单。但是，最高位置，除了房玄龄以外，都是长孙无忌的人马，都是在拥立李治过程中出过力的人。

同时，唐太宗也给予其他人以升迁的机会。

不久以后，以散骑常侍刘洎①为侍中，行中书侍郎岑文本②为中书令，太子左庶子中书侍郎马周守中书令。这三个人中，除马周以外，都是建议立李泰为太子的人。而不论侍中还是中书令，都是三品大官，是中书省和门下省的长官。

唐太宗的良苦用心是很清楚的，朝廷因为太子纷争导致的分裂不能继续下去，现在新的太子确立了，以往的分裂可以就此结束了。他的这种安排，是希望大家能够尽弃前嫌，重新团结，因为太宗担心李治不能驾驭全局。

皇帝的这个政策，效果怎么样呢？

我们可以看看几个人，他们过去拥护李泰，现在的情况怎么样？

岑文本，中书省的长官中书令。他在中书侍郎这个位置待了很多年。他是一个有名的文人，会写文章，给皇帝起草诏令，那是非常有一套。他可以同时起草几个诏令，几个书手在旁边写。岑文本的文学才华是没得说的。但是他是拥护李泰的，至少他公开表示过支持李泰。我曾经看到过岑文本替李泰写的一篇文章，就是纪念长孙皇后的文章，说明他们还是有一定关系的。朝廷任

---

① 刘洎（？—645）：唐初大臣。太宗出征辽东，他辅佐太子监国。后为褚遂良诬陷，被赐死。

② 岑文本（595—645）：唐初大臣。贞观年间，专管机密。曾与令狐德棻编撰《周书》，史论部分出自其手。

命他做中书省的长官，你看岑文本的反应。有些人到他家去祝贺，他说，“我非勋非旧”，我既不是新太子旧人，又不是为他立功之人，仅仅是因为写文章升到这么高的职位，问心有愧。人家来祝贺他，他说这样的话就有点损了，说今天“只受吊，不受贺”，说明情绪很大，来吊唁可以，祝贺就不要了。他升官让人来吊唁，这是什么意思？他知道自己是被人“统战”了，心里不舒服，知道自己虽然职位升了，但他不是人家嫡系那一派，自己不要高兴得太早。所以他从此以后郁郁寡欢。后来皇帝亲征辽东的时候，唐太宗看岑文本精神不济，就跟别人说，岑文本这次跟我一起到辽东来，是否能跟我一起回去，真的很难说。贞观十九年（645），就在从定州出发还没有到达前线的时候，岑文本就死掉了。他是愁死的，他知道自己站错队了。

比较而言，刘洎的性格好像更开朗。他几乎忘记了自己建议过皇帝让李泰当太子的事情。在李治已经当上太子以后，刘洎一点都不见外，还积极给皇上建议，应该加强对太子的教育。皇上很高兴，于是决定让刘洎和岑文本等人定期到东宫去给太子上课。

当上侍中以后，刘洎依然一副敢作敢当的样子，一点都没有感到政治局面的变化。在唐太宗御驾亲征辽东的时候，唐太宗的安排是这样的：长安由房玄龄留守，洛阳由萧瑀留守，太子驻扎在河北定州，身边有开府仪同三司高士廉摄太子太傅，与刘洎、马周、少詹事张行成、右庶子高季辅同掌机务，辅太子。长孙无忌、褚遂良等跟随皇帝到前线。

贞观十九年（645）九月，唐太宗开始从辽东撤退，一路鞍马劳顿。十二月在定州，太宗发病。刘洎到唐太宗的病房探视，出来以后因为看到皇上病情严重，很担心。当时，马周和褚遂良都在场。褚遂良问太宗病情如何。刘洎流下了眼泪，说皇上病情严重，令人担忧。但是，后来褚遂良却诬告刘洎，说他看了皇帝，出来以后说了一番大逆不道的话，说皇帝看来不行了，不过也没有什么了不起的，只要我们保护好太子。谁要是不同意我们就杀掉谁，我们就像当年西汉的霍光一样，保护好皇帝，处理掉不同政见者就成了，这天下没有什么了不起。如果刘洎这么说，就太严重了，那不就是篡权吗？不论伊尹还是霍光，在后代都是大臣控制皇上的典型，是权臣篡位。这样的事情，可以做，怎么敢说呢？而且，这正是唐太宗最担心的问题。

唐太宗病好之后，就来追问这件事。刘洎当然不承认，并请马周作证。马周实事求是，证明刘洎确实没有那么说。不过，褚遂良更坚定，就是认定刘洎如此说的。唐太宗怎么办？这是一个巨大考验。今天我们看，仍然不免心惊胆战。这是一个司法问题，还是一个政治问题呢？

最后，唐太宗赐刘洎自尽而死。刘洎临死，向司法当局索要纸笔，要求给皇帝写最后一个报告，但是他没有得到。皇帝后来听说后震怒，把有关的人员都下狱治罪。其实，即使刘洎不说，唐太宗心里也是明白的。但是，他也是别无选择。

唐太宗处死刘洎，是再一次妥协。褚遂良其实不是要皇帝弄清真相，他是在逼皇上做出选择，究竟是要他褚遂良一派，还是要刘洎一派。刘洎当然不如褚遂良势力大。司法当局看着刘洎死而不给纸笔，也是因为知道谁是刘洎的对头。他们后来成为唐太宗出气的对象，也没有办法，如果他们给了刘洎纸笔，下场也不会好。

刘洎之死，是一个象征，它证明唐太宗重新团结两派的愿望已经化作泡影。不是唐太宗的这个想法有问题，作为皇帝，他是有大局观念的。也不是刘洎这些人不合作，刘洎本人就不计前嫌，热心工作。关键是得胜的一方不要他们合作，他们希望独占。

还有韦挺和崔仁师。他们也是支持过魏王李泰的人。简单地说，马周派他们去干了一件吃力不讨好的事，运送军粮。一点都不意外，他们都耽误了事。韦挺被降为庶民，白衣效力。崔仁师免官。

不久以后，又出来另外一件事。张亮是贞观旧臣，是秦王府时代的老臣。他是郑州人，在洛阳一带很有势力。在李世民跟他哥哥争夺太子位的时候，齐王李元吉就把张亮抓到长安，一顿猛打，问他到底有没有什么阴谋。后来对方也拿不出什么证据来，就把张亮放了。在贞观时代，张亮曾经是李泰的部下，以金紫光禄大夫行都督事，是李泰的代理都督。现在又有人告张亮企图谋反，张亮不服啊，满朝文武都认为张亮是谋反，该杀。只有一个叫李道裕的人，一个不重要的官员，看来跟这两派都没关系，出来说张亮谋反证据不足，不该杀。但是他是极少数派的，张亮还是被杀了。一年以后，有人说，现在刑部侍郎（刑部的副部长）有空缺，要人来当，要谁当呢？选了很多人都不合适，李世民说，我有一个人选，李道裕。他这个人挺公平的，让他当吧。你看唐太宗知道张亮是冤枉的。那他是当时不知道是冤枉的，后来才猛醒吗？不是，还是刚才那个问题，他要选择这一派，那一派只好忍痛割爱了。

由于太子之争带来的不同政派间的分歧，长孙无忌、褚遂良采取的是不合作的打压办法，置对方于死地。而在支持魏王一派的大臣中，还有一位大人物，他就是房玄龄。房玄龄是多年的宰相，是唐太宗最倚重的大臣之一，长孙无忌、褚遂良敢对房玄龄下手吗？房玄龄能逃过这一劫吗？

房玄龄也同样危机四伏。皇帝去御驾亲征了，把长安留给房玄龄，说好了长安的事情由他全权负责。皇帝前脚走，长安就来一个人告密状，向房玄龄说要告密状。房玄龄问告谁啊？他说告你啊，告你谋反。房玄龄不敢自己处理这个事，就把案卷、证人一起送到前线去，送到皇帝那儿去。唐太宗听说房玄龄送了一个告状的人，那肯定不是一般的案子，一般案子房玄龄会处理的，他自己不能处理的肯定是大案。唐太宗说，把陌刀（一种长刀）给我准备好，这个人如果告的是房玄龄，当场就把他给我宰了。果然那人一开口就是告房玄龄，手下上去就一刀，把那人砍死了。唐太宗很气愤，就写封信给房玄龄，说你这个人怎么这么不自信呢，不是让你自己决定的嘛。房玄龄敢决定吗？人家告他谋反他怎么处分，把人杀了？那不是杀人灭口啊，房玄龄是不敢的。其实这样的事，以前发生过一次。贞观三年（629），有人告魏徵谋反，皇帝也是一刀把告状的人杀了。当时的情形是怎样呢？魏徵是前太子那一党的，现在被皇帝招安了，但是秦王府的人对魏徵有仇的人多得很，那个告魏徵的人一定是秦王府这边的，那是一场阴谋。可是皇帝不能追究啊，这个案子怎样处理才合适呢？一刀杀了最干净。这对被告人来讲是不公平的。为什么？告一个宰相谋反？谁告啊？你凭什么告啊？你有什么证据？谁让你告的？这一查说不定就能查出背后的指使者，但是唐太宗不能查。当年魏徵那件事他不能查，现在房玄龄这事他也不能查，一查真查出来真相怎么办？棘手啊，怎么处理都不合适啊。

魏徵被告发，背后的指使者肯定与当年的秦王府有关，唐太宗不想调查。现在呢？谁在背后想整治房玄龄呢？我们也只能猜想，但是有一点是明确的，那就是唐太宗不想知道，或者说是不愿意知道真相。唐太宗只有一个念头，一定保护房玄龄。如果我们没有忘记的话，这正是长孙皇后临终前的遗嘱啊。

贞观二十年（646）九月，萧瑀也来凑热闹。他向唐太宗告发房玄龄谋反："房玄龄霸占中书门下几十年，上上下下全是他的人。他现在谋反呢，只是没有动手而已。"唐太宗当然不信，而且很生气，这不是说我识人不准吗？萧瑀在武德年间就站在李世民的立场，李世民曾表扬他"疾风知劲草，板荡识诚臣"。萧瑀信佛，有一次唐太宗就说他是没有出家的佛教徒，萧瑀果然上当，说我要出家。唐太宗立刻表示同意成人好事。萧瑀回头一想，后悔了，又表示不能出家。唐太宗大怒，说，你这不是出尔反尔吗，最后贬官到外地做刺史。这是房玄龄遇到的又一次危机。

长孙皇后临终的嘱咐可是保护房玄龄的，房玄龄是最忠诚的人，应该保护他。好在唐太宗坚决保护，房玄龄得以善终。但是，到了唐高宗永徽三年（652）的时候，房玄龄的儿子还是出事儿了。房玄龄二公子房遗爱谋反事发，长孙无忌亲自处理，给他来一个满门抄斩，最后房玄龄的祭祀也没有了，所以房玄龄的身后还是很惨的。

从确立李治为太子之后，唐太宗都在做两派的和解工作，因为此时的唐太宗即将步入知天命之年，他必须为自己的后事做出安排，给太子李治一个和谐的君臣关系。但是唐太宗已经心有余而力不足了，再三努力的失败，给了唐太宗很大的打击。

贞观十九年（645），享誉印度的高僧玄奘归来，唐太宗接见了玄奘，让他写《大唐西域记》[①]，此后还多次提到，请法师还俗。玄奘当然不肯，他自己的翻译佛经事业同样伟大。但是，唐太宗也不是简单说说，当时的情况下，唐太宗应该有人才缺乏的感觉。这个时候唐太宗的内心深处确实需要第三支力量，就像玄奘这样跟朝廷没有渊源关系的人，没有任何背景的人，不属于任何一派，如果能进朝廷来做官，那是唐太宗最喜欢、最希望的。虽然唐太宗没有争取到玄奘，但是，玄奘经常陪侍在皇帝身边，他的佛学知识多少抚慰了皇帝的内心世界。贞观二十三年（649）唐太宗驾崩时，玄奘就陪在他的身边。

三　御驾亲征　英雄末路

以上这些事情，都发生在唐太宗讨伐辽东这场战役的前前后后。而辽东问题，是贞观后期的一个重要事件，也是唐太宗安置后事的一个努力。

高丽大臣泉盖苏文[②]杀害自己的君主，违诏攻打新罗，阻塞贡道，这些事作为宗主国可以管，其实也可以不管。事情刚刚开始的时候是贞观十六年（642）底。唐太宗当时的政策是不管，

① 《大唐西域记》：玄奘游历印度、西域旅途十九年间之游历见闻录。为玄奘口述，门人辩机整理而成，共十二卷。是研究中外文化交流、佛教历史及交通史、民族史的珍贵资料。
② 泉盖苏文（603—666）：高丽贵族，杀高丽王控制王国，又兴兵攻打新罗，此事成为唐太宗晚年辽东之役的导火索。

“未忍用兵”。但是，一方面，朝鲜半岛的形势在不断恶化，而国内也是多事之秋。到了新太子确立，国内形势逐渐稳定下来，贞观十八年二月，唐太宗态度开始改变。他说：

今天下大定，唯辽东未宾，后嗣因士马盛强，谋臣导以征讨，丧乱方始，朕故自取之，不遗后世忧也。

唐太宗还是担心李治的将来，担心高丽问题到李治的时候引发更大的问题，所以决定自己先替李治解决了。这就是所谓的防后患的动机。结果攻打辽东没有成功，唐太宗的健康反而因此受到很大影响。

晚年的唐太宗，都是为了这个太子，竭力想给太子留下一个稳定的江山，甚至不惜放弃以往许多重要的传统，大有穷兵黩武的劲头。其实，国家也同家庭一样，儿孙自有儿孙福，太过勉强，只能给自己带来疲惫、疾病直至损害寿命。

对太子的担心，促使唐太宗勉为其难，一旦如此，就不能不捉襟见肘。仓促的晚年岁月，使唐太宗的伟大光环黯然失色。

第二十讲　贞观之魂

贞观十七年（643），太子谋反事件以后，唐太宗的生命状态急剧下降，仅仅六年以后，一代英明君主终于走完他人生的历程，贞观时代也随之结束。但是唐太宗给人们留下的疑问没有随着他生命的逝去而消失。晚年的唐太宗是一位什么样的皇帝？一位英雄的暮年是如何度过的？我们如何以现代眼光审视那个遥远的过去？

贞观之治，是中国历史上一个近乎完美的时代，它留给后人太多美好的追忆。这里有“水能载舟，亦能覆舟”的名言警句，也有“房谋杜断”的君臣佳话。贞观的辉煌几乎让人忘却了李世民皇位得来的不正当性，那么贞观的历史魅力到底是什么？为什么会有贞观之治？

贞观十七年（643），唐太宗在痛苦中做出了决定，立他并不满意的儿子晋王李治当太子。随后，唐太宗又竭尽余力帮助太子摆平后顾之忧，以求给太子留下一个稳定的基业，但是结果却不尽如人意。此后，太宗的生命连续受损，英雄末路，进入落日光影之中。

一 太宗驾崩 山河动容

贞观二十三年（649）五月，唐太宗驾崩，享年五十二岁。

唐太宗家族有家族病史，当时叫作“风疾”，有人认为可能属于高血压之类。唐太宗早年驰骋天下，能文能武。贞观十一年（637）十月，唐太宗在洛阳围猎，那一次主要是猎杀野猪，合围之后，野猪向太宗这边突围，太宗一箭一头，四头野猪当场毙命。但是，一头雄野猪凶猛迅捷，已经突进到唐太宗的马镫旁边。兵部尚书唐俭一见，立刻手忙脚乱上来援助，还没有等他到来，唐太宗手起刀落，那头野猪断为两截。而这时的唐俭则是狼狈不堪。唐太宗哈哈大笑，说你这个天策府的长史，没有见过我这个天策上将杀敌吗？为什么这么胆小？唐俭也不示弱，说马上打天下不能马上守天下，陛下以神武定天下，现在又跟一头野兽逞威风，有这个必要吗？那时候的唐太宗不仅雄姿英发，而且心胸开阔。他对唐俭说，好，你说得对，咱们这就罢猎。

当时的唐太宗，身手多么矫健，连续四次射箭之后，又放下弓箭，拔出御刀，及时而准确地砍下。这一连串的动作，不仅要求熟练，而且要求镇静，更要求力度，而这一连串动作完美地完成，证明唐太宗那个时候的身体十分强健。

贞观十六年（642）以前，唐太宗有过多次外出行猎的记录。那是一种准军事行动，对于军事训练有积极意义，同时对于皇帝来说，也是一项体育运动。但是，从贞观十七年到他去世，唐太宗只有在贞观二十二年正月进行过一次行猎活动。贞观十九年，他勉强去讨伐辽东，回来就大病一场。这之后，他就大病、小病不断，甚至一次风寒感冒也持续三个月。

贞观十七年（643）是唐太宗的一个坎，俗称生命的关口。这一年，他的精神遭受巨创。太子问题，给唐太宗带来的是毁灭性的打击，特别是精神上。此后，他对于天下事情的看法，也随之发生改变。他过去的从容不见了，他急于解决问题，急于解决所有问题，对于太子不敢倚重，对于生命似乎也不再有信心。御驾亲征辽东及其失败，则让唐太宗的身体遭到重创。

两次打击，让唐太宗的生命状态迅速下降，很快进入英雄暮年。

生命是一个自然过程。我们曾经见过长孙皇后如何理性地对待死亡。对于唐太宗，我们如果作为观众和读者，也希望他能同样理性。唐太宗早年谈古论今，对于秦始皇、汉武帝迷信长生的行为，都曾经给予很理性的批判。但是，他自己的晚年却也沦为同样的下场。眼看就是覆辙，为什么还要走上去？对自己的身体丧失信心，对那些莫明其妙的理论和行为才会燃起幻想。

贞观二十一年（647）正月，高士廉去世。唐太宗要亲自参加葬礼，长孙无忌来劝阻，理由就有陛下服金石，不宜临丧。可见，当时唐太宗已经在吃丹药。贞观二十二年，从天竺来了一名方士，自称二百岁，号称有长生之术。于是，他开始在宫廷里炼制丹药，经过一年的时间，丹药炼出来了。唐太宗服了这个“洋药”，中毒而死。如此愚昧的行为，其实是可以理解的。唐太宗一方面是病急乱投医，一方面是放心不下身后事，更没有想到事与愿违，本来希望长生，反而促成早亡。

总之，促使唐太宗过早死亡的原因很多，以下三个方面应该是最重要的：第一，贞观十七年（643）太子废立之事对他精神的沉重打击；第二，辽东战役对他身体的严重损害；第三，“长生丹药”的服用最终葬送了他的生命。

一代明君的陨落，应该如同落日般辉煌。但是，唐太宗的死，不是这样。这让我们有些感伤，有些遗憾，就如同对待朋友的逝去，让我们感到深深的惋惜。

二　历史意识　鉴古知今

一个时代的历史地位，取决于这个时代的历史创造，取决于他们的建设成就。对此，作为这个时代的领导集团，他们必须具有清醒的历史意识。

作为皇帝，一位伟大国家的领导人，他们的言行，每时每刻都可能对国家的未来产生影响。所以，国家的领导人是否有明确的历史意识，是一个很重要的问题。如果国家的领导人浑浑噩噩，只知道吃喝玩乐，那么国家的治理成绩是可想而知的。古代帝王，多数人其实就是这个样子，一个很平常的庸人，指望他们把国家引向发展几乎就是天方夜谭。

历史上，凡是有作为的皇帝，无不具有清醒的历史意识。他们知道国家的现状，知道未来的发展方向。而这种清醒的意识是从哪里来的？不是天上掉下来的，不是头脑里固有的，而是通过学习获得的。

过去，历史研究者比较重视贞观君臣来自隋朝、经过隋末动乱这个事实。大家认为隋朝灭亡的教训让贞观君臣产生了自觉性。这虽然是不错的，但是，有一定的问题。比较隋朝，很容易满足，因为隋朝毕竟是一个灭亡的朝代，他们的问题实在太多。而一个真正具有历史创造的朝代，他们的领导人当然应该明白怎样可以导致政权灭亡，这样就可以保证政权的存在。但是，仅有这一点是不够，避免了灭亡，不等于就明白了发展。所以，历史的创造者更应该懂得发展。这就是说，历史的教训固然重要，历史的经验同样重要。

为什么要强调历史意识呢？因为历史的创造，作为人类的文化活动，它是一种自觉的活动，是有意识的活动，是有目的的活动。

在唐太宗的心目中，重要的历史人物主要有三个，秦始皇、汉武帝和东汉光武帝。他一直在努力，要与这些帝王比照。

贞观九年（635），唐太宗对大臣们说：现在天下无事，四夷咸伏，这不是我一个人的功劳，是大家共同的功劳。所以，我们应该有始有终，要我们的子子孙孙互相辅佐，永远持续下去，让后代读史书的人知道，我们的“鸿勋茂业粲然可观”，超过西周、西汉、汉光武帝和汉平帝的时期。

我们看到，唐太宗心中有理想，就是以历史上评价最高的时期做样板，要努力超越。他的历史意识十分强烈，他是希望后代在读史的时候，有这样的评价。这个心理十分能够理解，一个人已经到了皇帝的这个位置，最有诱惑力的就是历史评价。

> 朕观古先拨乱之主皆年逾四十，唯光武年三十三，但朕年十八便举兵，年二十四定天下，年二十九升为天子，此则武胜于古也。少从戎旅，不暇读书，贞观以来，手不释卷，

> 知风化之本，见政理之源。行之数年，天下大理而风移俗变，子孝臣忠，此又文过于古也。昔周、秦已降，戎狄内侵，今戎狄稽颡，皆为臣妾，此又怀远胜古也。此三者，朕何德以堪之？既有此功业，何得不善始慎终耶？

唐太宗说这个话的时候，大约是贞观十二年（638）。他自己的评价，是从个人和国家治理几个方面来看的。他自己认为，武功方面已经超越古代，文治方面也超越古代，在国际地位上也超越了古代。这不是唐太宗自吹自擂，他的话是中肯的。

唐太宗治理天下，可以叫作求治心切。而向古代帝王学习，是他努力的一个方向。也是贞观十二年（638），他跟魏徵有一段谈话，被记录下来：

> 贞观十二年（638），太宗谓侍臣曰："朕读书见前王善事，皆力行而不倦，其所任用公辈数人，诚以为贤，然致理比于三、五之代，犹为不逮，何也？"魏徵对曰："今四夷宾服，天下无事，诚旷古所未有。然自古帝王初即位者，皆欲励精为政，比迹于尧、舜；及其安乐也，则骄奢放逸，莫能终其善。人臣初见任用者，皆欲匡主济时，追踪于稷、契；及其富贵也，则思苟全官爵，莫能尽其忠节。若使君臣常无懈怠，各保其终，则天下无忧不理，自可超迈前古也。"太宗曰："诚如卿言。"

唐太宗明言自己向历史学习，但仍感觉不满足。他要争取成为历史上最好的君主。此外，唐太宗批评秦始皇、汉武帝的谈话更多：

> 近代平一天下，拓定边方者，唯秦皇、汉武。始皇暴虐，至子而亡。汉武骄奢，国祚几绝。朕提三尺剑以定四海，远夷率服，亿兆乂安，自谓不减二主也。然念二主末途，皆不能自保，由是每自惧危亡，必不敢懈怠。唯藉公等，直言正谏，以相匡弼。若唯扬美隐恶，共进谀言，则国之危亡，可立而待也。

这就是历史意识。他认识到古之明主的优点和不足，然后对照自己，希望取其所长，避其不足。善于向历史学习，才能更好地创造未来。

当然，在贞观时代，不仅皇帝李世民有如此清醒的历史意识，他的大臣们同样有强烈的历史责任感。著名的魏徵，我们可以称他为没有帝师头衔的帝师。他是什么立场？叫作“耻君不如尧舜”。那也是一种历史意识的结晶，他希望自己的君主是最优秀的。

三　疾风知劲草　板荡识诚臣

仅仅有思想当然不够。贞观君臣的历史意识，是他们审视自己的坐标，从历史的经验教训中，看到自己的历史责任和机遇。因此唐太宗能成为中国历史上文治武功最出色的皇帝之一，他本人也成为中国古代封建帝王的楷模。

评价一位皇帝，需要看很多条件。就武功而言，很多时候要看历史是否给你这样的机会。所以，武功方面，与其说是学习，不如说是机会。不是生逢乱世，再高的军事才能也没有用武之地，这就是历史条件和机遇。所以，我们应该更强调文治。为什么呢？因为绝大多数的情况下，国家领导人更需要的是文治的功夫，毕竟战乱的时间属于少数。

就唐太宗而言，文治方面，我以为两个方面最突出，其水准之高是空前绝后的：第一，以人为本；第二，克己纳谏。

民为邦本，是先哲的观点，在中国漫长的古代历史中，真正高举这个旗帜，并努力付诸实践的要数贞观时代。民为贵，社稷次之，君为轻，孟子的“民贵君轻”思想，唐太宗多有阐发，他轻徭薄赋的政策，建立在治国必先养民的前提下。这个以人为本的思想也叫民本主义思想，是中国古代政治思想中一种最重要、最闪光的思想。它虽然建立在君主制度的体制之上，但是在那个时代，已经算是最好的一种理论了。所谓好的理论是什么意思呢？就是它在制定政策、设置制度的时候，能考虑到百姓的位置。它的考虑很重要，如果它不考虑就完全是另外一回事了。它能够以人为本，考虑人的性情，考虑人的因素，在那个时候，就更有利于调动更多的社会力量参加到国家建设上来。唐太宗的思想和实践，比较朱元璋删改《孟子》来，更是高下立判。朱元璋时期，因为太反感孟子，说，如果“使此老在今日，宁得免乎”？他坚持把孟子从孔庙中赶出去，后来大臣钱唐坚决为孟子争辩，最后达成妥协，孟子可以依旧待在孔庙中，但是《孟子》一书必须修改。怎么修改呢？就是把那些朱元璋看着生气的句子删掉，成为《孟子节文》，一共删去八十五条。而凡删掉的部分，“课试不以命题，科举不以取士”。删去的都是哪些话呢？“民贵君轻”自然不用说了，还有“天视自我民视，天听自我民听”，“君有大过则谏，反复之不听，则易位”，等等，都是今天看来令人拍案、令人钦佩的文字。

以人为本的思想，贯彻为方针政策，可以更多地动员社会资源。古代中国不是贵族政治，没有一些相对稳定的家族势力作为国家的统治基础。中国古代的皇帝制度，是与官僚制度结合在一起的，官僚的来源由选官制度决定，如科举制度等。参加科举也有一些限制，但是它比贵族制度的限制要少得多。事实上古代中国的帝国，要比同时代的其他国度拥有更广泛的社会基础。换句话说，参政的社会广度要远远高于贵族体制下的其他国度。这应该是中国古代总是领先于世界其他地区的重要原因之一。而这种体制，与民为邦本的思想是有密切关系的。

帝王纳谏，以唐太宗为最，是贞观时期理性行政的集中体现。理性地运用权力、行使权力，贞观时代，可称典范。明代的皇帝，抗拒臣下的不同意见，使用“卖直”来攻击大臣，为国尽忠成了道德上的污点。老子说，治大国若烹小鲜，唐太宗说治国若治病。理解纳谏问题，重要的有两点：一是长孙皇后总结的，魏徵善于“以礼制主之情”；二是纳谏的制度化。需要说明的是，纳谏不是限制君权，而是支持君权，是使最高权力运行更加合理的一种保证。唐太宗和他的大臣们，不论在思想上还是在行动上，对这一点都是清晰明白的。

在唐太宗看来，做一个好皇帝，应该具备哪些要素呢？

他曾向大臣们介绍他是怎么教太子的。太子吃饭，他就对太子说：你知道种地这件事吗？太子说，不知道。然后他就给太子讲，种地是怎么回事，春天一颗种，夏天怎么收拾，到秋天收上来多不容易，所以应该珍惜粮食，还要注意节约民力。农时很重要，你要是乱役使百姓的话，农时耽误了，你就没得可吃了。教他重视农时这个问题，尊重农业发展的规律。太子骑马，他就问：你知道马吗？太子说我不知道。他就说，这个马是能代你走路的，你要注意节约你的马力，你不能一下把它的力量用光了。使用老百姓也是这样的，要注意节约。这都是以民为本。然后唐太宗又说：坐船，你知道船吗？太子说，我不知道。他说，一般比喻民是水，皇帝是舟，水可以载舟，水也可以覆舟。你要想使船能够安稳地划下去，就要好好对待那个水。要不然水给你翻过来就麻烦大了。太子站在一棵歪脖子树下，太宗就问：你知道这棵树吗？太子说，不知道。太宗就说，那我给你讲这棵树是怎么回事吧。别看树是歪的，但是按照尺子量还是可以变直的，皇帝没有天生正确的，他一定是有错误的，所以要听大臣们正确的话，要听从他们的教导，改正自己。这样天下就有希望了，只能这样治理下去才好。唐太宗就这么教导太子。李世民还写过一本叫《帝范》[①]的书，内容是怎么样做皇帝。我觉得核心就两条，就是跟太子这番讲话：一是以民为本，一是克己纳谏。就这一点而言，唐太宗绝对是前无古人、后无来者的，中国的皇帝体系中，李世民绝对是独一的。后代的人崇敬他，崇拜他，为什么呢？因为大家觉得做不到啊！

作为一位皇帝，他的主要对象，无非是对民、对下、对自己。以民为本，重视民心民意，重视民众利益，在古代，这已经

① 《帝范》：一部专讲“为君之道”的书。唐太宗晚年所著，目的是训诫太子。本书中，太宗总结了一生的治国经验，也对自己的功过进行了评述。

是最佳表现了；对臣下，能够用其所长，听从他们的正确意见，让他们的付出有所回报；对自己，尤其不容易，就是克制欲望，以身后名声为重。

贞观时代的唐太宗，交出了一份让历史满意的答卷。但是，正如李世民说的那样。贞观时代的成绩是大家共同的功劳，不是皇帝一个人的功劳。那么贞观时期大臣们是怎么做的呢？对此，我们在有关的地方都讲到过，大臣守法、大臣进谏等。还有一点十分值得注意，那就是贞观时期大臣们很少敛财。有的大臣，位置重要，品阶很高，但是他们的家庭却一点都不富裕。

中书令岑文本，已经是中书省的长官了，但是自己住的房子又小又湿，家里甚至连帷帐这样的东西都没有。有人劝他经营一点产业，产业就是家业。岑文本说，我没有什么功劳，仅仅因为写文章就担任了这么重要的官职，这已经让自己很担心了，哪里有心思搞什么产业。我们看到，岑文本想的不是自己的家产，而是自己是否对得起这个重要的职务。中书省的机密最多，因为任何重大的事情首先是中书省知道，皇帝的什么想法，也总是先通过中书省草拟诏敕。在当中书令之前，岑文本当中书侍郎多年。如果要经营产业，他早就有机会。但是，他为什么情愿保持这样的生活状况呢？因为他的心思不在这个上边，他一心考虑的是朝廷。

户部尚书戴胄于贞观七年（633）去世的时候，因为家里太穷，房屋又破又小，连祭祀场所都没有，没有办法设置。最后，太宗亲自下令为戴胄修庙。户部尚书是什么官，是当时国家财政最高级官员，相当于现在的财政部部长、银行行长、工商总局局长、国土资源部部长等中央一级长官之和。所有国家的预算、决算、税收、土地、人口等都在户部的管辖范围之内。但是，谁会想到，掌管国家经济命脉的人，家里竟然如此贫困。

温彦博为尚书右仆射，也是一个家贫的官员。人死之后，应该在正房设置吊唁场所，但是，温彦博家没有正寝，只好安排在旁室。太宗听说，感叹良久，命令有关部门给他造正寝，并指示多给丧葬费。温彦博不是一般的大臣，他是皇帝小时候的朋友，是朝廷上有名的美男子。对于自己的家政，根本不关心，但是对于国家的事情，则知无不言。他担任宰相以后，杜绝宾客，一心为国。宰相没有机会置办家业吗？当然不是。

这些都是当朝大臣，对于家中财产的态度很清楚。那么地方大臣呢？可以举李大亮[①]为例。贞观十八年（644），五十八岁的李大亮去世。他的职务是左卫大将军、太子右卫率和工部尚书，等于是国家的最高级将军，东宫的最重要将军和国家建设部部长。此前，还担任过剑南道巡省大使和凉州都督，那都是比现在的省长还大的地方官。可是，他死的时候，家里没有朱玉可以为口含，只有米五石，布三十端（五丈为一端）。

不管是中央的大臣，还是地方的大臣，他们都绝对有机会为自己谋取私利，至少可以多置家业。但是，他们竟然如此清贫。然而，在他们的清贫中，我们可以看到一种时代精神，看到一种精神财富。这种财富，在一千年以后，也能让我们感动。

也许人们会说，作为大臣，这样贫穷，朝廷应该有所愧疚。其实，也不是朝廷对不起这些大臣。以李大亮为例，他立有军功，朝廷赏赐很多很多，但是他都不据为己有，而是把这些散

---

① 李大亮（586—644）：唐初武将。曾随李靖出征吐谷浑。李治被立为太子，他负责守卫太宗和太子寝宫。太宗东征高丽，苦谏太宗，不纳。同年病卒。

发给了亲戚和下属。他抚养的孤儿，如同父子的有十五人，其他的更多。有一次唐高祖赏给李大亮奴婢一百人，被他同时放良。

在这些事迹面前，我们只能承认是精神的力量。兢兢业业，殚精竭虑，都是为了这个国家。像李大亮这样的人，合法的收入都情愿放弃，他们怎么可能去搞腐败呢？

李大亮还在做土门县令的时候，当地发生旱灾，民众没有力量救荒，李大亮把自己骑的马卖了，把钱分给贫弱百姓。李大亮是军人，军人的战马是战场上的双腿，是生死与共的朋友。但是，面对灾民，他别无长物，只好卖马，毕竟灾民比战马更重要。据说，当年就感动了上苍，当年就取得了丰收。

这样的人和事，任何时代，都会动人心魄的。“疾风知劲草，板荡识诚臣。”太宗给萧瑀的诗，不正是贞观群臣的整体写照吗？

四　煌煌太宗业　树立甚宏达

唐代历史对于唐太宗和贞观之治，几乎是众口一词，迭加称赞。其中，吴兢《贞观政要》的评价最具有代表性：

> 唯太宗文武皇帝之政化，自旷古而来，未有如此之盛者也。虽唐尧、虞舜、夏禹、殷汤、周之文武、汉之文景，皆所不逮也。

太宗生前因为政绩不如尧舜而心焦，死后，终于有了这样的评价。太宗在天之灵，应该满意了吧。

贞观时期，成为唐朝的一个榜样，凡是有太平景象，无不用“贞观”表述。比如到了开元的时候，唐玄宗重振唐朝，提法是“依贞观故事，有志者莫不想望太平”。唐宪宗读史书，看到贞观、开元的故事就爱不释手。宣宗的时候，喜欢阅读《贞观政要》[①]，评论当时就说有贞观之风。

贞观精神、贞观故事，更在诗人的笔下广泛流传。杜甫诗句有“煌煌太宗业，树立甚宏达”。白居易、李贺都写过歌颂贞观之治的诗歌。所以《旧唐书》总结说，到了五代的时候，“贞观之风，到今歌咏”。

后代君主，喜欢阅读《贞观政要》，都是想以唐太宗为榜样。《贞观政要》一书流传到日本等国，日本的清和天皇也给自己起了一个贞观年号（859—877）。宋神宗锐意改革，而当时王安石的改革名气很大。宋神宗终于见到了王安石，第一句话就说：你来做魏徵，我来做唐太宗。

魏徵家的房子也是又小又破，太宗几次要给他修，都被魏徵拒绝。直到魏徵到了生命的最后时刻，太宗不再听魏徵的意见，停止了正在修建的一个小殿，用那些材料迅速为魏徵修建了一个正堂。太宗为魏徵修建的这个正堂，在开元的时候依然存在，但是家人不小心把这个正堂烧掉了。子孙围着灰烬痛哭了三天。当时朝中的大臣们也纷纷前往凭吊。大家怀念的不仅仅是贞观文物，更是贞观的精神。

贞观君臣的关系，任何时代，都会让人感动的。从此以后，

① 《贞观政要》：唐朝吴兢撰，共十卷。成书于729年。分类编辑了唐太宗的嘉言惠行，是至今了解贞观之治的重要书籍。

贞观之治，成为后代看得清晰的历史榜样。

后代中国人，总是怀着复杂的心情回顾贞观，特别是对照自身的状况，每每感到对贞观的需要。贞观时代不仅是中华历史上的一座丰碑，它也是中华民族心中的一块圣地、一方净土。当我们的感情需要抚慰时，我们会想到贞观。当我们需要鼓舞勇气的时候，我们还会想到贞观。

我以为，有三点，贞观让后人永久地怀念。当然，我必须说明，这是有主观情感因素的，是允许存在偏差的。

一是君臣如亲人。我们后来的历史，有过很多权力等同野蛮的事实。元、明、清时代，理性行政几乎是每况愈下，君臣关系混乱至极，权力斗争没完没了。像明朝打大臣，一板子下去打死多少人？贞观的时候，皇帝对待大臣彬彬有礼，大臣对皇帝、对朝廷尽心尽力。这个时候，我们就会怀念贞观。贞观时代皇帝不是这样对待臣下的。贞观时代，权力不是这样野蛮的。

二是社会和谐。后来，我们看到过很多政府，对待自己的百姓如同对待敌人，凶狠残暴，如狼似虎。这个时候，我们就会怀念贞观，贞观时代，政府不是这样对待百姓的，贞观时代的百姓不是这样不幸的。

三是国际地位崇高。天可汗，那是令人肃然起敬的称号。每当我们又一次遭受侵略者欺凌的时候，每当国家再度割地赔款的时候，我们都会想到贞观。天可汗在的话，我们不会这样受气，天可汗在的话，我们不会这样低三下四。

一个人与一个时代不期而遇，一个时代因一个人而登上历史的巅峰，一个人因一个时代而名垂千古。唐太宗与贞观之治，共生共荣，共创中国历史的一个神话。千年之后再回望，怎能不使人感慨万千。

可惜的是，在我们漫长的历史记录中，贞观这样的时代，实在太少。“但使龙城飞将在，不教胡马度阴山。”什么时候，我们不用再梦回唐朝，什么时候，我们不用再靠回忆来增强信心呢？“秦家筑城备胡处，汉家还有烽火燃。”历史的火炬已经传递下来，回望天可汗，不该只有惭愧啊！五千年的文化底蕴，化作一句期盼的诗吧：长风破浪会有时，直挂云帆济沧海！

参考文献

《大唐创业起居注》，上海古籍出版社1983年版。

《贞观政要集校》，中华书局2003年版。

《唐律疏议》，中华书局1983年版。

《唐六典》，中华书局1992年版。

《唐会要》，上海古籍出版社1991年版。

《通典》，中华书局1988年版。

《旧唐书》，中华书局1975年版。

《新唐书》，中华书局1975年版。

《资治通鉴》，中华书局1956年版。

陈寅恪：《隋唐制度渊源略论稿》，上海古籍出版社1982年版。

陈寅恪：《唐代政治史述论稿》，上海古籍出版社1982年版。

汪篯：《汪篯隋唐史论稿》，中国社会科学出版社1981年版。

吴宗国：《唐代科举制研究》，辽宁大学出版社1993年版。

吴宗国主编：《中国封建王朝兴衰史（隋唐卷）》，广西人民出版社1996年版。

吴宗国：《隋唐五代简史》，福建人民出版社1998年版。

胡戟：《隋炀帝新传》，上海人民出版社1995年版。

胡戟：《胡戟文存1》，中国社会科学出版社2000年版。

胡戟：《胡戟文存（隋唐历史与敦煌卷）》，中国社会科学出版社2004年版。

黄永年：《文史探微》，中华书局2000年版。

黄永年：《六至九世纪中国政治史》，上海书店2004年版。

黄永年：《文史存稿》，三秦出版社2004年版。

牛致功：《唐代碑石与文化研究》，三秦出版社2002年版。

牛致功：《唐代史学与墓志研究》，三秦出版社2006年版。

赵克尧、许道勋：《唐太宗传》，人民出版社1984年版。

后记

这里呈献给大家的这部小书，原是我在《百家讲坛》所作的《玄武门之变》和《贞观之治》讲座的讲稿，经过了再整理、再加工，最后成为如此这般的一个模样。讲稿本来是备课的材料，写明要讲的线索、要介绍的资料等。讲座的时候，会有临时发挥，会超出原来的准备。所以，这里的内容与讲座的录音稿不是完全吻合的。毕竟以讲座稿为基础，文字比较口语化，行文也不按学术习惯。对于我，这还是一种新的写作方式，是否符合读者口味，心中不免忐忑。

电视讲座与大学课堂上的讲课有很多不同之处。在电视上讲座，不能指定参考书，不能让观众预习和复习，所有内容都要一字不少地讲出来。同时，不能提供太多的学术信息，否则就会影响叙述的主线，让观众失去兴趣。适应这样的讲座，需要经过一番磨砺。感谢《百家讲坛》的编辑们。他们其实是一个“教练组”——魏学来、兰培胜、林屹屹，“主教练”是张长虹。他们很耐心，很专业，很辛苦，也很善于学习。他们是电视传媒的专家，对电视观众的需求、兴趣等也很有研究。所以能在你讲话的习惯中发现哪些是观众欣赏的，哪些是观众不喜欢的。他们不仅要改正你讲话习惯中的不适合部分，还要时常给予鼓励。不仅如此，他们还经常能够在讲座内容上提供很专业的建议。称他们为

“教练”，算是我的“发明”吧。想起他们的默默贡献，作为一个参与讲座的“运动员”，内心充满感激。

曾经因为不能适应电视讲座，我当过“逃兵”。是一些领导和师长的热情支持，让我坚持了下来。中国人民大学国学院院长冯其庸先生特别肯定《百家讲坛》的这种推广国学的方式，冯先生认为专业知识走出象牙塔是学者的社会责任。还有一位不肯透露姓名的师长，特意找我谈话，甚为赞赏《百家讲坛》这种讲座方式及其效果。他说国学在相当一段时间以来的衰落，是因为群众远离了国学。振兴国学不仅要研究国学，更要普及国学。《百家讲坛》用电视普及国学知识，把它推到亿万群众中间去，必将在国学的振兴中书写浓重的一笔。我的导师吴宗国先生给我的支持更加全面，不仅提示我电视讲座的意义，而且还从讲课内容上给予指导。我跟吴先生的电话，经常有几个小时不断的记录。吴先生还为本书写了序言。同在一个课题组进行“新获吐鲁番出土文献”研究的北京大学荣新江先生，还主动分担了我的工作，以便让我更好地完成讲座。国学院的领导孙家洲、王宏伟先生，为支持我的讲座，经常提供具体方便。讲座暂时告一段落，看看书稿，也有一点成就感。诸位师长同事的鼓励与帮助，必将铭刻在心。

贞观之治是中国历史上一个重要的“升平之世”。察今必鉴往，研究和了解这些历史，从中可以得到启示和借鉴。编写《贞观之治》电视连续剧，意犹未尽，所以愿意再来讲一讲。以往自己的学术研究，没有在治世理政的政治史方面下过功夫，通过这次讲座，感到对唐初政治史的了解确实有了长进。除了讲座技巧的学习，这是我最重要的一个收获。

感谢广西师范大学出版社，为本书的出版做了多方面的准备，投入了很大的力量，刘瑞琳女士、杨晓燕师妹，更是操心多多。无以为报，献上由衷的谢忱吧。

2007年4月7日，于北京老营房路

又记

唐太宗和贞观之治，用这样的一本小书来描述，显得实在太应付了。在古代中国，贞观之治这样的时代，属于凤毛麟角，值得深入发掘，认真研究。但是，近代以来，我们在应对外来侵略方面，不断遭遇失败，对中国自身的文化与传统不断地丧失信心，以至于研究旨趣通常会指向批判与否定，所谓良好时代，常常被一笔带过。剖析一个时代，总结其制度与文化，是每个时代史家的使命，但史家无法摆脱本时代的价值体系，人云亦云者众多是不奇怪的。

《从玄武门之变到贞观之治》出版后，我也常常受邀讲解贞观之治，对于唐太宗和贞观之治的思考未尝停止。贞观之治的研究，令人联想心理学的故事。最初，弗洛伊德研究心理病症，病人是他的研究对象。后来马斯洛心理学出来反对，认为应该研究健康人格，在健康与病态的两端之间，选择健康研究更有利于人类社会。中国古代各个时代，失败与成功并存，我们的研究取向，是否也应该有所侧重呢？通常说来，强调传统批判，会更重视历史的失败案例，如果强调继承和发扬，应该重视的是成功。

从古至今，有关中国传统的观点、立场，大约有“三变”。古代中国，虽然也时常遭遇挫折与失败，但古代中国人对于中国文化的自信从未改变。近代中国人，有关中国文化的自信心不断丧失，从鸦片战争到五四运动，终于完成了在观念上的彻底否定。中国文化一切都不存在正面意义，凡有不是，都是中国文化的不是。一切归罪于中国文化，甚至成为当时一部分中国人推卸自身责任的常见逻辑。那么今天，应该走上第三阶段。古代为正，近代为反，今天开始为合。基于事实与科学的文化价值判断，不该仅仅满足于立场表达，虚无主义和沙文主义都是有害的。

中国正在建设大国与强国，没有或缺少文化贡献，就无论如何不能算作大国。然而，中国文化的自信，只能来自传统文化，而传统文化在今日中国，首先是研究，其次是发扬。研究是前提，否则无法确定发扬的对象。既然有发扬的未来指向，如贞观之治这类的学术研究，就变得至关重要。

这本小书，仅仅是理解贞观之治的开始，尚有很多更深入的研究有待进行。

这次，修改了已经发现的错误，没有做更多的改动。

感谢浙江人民出版社在这次再版中所做的工作。

2021年1月22日，还是北京老营房路